Keldungs · Leichtathletik

Karl-Heinz Keldungs

Die deutsche Leichtathletik in 100 Porträts

Von Hanns Braun
bis Malaika Mihambo

Arete Verlag Hildesheim

Bibliografische Information der Deutschen Nationalbibliothek
Die Deutsche Bibliothek verzeichnet diese Publikation in der Deutschen Nationalbibliografie; detaillierte bibliografische Daten sind im Internet über http://dnb.ddb.de abrufbar.

www.arete-verlag.de

Layout, Satz und Umschlaggestaltung: Composizione Katrin Rampp, Kempten
Titelfoto: imago images/Bildbyran
Druck und Verarbeitung: booksfactory
ISBN 978-3-96423-081-2

Inhaltsverzeichnis

Vorwort

1994 erschien das Buch „Erfolge der deutschen Leichtathletik" von Fritz Steinmetz und Dieter Huhn. Es enthält 87 Biographien deutscher Leichtathleten. Beide Autoren sind inzwischen verstorben und haben deshalb keine Gelegenheit, ihr Buch zu aktualisieren. Das vorliegende Buch geht etwas ausführlicher auf die einzelnen Personen ein, schreibt einzelne Biographien fort und setzt teilweise andere Schwerpunkte. Vor allem aber enthält es auch Porträts aktueller oder erst vor kurzem zurückgetretener Leichtathleten.

Das Buch lässt das Thema Doping nur im Zusammenhang mit Sperren einfließen oder wenn die Sportlerinnen und Sportler nach ihrer Karriere selbst eingeräumt haben, gedopt zu haben bzw. dies sogar zum Gegenstand einer Autobiographie gemacht haben, wie der Zehnkampf-Olympiasieger Christian Schenk. Die meisten Leserinnen und Leser wird die mehr als drei Jahrzehnte zurückliegende Problematik vermutlich nur am Rande interessieren. Sie werden reagieren wie die vierfache Olympiasiegerin Bärbel Wöckel („Das ist schon so lange her"). Die Veröffentlichungen von Brigitte Berendonk und Prof. Dr. Werner Franke und deren spektakuläre Funde nach dem Fall der Mauer spielen deshalb in diesem Buch keine zentrale Rolle. Grundsätzlich muss allerdings festgestellt werden, dass die bis heute das staatlich organisierte Doping leugnenden Athleten die Wichtigkeit des Urkundenbeweises verkennen.

Demjenigen, der ein Werk wie dieses Buch schreibt, fällt es schwer, es abzuschließen, weil er laufend auf neue erfolgreiche Athleten und weitere spektakuläre Erfolge hofft. Es musste aber ein Abschluss gefunden werden. Redaktionsschluss für das Buch war daher Ende des Jahres 2021.

Manch einer wie Dietmar Haaf, Claudia Losch, Lutz Dombrowski oder Volker Beck wird sich vielleicht fragen, warum sein oder ihr Name nicht auftaucht. Erfreulicherweise gibt es weit mehr als deutsche 100 Leichtathletinnen und Leichtathleten, die es verdient hätten, dass man ihre Karriere schildert. Es musste aber bei 100 Porträts die Grenze gezogen werden. Die Auswahl ist selbstverständlich subjektiv. In die Liste hätte zum Beispiel auch, schon wegen seines tragischen Schicksals, Wilhelm Leichum als zweifacher Europameister gehört. Aber es musste schweren Herzens auf die Darstellung mancher Biographie verzichtet werden, um das Buch nicht uferlos, sondern möglichst lesbar werden zu lassen.

Düsseldorf, im Winter 2021 Karl-Heinz Keldungs

Rosemarie Ackermann

Rosemarie Ackermann wurde am 4. April 1952 als Rosemarie Witschas in Lohsa im Landkreis Bautzen geboren. Sie machte eine Ausbildung als Textilfachverkäuferin in Cottbus. Als 17-Jährige nahm die für den SC Cottbus startende Rosemarie Witschas im Hochsprung an den DDR-Meisterschaften teil und wurde mit 1,74 m Dritte. Anders als die vier Jahre jüngere Ulrike Meyfarth sprang sie im Straddle-Stil. 1972 startete sie bei den Olympischen Spielen in München und belegte beim Olympiasieg von Ulrike Meyfarth den siebten Platz. Bei den Europameisterschaften 1974 in Rom drehte sie den Spieß exakt um. Während nun Ulrike Meyfarth Siebte wurde, gewann Rosemarie Witschas mit dem neuen Weltrekord von 1,95 m den Europameister-Titel. 1974 heiratete sie den Handballspieler Manfred Ackermann.

Am 8. Mai 1976 verbesserte sie in Dresden den Weltrekord auf 1,96 m und fuhr als Favoritin zu den Olympischen Spielen nach Montreal. In Montreal setzte sich Rosemarie Ackermann im Dreikampf mit der Italienerin Sara Simeoni und der Bulgarin Jordanka Blagojewa durch und siegte mit neuem olympischem Rekord von 1,93 m. Am 14. August 1977 sprang Rosemarie Ackermann in Helsinki mit 1,97 m einen neuen Weltrekord. Zwei Wochen später, am 26. August 1977, schrieb sie beim ISTAF in Berlin Leichtathletik-Geschichte. Als erste Frau der Welt übersprang sie die Höhe von 2,00 m. Mehr als der Olympiasieg blieb diese Leistung im Gedächtnis der Sportwelt hängen. Bei den Europameisterschaften 1978 in Prag musste sich Rosemarie Ackermann mit 1,99 m der mit 2,01 m Weltrekord springenden Sara Simeoni beugen. Der Zweikampf zwischen diesen beiden Könnerinnen zählte zu den Höhepunkten dieser Meisterschaften.

Bei den Olympischen Spielen in Moskau scheiterte sie bereits an der Höhe von 1,94 m und wurde mit übersprungenen 1,91 m nur Vierte. Noch in Moskau beendete sie ihre Karriere. (Sie soll im olympischen Dorf einen Nagel in den Türbalken ihres Zimmers geschlagen und ihre Schuhe daran gehängt haben.)

Rosemarie Ackermann wurde in der DDR mit dem Vaterländischen Verdienstorden in Gold, Silber und Bronze ausgezeichnet. Nach der Wiedervereinigung arbeitete sie bis zu ihrem Ruhestand in Cottbus als Sachbearbeiterin bei der Agentur für Arbeit.

Ingrid Auerswald

Manch einer wird sich fragen: Wer ist Ingrid Auerswald? Ingrid Auerswald war in den Achtzigerjahren des vorigen Jahrhunderts eine hervorragende Sprinterin, die allerdings immer im Schatten ihrer noch erfolgreicheren Teamkolleginnen Renate Stecher, Bärbel Wöckel und Marlies Göhr stand. Als Staffelläuferin aber war Ingrid Auerswald als Läuferin in der zweiten Kurve ein unverzichtbarer Bestandteil der DDR-Staffeln. Mit ihnen erzielte sie beachtliche Erfolge.

Ingrid Auerswald wurde als Ingrid Brestrich am 2. September 1957 in Jena geboren. In der Leichtathletik spezialisierte sie sich auf den Sprint und startete für den SC Motor Jena. Nach ihrer Heirat mit Axel Auerswald hieß sie Ingrid Auerswald. 1979 lief sie in DDR-Staffeln, die den Weltrekord über 4 x 100 m mit 42,10 Sek. und 42,09 Sek. zweimal unterboten. Auch im Vorfeld der Olympischen Spiele von Moskau lief die DDR-Staffel mit Ingrid Auerswald am 13. Juli 1980 in Potsdam einen neuen Weltrekord mit 41,85 Sek. Bei den Olympischen Spielen in Moskau gewann Ingrid Auerswald hinter Ludmilla Kondratjewa und Marlies Göhr über 100 m die Bronzemedaille. Mit der 4 x 100-m-Staffel gewann sie mit Marlies Göhr, Romy Müller und Bärbel Wöckel in neuer Weltrekordzeit von 41,60 Sek. die Goldmedaille.

Bei den Weltmeisterschaften 1983 in Helsinki wurde die DDR-Staffel mit Ingrid Auerswald in 41,76 Sek. Weltmeister.

1984 wurde Ingrid Auerswald wie alle DDR-Sportler Opfer des Boykotts der Olympischen Spiele in Los Angeles durch die DDR. Im folgenden Jahr stellte die DDR-Staffel mit Ingrid Auerswald beim Leichtathletik-Weltcup im australischen Canberra mit 41,37 Sek. einen Weltrekord auf, der bis 2012 Bestand hatte und heute noch deutscher Rekord ist. Mit großem Vorsprung gewann die DDR-Staffel 1986 bei den Europameisterschaften in Stuttgart den Titel. Es braucht nicht besonders erwähnt zu werden, dass Ingrid Auerswald in der Staffel wie immer die zweite Kurve lief. Ingrid Auerswald ließ sich von Axel Auerswald scheiden und heiratete erneut. 1988 bei den Olympischen Spielen in Seoul startete sie unter dem Namen Ingrid Lange und gewann mit der DDR-Staffel hinter den USA mit der überragenden Florence Griffith-Joyner die Silbermedaille. Danach beendete sie ihre Karriere.

Nach ihrer aktiven Zeit arbeitete Ingrid Lange als Trainerin in einem Fitness-Studio. Sie wurde mit dem Vaterländischen Verdienstorden in Silber und Bronze ausgezeichnet.

Karin Balzer

Karin Balzer wurde am 5. Juni 1938 als Karin Richert in Magdeburg geboren. Sie besuchte die Polytechnische Oberschule und machte eine Ausbildung als Chemie-Facharbeiterin. In diesem Beruf arbeitete sie auch, machte aber nebenbei ein Fernstudium in Sachen Sport an der DHfK Leipzig. 1976 schloss sie das Sportstudium erfolgreich ab und arbeitete als Diplom-Sportlehrerin.

Sie spezialisierte sich auf den Hürdenlauf und startete für die BSG Einheit Magdeburg. Am 21. Juli 1958 flüchtete sie gemeinsam mit ihrem Trainer und Lebensgefährten Karl-Heinz Balzer in die Bundesrepublik, wo sie sich in Ludwigshafen niederließen. Nachdem das Ministerium für Staatssicherheit ihre in der DDR verbliebene Familie bedroht hatte und ihr Vater sie angefleht hatte, in die DDR zurückzukommen, kehrte sie zwei Monate später in die DDR zurück und wurde mit einer einjährigen Wettkampfsperre belegt. Am 6. Mai 1961 heiratete sie Karl-Heinz Balzer in Frankfurt (Oder).

1960 nahm sie an den Olympischen Spielen in Rom teil, wo sie das Halbfinale erreichte. Bei den Europameisterschaften 1962 in Belgrad gewann sie in 10,6 Sek. zeitgleich mit der Siegerin Teresa Ciepla die Silbermedaille. Zwei Jahre später bei den Olympischen Spielen in Tokio gelang ihr die Revanche. Nach einem eher misslungenen Start lag sie zunächst hinter der führenden Australierin Pamela Kilborn zurück, kämpfte sich jedoch gemeinsam mit Teresa Ciepla an die Australierin heran und fing sie auf der Ziellinie ab. Die Auswertung des Zielfotos ergab ihren Sieg vor Teresa Ciepla und Pamela Kilborn. Die favorisierte Russin Irina Press wurde nur Vierte. Zwei Jahre später bei den Europameisterschaften in Prag gewann Karin Balzer vor der bundesdeutschen Läuferin Karin Frisch die Goldmedaille.

Bei den Olympischen Spielen in Mexiko City war sie Fahnenträgerin der DDR. Im 80-m-Hürdenlauf erreichte sie zwar das Finale, wurde aber nur Fünfte. Ein Jahr später wurde die 80-m-Strecke durch die 100-m-Strecke ersetzt. 14 Tage vor den Europameisterschaften in Athen lief Karin Balzer in Berlin mit 12,9 Sek. als erste Frau der Welt die 100-m-Hürdenstrecke unter 13,0 Sekunden. In Athen gewann sie mit drei Zehntelsekunden Vorsprung den Titel. Zwei Jahre später bei den Europameisterschaften in Helsinki wiederholte sie diesen Triumph. Als Startläuferin der 4 x 100-m-Staffel gewann sie außerdem eine Silbermedaille.

Hinter dem neuen Hürdenstar der DDR, der 22-jährigen Annelie Ehrhardt, und der Rumänin Valeria Bufanu gewann Karin Balzer einen Tag nach dem Unfalltod ihres Sohnes Andreas, den man ihr nicht mitgeteilt hatte, noch einmal eine Bronzemedaille. Danach beendete sie ihre erfolgreiche Laufbahn. Sie wurde 11-mal DDR-Meisterin und fünfmal Halleneuropameisterin. Sie lief sieben Weltrekorde und ist damit eine der erfolgreichsten Hürdenläuferinnen der Leichtathletik-Geschichte.

Nach ihrem Karriere-Ende arbeitete sie als Trainerin. Sie trainierte u.a. ihren Sohn Falk, Anja Rücker und Kerstin Knabe. Nach der Wiedervereinigung arbeitete sie als Dozentin für Sozialpädagogik und als Trainerin am Bundesstützpunkt Chemnitz. Karin Balzer starb am 17. Dezember 2019 im Alter von 81 Jahren.

Ralf Bartels

Ralf Bartels wurde am 21. Februar 1978 in Malchin im Kreis Demmin geboren. Er kam früh zur Leichtathletik und spezialisierte sich auf das Kugelstoßen. Er startete für den SC Neubrandenburg und trainierte bei Gerald Bergmann. 1996 wurde Ralf Bartels in Sydney Junioren-Weltmeister und 1997 in Ljubljana Junioren-Europameister. 2002 gewann er bei den Europameisterschaften in München die Bronzemedaille. Bei den Weltmeisterschaften 2003 in Paris belegte er den fünften Platz, ein Jahr später bei den Olympischen Spielen in Athen wurde er Achter. Erfolgreicher war er bei den Weltmeisterschaften in Helsinki 2005, wo er mit 20,99 m den dritten Platz belegte.

Ralf Bartels steigerte nicht nur seine Leistung stetig, sondern behauptete sich mit Ausnahme der Olympischen Spiele auch regelmäßig in den Medaillenrängen bei Großereignissen. Bei den Europameisterschaften 2006 in Göteborg gewann er im letzten Versuch mit 21,13 m den Titel. An den Olympischen Spielen in Peking konnte er wegen einer Verletzung nicht teilnehmen. Wenige Monate später gewann er bei den Hallen-Europameisterschaften in Turin die Bronzemedaille. Auch bei den Weltmeisterschaften 2009 in Berlin war ein Platz auf dem „Treppchen" für ihn reserviert. Mit 21,37 m musste er sich nur dem Olympiasieger von Peking Tomasz Majewski und dem Silbermedaillengewinner von Peking Christian Cantwell geschlagen geben. Die Medaillenjagd setzte sich fort. Bei den Hallen-Weltmeisterschaften 2010 in Doha gewann er mit 21,44 m die Silbermedaille, bei den Europameisterschaften in Barcelona im selben Jahr ebenfalls die Silbermedaille. Seinen letzten großen Erfolg feierte Ralf Bartels 2011 bei den Hallen-Europameisterschaften in Paris, wo er mit 21,16 m den Titel gewann. 2013 beendete er seine Karriere.

2012 wurde Ralf Bartels mit dem Rudolf-Harbig-Gedächtnispreis ausgezeichnet. Er lebt in der Stadt Stavenhagen im Landkreis Mecklenburgische Seenplatte und ist Ehrenbürger dieser Stadt.

Dieter Baumann

Dieter Baumann wurde am 9. Februar 1965 in Blaustein im Alb-Donau-Kreis als Sohn eines Malermeisters geboren. Er begann als Fußballspieler, wechselte aber bald zur Leichtathletik, wo er sich auf die Mittelstrecken spezialisierte. Er startete zunächst für die LG Alb Donau und wechselte dann zum VfL Waiblingen. Ab dem Jahr 1990 lief er 10 Jahre für Bayer Leverkusen. Von 2001 an startete Dieter Baumann für die LAV Stadtwerke Tübingen, deren erster Vorsitzender er auch drei Jahre war. Dieter Baumann erkannte schon früh, dass er bei seiner Spurtstärke über 5.000 m mehr Chancen haben würde als auf den Mittelstrecken, und spezialisierte sich Mitte der 80er-Jahre auf die 5.000 m. Auf dieser Strecke qualifizierte er sich für die Olympischen Spiele 1988 in Seoul.

Im olympischen Rennen lag er zwei Runden vor Schluss hinter den bereits enteilten John Ngugi aus Kenia und Domingos Castro aus Portugal an der Spitze einer sechsköpfigen Läufergruppe. Zu Beginn der letzten Runde zog er einen langen Spurt an und fing auf der Zielgeraden noch den Portugiesen ab. Dieter Baumann gewann überraschend die Silbermedaille. Auch Hans-Jörg Kunze aus der DDR überspurtete noch den Portugiesen und sicherte sich die Bronzemedaille.

Bei den Hallen-Weltmeisterschaften 1989 in Budapest gewann Dieter Baumann über 3.000 m die Bronzemedaille. Am

8. September 1991 verbesserte er in Köln den deutschen Rekord über 3.000 m auf 7:33,91 Min. Den deutschen Rekord über 5.000 m steigerte er am 6. Juni 1992 in Sevilla auf 13:09,03 Min. Damit bewies er, dass er für die Olympischen Spiele 1992 in Barcelona gerüstet war.

Im olympischen Rennen bog Dieter Baumann mit fünf afrikanischen Läufern in die letzte Runde ein. Zu dieser Situation erklärte Dieter Baumann später: „300 m vor dem Ziel wusste ich, dass ich gewinne, ich wusste nur nicht wie." Die afrikanischen Läufer wollten Dieter Baumann einschließen, damit er seinen gefürchteten Spurt nicht ansetzen konnte. Es gelang jedoch nicht. Dieter Baumann fand auf der Zielgeraden eine Lücke und spurtete zum Olympiasieg. Am Ende des Jahres wählten ihn die Sportjournalisten zum Sportler des Jahres.

Bei den Europameisterschaften 1994 in Helsinki spurtete Dieter Baumann nach einem verbummelten Rennen zum Sieg. Am

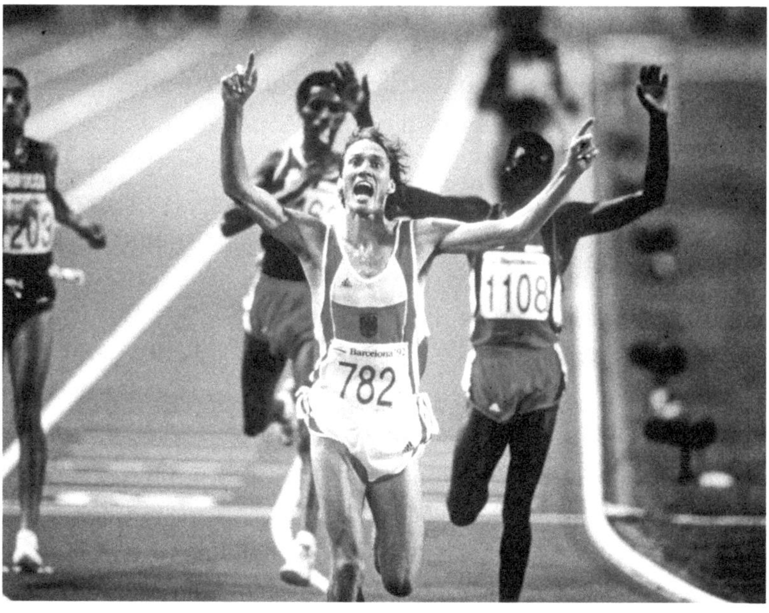

Dieter Baumann nach dem Zieleinlauf des 5000-m-Laufs in Barcelona 1992

12. Februar 1995 stellte er in Karlsruhe mit 7:37,51 Min. einen neuen Hallen-Europarekord über 3.000 m auf. Beim Züricher Abendsportfest lief Dieter Baumann am 16. August 1995 mit 13:01,72 Min. einen neuen deutschen Rekord über 5.000 m. 1996 bei den Olympischen Spielen in Atlanta präsentierte sich Dieter Baumann in guter Verfassung. In der letzten Runde des 5.000-m-Rennens stand er allein gegen drei afrikanische Läufer. Obwohl er das schnellste seiner drei olympischen Rennen lief, gelang es ihm nicht, die afrikanischen Läufer zu überraschen. Aber er enttäuschte keinesfalls mit dem vierten Platz.

Am 5. April 1997 stellte Dieter Baumann in Baracaldo/Spanien mit 27:21,53 Min. einen neuen deutschen Rekord über 10.000 m auf. Beim Züricher Abendsportfest verbesserte er am 13. August 1997 hinter dem mit 12:41,86 Weltrekord laufenden Haile Gebrselassie den Europarekord über 5.000 m auf 12:54,70 Min. Als erster Deutscher lief Dieter Baumann damit diese Strecke unter 13 Minuten. Zehn Tage vor den Europameisterschaften in Budapest stellte Dieter Baumann am 8. August 1998 in Monaco mit 7:30,50 Min. einen neuen deutschen Rekord über 3.000 m auf. In Budapest gewann er über 10.000 m die Silbermedaille.

Bei einer Dopingkontrolle am 19. Oktober 1999 wurde Dieter Baumann positiv auf den Wirkstoff Nandrolon getestet. Dieter Baumann, ein engagierter und glaubwürdiger Dopinggegner, beteuerte seine Unschuld. In seiner Zahnpasta wurden Reste von Nandrolon gefunden. Man sprach von der Zahnpasta-Affäre. Als eine Haarprobe Baumanns ohne Befund war, sprach ihn der Rechtsausschuss des Deutschen Leichtathletik-Verbandes frei. Der Dopingjäger Prof. Dr. Werner Franke erklärte in einem Spiegel-Interview: „Baumann hat sich sehr für den Kampf gegen Doping engagiert. Seine Zahnpastatuben waren verseucht, erwiesenermaßen eine alte Stasi-Methode. Baumann hat zu viele Leute an sich rangelassen." Die IAAF erkannte den Freispruch des Deutschen Leichtathletik-Verbandes nicht an und sperrte Dieter Baumann vom 18. September 2000 bis 21. Januar 2002. Dies hatte zur Konsequenz, dass er, obwohl bereits angereist, bei den Olympischen Spielen in Sydney nicht an den Start gehen konnte. Nach der Sperre wurde er 2002 in München Zweiter der Europameisterschaften über 10.000 m. Ein Wechsel zur Marathonstrecke verlief für ihn unbefriedigend. Am 8. September 2003 beendete er seine Karriere.

Dieter Baumann war 40-mal deutscher Meister. Während seiner gesamten Karriere wurde Dieter Baumann von seiner Ehefrau Isabell, einer ehemaligen 400-m-Hürdenläuferin, trainiert. Er wurde mit dem Rudolf-Harbig-Gedächtnispreis ausgezeichnet. Dieter Baumann schrieb mehrere Bücher über das Laufen und eine Autobiographie. Sein Buch „Lebenslauf" enthält eine autobiographische Schilderung der Doping-Affäre. Er ist als Kolumnist der Tageszeitung „taz" und des Fachblatts „Runners World" tätig. Er arbeitet zudem als Kabarettist.

Sebastian Bayer

Sebastian Bayer wurde am 11. Juni 1986 in Aachen geboren. Schon in der Jugend spezialisierte sich Sebastian Bayer, der als Jugendlicher für die DJK Rasensport Aachen, Alemania Aachen und die LG Euregio startete, auf den Weitsprung. 2004 wechselte er für ein Jahr zum SC Neubrandenburg. 2005 verließ er Neubrandenburg und schloss sich dem TSV Bayer 04 Leverkusen an. 2005 wurde er in Kaunas /Litauen U 20-Vizeeuropameister im Weitsprung.

2008 verbesserte er seine persönliche Bestleistung auf 8,15 m und qualifizierte sich für die Olympischen Spiele in Peking. Er schied dort allerdings in der Qualifikation aus. Sein erster großer Erfolg gelang ihm bei den Hallen-Europameisterschaften 2009 in Turin. Sebastian Bayer sprang bei seinem Sieg mit 8,71 m einen neuen Hallen-Europarekord. Mit diesem Sprung schob er sich hinter Carl Lewis auf den zweiten Platz der Hallen-Weltbestenliste. Im selben Jahr verbesserte er bei den Deutschen Meisterschaften in Ulm seine Freiluft-Bestleistung auf 8,49 m.

Bei den Weltmeisterschaften in Berlin schied er aufgrund einer Fußverletzung in der Qualifikation aus. Den Hallen-Europameister-Titel konnte Sebastian Bayer bei den Hallen-Europameisterschaften 2011 in Paris verteidigen. Inzwischen war er zum Hamburger SV gewechselt. Bei den Weltmeisterschaften 2011 im koreanischen Daegu wurde er Achter. Erfolgreicher war er bei den Europameisterschaften 2012 in Helsinki, wo er mit 8,34 m den Titel gewann und damit ein Medaillenkandidat für die Olympischen Spiele in London wurde. Dort verfehlte er mit 8,10 m den Bronzerang nur um zwei Zentimeter. Seine Siegesweite von Helsinki hätte für die Goldmedaille gelangt.

2018 beendete Sebastian Bayer wegen anhaltender Knieprobleme seine Karriere. Der gelernte Bürokaufmann ist Sportsoldat.

Udo Beyer

Udo Beyer wurde am 9. August 1955 in Stalinstadt (heute Eisenhüttenstadt) als ältestes von sechs Kindern geboren. Er wuchs auf Gut Breslack in Neißemünde in Brandenburg und in Eisenhüttenstadt auf. Zunächst spielte er Handball bei der BSG Stahl Eisenhüttenstadt. Obwohl er ein guter Handballspieler war, entschied er sich für die Leichtathletik. Nach der Kinder- und Jugendspartakiade 1969 kam er an die Kinder- und Jugendsportschule in Frankfurt (Oder). 1970 trat er dem ASK Vorwärts Frankfurt bei. 1973 ging er mit seinem Trainer Fritz Kühl zum ASK Vorwärts Potsdam, wo sich Udo Beyer vollständig auf das Kugelstoßen spezialisierte. 1973 wurde er in Duisburg mit Junioren-Europarekord Junioreneuropameister.

Ein früher Triumph glückte ihm bei den Olympischen Spielen 1976 in Montreal. 14 Tage vor seinem 21. Geburtstag gewann er überraschend mit 21,05 m die Goldmedaille. 1977 gewann er das Kugelstoßen beim Weltcup in Düsseldorf. Am 17. Februar 1978 steigerte er in Senftenberg den Hallen-Europarekord auf

21,10 m. Diese Leistung konnte er am 6. Juli 1978 in Göteborg noch toppen, als er mit 22,15 m den Weltrekord verbesserte.

Im selben Jahr gewann er bei den Europameisterschaften in Prag vor den Russen Mironow und Baryschnikow die Goldmedaille. Bei den Olympischen Spielen 1980 in Moskau waren drei Geschwister der Familie Beyer am Start. Udos Bruder Hans-Georg wurde Olympiasieger mit der DDR-Handballmannschaft, seine Schwester Gisela belegte den vierten Platz im Diskuswurf, Udo gewann hinter den Russen Kisseljow und Baryschnikow die Bronzemedaille im Kugelstoßen. Bei den Europameisterschaften 1982 siegte Udo Beyer beim Kugelstoßen mit 21,50 m. Am 25. Juni 1983 verbesserte er in Los Angeles den Weltrekord auf 22,22 m. Nur zwei Monate nach dieser Leistung wurde Udo Beyer mit der für ihn indiskutablen Weite von 20,09 m bei den Weltmeisterschaften in Helsinki Sechster.

Unmittelbar vor den Europameisterschaften 1986 in Stuttgart verbesserte Udo Beyer am 20. August in Berlin den Weltrekord auf 22,64 m. Mit 20,74 m wurde der frischgebackene Weltrekordler in Stuttgart hinter dem Schweizer Werner Günthör und seinem Mannschaftskameraden Ulf Timmermann nur Dritter. Bei den Weltmeisterschaften 1987 in Rom belegte Udo Beyer wie in Helsinki nur den sechsten Platz. Bei den Olympischen Spielen 1988 landete er auf dem vierten Platz. Danach beendete er zunächst seine Karriere. Auf Anraten seiner Ehefrau nahm er aber noch einmal das Training auf, um sich für die Olympischen Spiele 1992 in Barcelona zu qualifizieren. Bei den Europameisterschaften 1990 in Split wurde er noch einmal Fünfter. In Barcelona scheiterte er aber schon in der Qualifikation. Danach beendete er endgültig seine Karriere.

Udo Beyer studierte an der Pädagogischen Hochschule in Potsdam Sport und schloss das Studium als Diplom-Sportlehrer ab. Als Mitglied des Armeesportclubs war Udo Beyer Major der Nationalen Volksarmee (NVA) und wurde nach der Wiedervereinigung als Hauptmann von der Bundeswehr übernommen. Er erlernte den Beruf eines Reiseverkehrskaufmanns und ist heute

Inhaber eines Reisebüros in Potsdam. Seine jüngere Tochter starb im Alter von elf Jahren an einem angeborenen Herzfehler. Udo Beyer war jahrelang Kapitän der DDR-Nationalmannschaft. In einem Dokumentarfilm gestand er die Einnahme von Dopingmitteln. Udo Beyer wurde zweimal mit dem Vaterländischen Verdienstorden in Silber ausgezeichnet und war 1978 DDR-Sportler des Jahres.

Uwe Beyer

Uwe Beyer wurde am 14. April 1945 in Timmendorfer Strand als Sohn des technischen Zeichners Erich Beyer geboren. Erich Beyer weckte das Interesse seines Sohnes für den Hammerwurf und trainierte ihn auch. Uwe Beyer startete für Holstein Kiel, Bayer Leverkusen und den USC Mainz. Am 7. Mai 1964 warf Uwe Beyer mit 63,17 m in Hamburg Juniorenweltrekord. Uwe Beyer war der erste Hammerwerfer, der im Ring vier Umdrehungen machte, bevor er den Hammer fliegen ließ. Drei Wochen später verbesserte er den Juniorenweltrekord in Menden auf 64,48 m. Das war zugleich auch ein neuer deutscher Rekord in der Männerklasse. Mit dieser Leistung qualifizierte sich Uwe Beyer für die Olympischen Spiele 1964 in Tokio.

In der Qualifikation für den Hammerwurf-Wettbewerb stellte Uwe Beyer mit 65,01 m einen neuen deutschen Rekord auf und erreichte das Finale. Im Finale schleuderte der 19-Jährige den Hammer auf sensationelle 68,09 m. Mit diesem neuen Juniorenweltrekord und der Verbesserung des deutschen Rekordes um mehr als drei Meter gewann er die Bronzemedaille.

Das Volk war entzückt. Der 1,91 m große und 110 kg schwere Blondschopf war der neue Held der Deutschen. So verwunderte es nicht, dass ihm der deutsche Regisseur Harald Reinl 1966 für seinen zweiteiligen Film „Die Nibelungen" die Rolle des Siegfried anbot. Auch wenn der Film von den Kritikern nicht favorisiert wurde, war Uwe Beyer offenbar die richtige Wahl. Viele

Leser des Buches „Die Nibelungen" mussten sich eingestehen, dass sie sich bei der Lektüre Siegfried so vorgestellt hatten wie Uwe Beyer. Vorübergehend war Uwe Beyer auch in den Klatschspalten der einschlägigen Zeitungen.

Trotz der Filmaufnahmen blieb Uwe Beyer auch sportlich aktiv. Er verbesserte den deutschen Hammerwurf-Rekord am 3. August 1966 in Kiel auf 68,48 m. Bei den Europameisterschaften 1966 in Budapest wurde Uwe Beyer wie in Tokio Dritter. Erneut lagen der Russe Romuald Klim und der Ungar Gyula Zsivotsky vor ihm. 1967 verbesserte er dreimal den deutschen Hammerwurf-Rekord. Am 5. Mai 1968 warf Uwe Beyer in Lübeck mit dem neuen deutschen Rekord von 70,42 m als erster Deutscher den Hammer über 70 Meter. Dieser Rekord hielt nur eine Woche. Schon am 11. Mai verbesserte er ihn in Bad Bramstedt auf 72,46 m. Mit dieser Weite gehörte er zu den Favoriten für die Olympischen Spiele in Mexiko City. Dort scheiterte er jedoch völlig überraschend in der Qualifikation.

1971 machte Uwe Beyer im Vorfeld der Europameisterschaften in Helsinki zweimal auf sich aufmerksam. Am 27. März 1971 schleuderte Uwe Beyer in Hanau den Hammer auf die deutsche Rekordweite von 73,70 m und bei den deutschen Meisterschaften in Stuttgart verbesserte er diese Leistung noch einmal auf 74,90 m. Uwe Beyer fuhr als Favorit zu den Europameisterschaften nach Helsinki. Dort führte bis zum letzten Wurf der DDR-Athlet Reinhard Theimer mit 71,80 m. Mit dem letzten Versuch und einer Weite von 72,36 m entriss ihm Uwe Beyer noch den Titel. Bei den Olympischen Spielen 1972 in München belegte Uwe Beyer mit 71,52 m drei Meter hinter den Medaillengewinnern den 4. Platz vor seinem langjährigen Rivalen Gyula Zsivotsky. Die Zeit der großen Hammerwerfer der 60er-Jahre neigte sich dem Ende zu. 1974 wurde Uwe Beyer bei den Europameisterschaften in Rom noch einmal Fünfter und beendete dann seine Karriere.

1981 bekannte sich Uwe Beyer zu jahrelangem Anabolika-Doping. Nach seiner aktiven Karriere schloss er erfolgreich ein Sportstudium ab. 1976 machte er sich mit einem Sportgeschäft in Mainz selbstständig. Uwe Beyer starb am 15. April 1993, einen Tag nach seinem 48. Geburtstag, bei einem Tennisspiel in seinem Urlaubsort Belek in der Türkei.

Hanns Braun

Hanns Braun wurde am 26. Oktober 1886 in Wernfels im Landkreis Roth als Sohn eines Kunstmalers geboren. Er studierte Kunst in München und Architektur in Berlin und arbeitete als Bildhauer. Hanns Braun spielte zunächst Fußball beim Münchner SC und Bayern München. Dann wandte er sich der Leichtathletik zu. Nachdem er bei den Olympiaausscheidungen in Leipzig über 800 m und 1.500 m deutsche Rekorde gelaufen war, qualifizierte er sich für die Olympischen Spiele 1908 in London. Dort gewann er mit dem neuen deutschen Rekord von 1:55,2 Min. die Bronzemedaille über 800 m. Am Schlusstag der Leichtathletik-Wettkämpfe gewann er mit der deutschen Staffel in der seitdem nicht mehr gelaufenen Olympischen Staffel (200 m – 200 m – 400 m – 800 m) die Silbermedaille.

Am 7. Februar 1909 lief Hanns Braun in Berlin mit 2:39,0 Min. einen neuen Hallenweltrekord über 1.000 m. Am 28. August 1909 schlug Hanns Braun im Frankfurter Palmengarten über 400 m den britischen Olympiasieger Wyndham Halswelle und verbesserte dabei den deutschen Rekord auf 49,0 Sek. Damit war er der erste Deutsche, der unter 50 Sekunden lief. Hanns Braun lief auch deutsche Rekorde über 100 m und 200 m sowie über 110 m Hürden. Bei den Olympischen Spielen 1912 in Stockholm startete Hanns Braun über 400 m und 800 m. Über 400 m gewann er hinter dem Amerikaner Reidpath die Silbermedaille und unterbot seinen eigenen deutschen Rekord um sieben Zehntelsekunden. Über 800 m wurde er Vierter, obwohl er mit 1:52,2 Min. nicht nur einen neuen deutschen Rekord lief, sondern auch drei Sekunden schneller war als in London. Bei diesem Lauf schlossen ihn die Amerikaner Meredith, Sheppard, Davenport und Caldwell so geschickt ein, dass er seinen gefürchteten Spurt nicht so ansetzen konnte wie gewohnt. Mit der 4 x 400-m-Staffel schied Hanns Braun im Vorlauf aus. Nach den Spielen gewann er in großem Stil bei einem Sportfest in Berlin über 800 m gegen den Olympiasieger James Meredith.

Nach den Olympischen Spielen widmete er sich seinem Beruf als Bildhauer. 1914 zog Hanns Braun in den I. Weltkrieg. Er meldete sich freiwillig zur Fliegertruppe und wurde Fluglehrer. Am 9. Oktober 1918 kam er bei Croix-Fonsomme in Frankreich ums Leben, als sein Flugzeug mit einem anderen Flugzeug seiner Jagdstaffel kollidierte und abstürzte.

In mehreren Städten sind Straßen und Plätze nach Hanns Braun benannt. Die Geschäftsstelle des Fußballclubs Hertha BSC befindet sich in der Hanns-Braun-Straße. Im Olympiapark in München gibt es eine Hanns Braun-Brücke. Lange Jahre gab es zur Erinnerung an Hanns Braun in München das Hanns Braun-Sportfest.

Sabine Braun

Sabine Braun wurde am 19. Juni 1965 in Essen geboren. Sie spezialisierte sich auf den Siebenkampf und startete für die LAV Düsseldorf, die LG Bayer Leverkusen und den TV Wattenscheid. 1983 feierte sie mit dem zweiten Platz bei den Junioren-Europameisterschaften ihren ersten großen Erfolg. Als 19-Jährige nahm sie an den Olympischen Spielen 1984 in Los Angeles teil und belegte dort den 6. Platz. 1985 verbesserte sie den deutschen Rekord im Siebenkampf auf 6575 P. Bei den Olympischen Spielen 1988 in Seoul landete sie auf einem enttäuschenden 14. Platz.

1990 steigerte sie in Götzis/Vorarlberg den deutschen Siebenkampf-Rekord auf 6604 P. Dieser Rekord hatte allerdings nicht lange Bestand, da sie ihn bei ihrem Sieg bei den Europameisterschaften in Split mit 6688 P. erneut verbesserte. 1991 gelang ihr bei den Weltmeisterschaften in Tokio der ganz große Erfolg. Sie gewann vor der Rumänin Liliana Nastase und der Russin Irina Belowa den Weltmeister-Titel. Damit zählte sie auch bei den Olympischen Spielen 1992 in Barcelona zu den Favoritinnen. Als sie im Olympiajahr beim Mehrkampfmeeting in Götzis den deutschen Rekord auf 6985 P. steigerte, war Sabine Braun die große Konkurrentin der Weltrekordinhaberin Jackie Joyner-Kersee. Sie präsentierte sich bei den Olympischen Spielen aber nicht so stark wie in Götzis und gewann hinter der überragenden Amerikanerin Jackie Joyner-Kersee und Irina Belowa mit 6649 P. nur die Bronzemedaille. Die Leistung von Götzis hätte allerdings auch nicht gereicht, um Jackie Joyner-Kersee zu schlagen.

Bei den Leichtathletik-Weltmeisterschaften 1993 in Stuttgart gewann Sabine Braun mit 6797 P. die Silbermedaille hinter Jackie Joyner-Kersee. Wenige Tage nach den Weltmeisterschaften stellte sie am 28. August 1993 in Ingelheim mit 6214 P. einen neuen Weltrekord im 45 Minuten-Siebenkampf auf. 1994 wiederholte sie ihren Triumph von 1990 und gewann in Helsinki den Europameister-Titel. Bei den Olympischen Spielen in Atlanta belegte sie den 7. Platz, weil sie vor allem in ihren starken Disziplinen Weitsprung und Hochsprung patzte.

1997 bei den Hallen-Weltmeisterschaften in Paris gewann Sabine Braun den Titel im Fünfkampf. Im selben Jahr konnte sie den Angriff der Britin Denise Lewis auf den Siebenkampf-Thron bei den Weltmeisterschaften 1997 noch einmal abwehren und vor der Britin den Titel gewinnen. 1998 gewann Denise Lewis dann bei den Europameisterschaften in Budapest den Titel. Sabine Braun war dort nicht in Form und belegte nur den 6. Platz. 1999 bei den Weltmeisterschaften in Sevilla wurde sie Vierte und verfehlte den Bronzerang nur um drei Punkte. Eine beachtliche Leistung gelang Sabine Braun im Jahr 2000 auch bei ihren fünften Olympischen Spielen in Sydney, wo sie einen guten fünften Platz belegte. 2002 wurde sie in München im Alter von 37 Jahren noch einmal Vizeeuropameisterin. Danach beendete sie ihre Karriere. In diesem Jahr wurde sie auch mit dem Rudolf-Harbig-Gedächtnispreis ausgezeichnet.

Die gelernte Industrie-Kauffrau Sabine Braun wurde 2003 mit dem „Goldenen Band" der Berliner Sportpresse und 1990 mit der Sportplakette des Landes NRW ausgezeichnet. Sie lebt mit der ehemaligen Speerwerferin Beate Peters zusammen.

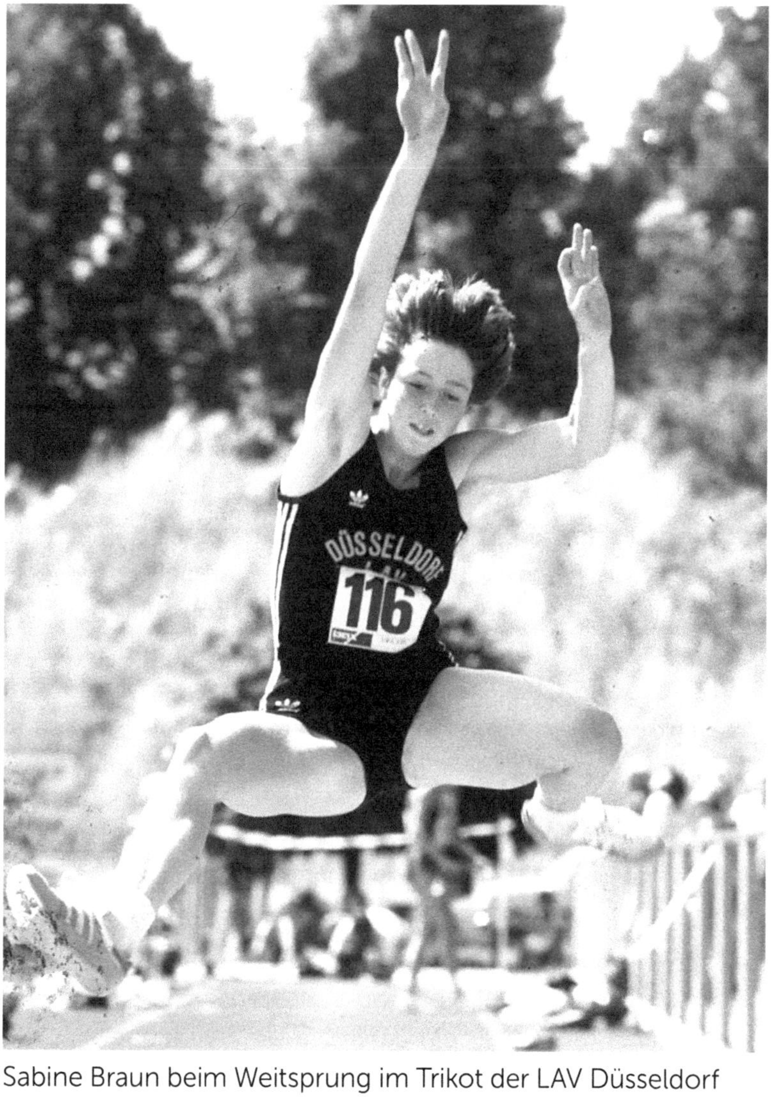

Sabine Braun beim Weitsprung im Trikot der LAV Düsseldorf

Grit Breuer

Grit Breuer wurde am 16. Februar 1972 in Röbel/Müritz im Landkreis Mecklenburgische Seenplatte geboren. Sie wurde Langsprinterin und gehörte zu DDR-Zeiten dem SC Neubrandenburg an. Nach der Wiedervereinigung startete sie für das LT 85 Hannover, den OSC Berlin und den SC Magdeburg.

Bereits als 16-Jährige nahm Grit Breuer an den Olympischen Spielen 1988 in Seoul teil. Sie wurde im Vorlauf in der 4 x 400-m-Staffel eingesetzt, die im Finale die Bronzemedaille gewann. Auch als nur im Vorlauf eingesetzte Staffelläuferin erhielt Grit Breuer die Bronzemedaille. Im selben Jahr gewann sie bei den U 20-Weltmeisterschaften in Greater Sudbury/Kanada drei Goldmedaillen (400 m, 4 x 100 m, 4 x 400 m). Mit ihrer Sieg-Zeit von 49,50 Sek. bei den Europameisterschaften 1990 in Split stellte Grit Breuer einen neuen Juniorenweltrekord auf. Auch die 4 x 400-m-Staffel der DDR führte sie zum Sieg.

1991 bei den Hallen-Weltmeisterschaften in Sevilla gewann sie mit dem neuen Juniorenweltrekord von 22,58 Sek. die Bronzemedaille über 200 m. Mit der 4 x 400-m-Staffel gelang ihr sogar der Titelgewinn. Dabei stellte die Staffel mit 3:27,22 Min. einen neuen Hallen-Weltrekord auf. Im Sommer verbesserte Grit Breuer bei den Weltmeisterschaften in Tokio ihren Juniorenweltrekord auf 49,42 Sek. und gewann hinter der Französin Marie-José Pérec die Silbermedaille. Dazu gewann sie sowohl mit der 4 x 100-m-Staffel als auch mit der 4 x 400-m-Staffel zwei Bronzemedaillen. Der Juniorenweltrekord hat heute noch Bestand.

Am 23. Juli 1992 wurde bei einer Dopingkontrolle in einer Urinprobe Grit Breuers Clenbuterol nachgewiesen. Da das in einem Asthmamittel enthaltene Clenbuterol zum damaligen Zeitpunkt noch nicht auf der Dopingliste stand, sperrte der Deutsche Leichtathletik-Verband Grit Breuer wegen Medikamentenmissbrauchs für ein Jahr. Die IAAF verlängerte diese Sperre um zwei weitere Jahre wegen unsportlichen Verhaltens.

Bei den Hallen-Europameisterschaften 1996 in Stockholm holte sie ebenso den Titel über 400 m wie 1998 in Valencia. Bei den Olympischen Spielen 1996 in Atlanta gewann sie mit der 4 x 400-m-Staffel die Bronzemedaille. Ihren vielleicht am meisten in Erinnerung gebliebenen Lauf zeigte sie bei den Weltmeisterschaften 1997 in Athen. Als Schlussläuferin der 4 x 400-m-Staffel übernahm sie an vierter Stelle liegend den Stab. Auch eingangs der Zielgeraden lag sie noch auf dem vierten Platz. Dann bot sich ihr überraschend eine Lücke. Sie spurtete innen durch an allen Konkurrentinnen vorbei und führte die Staffel zum Weltmeister-Titel. Bei den Europameisterschaften 1998 in Budapest gewann Grit Breuer den Titel über 400 m und mit der 4 x 400-m-Staffel. Die Sportjournalisten zeichneten sie bei der Wahl zur Sportlerin des Jahres 1998 mit dem zweiten Platz aus.

Bei den Hallen-Weltmeisterschaften 1999 in Maebashi/Japan gewann sie den Titel über 400 m. Mit Anke Feller, Uta Rohländer und Anja Rücker, ihren Staffelkameradinnen aus der Weltmeister-Staffel von Athen, gewann sie bei den Weltmeisterschaften 1999 in Sevilla die Bronzemedaille über 4 x 400 m. In bis auf Grit Breuer vollkommen neuer Besetzung mit Florence Ekpo-Umoh, Shanta Ghosh und Claudia Marx gewann die deutsche 4 x 400-m-Staffel bei den Weltmeisterschaften 2001 in Edmonton die Silbermedaille. Bei den Europameisterschaften in München 2002 wurde Grit Breuer über 400 m Zweite und gewann mit der 4 x 400-m-Staffel den Titel. Noch einmal eine Bronzemedaille über 400 m gewann sie 2003 bei den Hallen-Weltmeisterschaften in Birmingham. Nach gesundheitlichen Problemen beendete Grit Breuer Ende 2005 ihre Karriere.

Sie heiratete ihren Trainer Thomas Springstein und führt seitdem den Namen Breuer-Springstein. In einem Hotel in Warnemünde ist sie heute als Golfbetreuerin tätig. 2001 wurde Grit Breuer Leichtathletin des Jahres.

Frank Busemann

Frank Busemann wurde am 26. Februar 1975 als Sohn eines Lehrers und Leichtathletik-Trainers in Recklinghausen geboren. Er begann schon als Kind mit der Leichtathletik und konzentrierte sich ab dem 16. Lebensjahr auf den 110-m-Hürdenlauf. Er startete für den FC Schalke 04, die LG Olympia Dortmund und Bayer Leverkusen.

Am 12. März 1994 lief er in Paris mit 7,67 Sek. Junioren-Europarekord über 60 m Hürden. Im selben Jahr wurde er in Lissabon mit 13,47 Sek. Juniorenweltmeister über 110 m Hürden. In diesem Jahr bestritt er auch seinen ersten Zehnkampf, bei dem er 7938 P. erzielte. Es reifte bei ihm die Erkenntnis, dass es im Hürdenlauf nicht zu Medaillengewinnen bei Großereignissen reichen würde. Deshalb entschloss er sich im Frühjahr 1996, auf die Karte „Zehnkampf" zu setzen. Mit einem fünften Platz beim Mehrkampf-Meeting in Götzis qualifizierte sich Frank Busemann für die Olympischen Spiele in Atlanta.

Dort stieg er mit 10,60 Sek. über 100 m in den Wettkampf ein. Es folgte ein Sprung auf 8,07 m. Nach einem schwächeren Stoß mit der Kugel auf 13,60 m sprang er 2,04 m hoch. Nach 48,34 Sek. über 400 m lag er nach dem 1. Tag hinter dem großen Favoriten, dem Amerikaner Dan O'Brien, auf dem 2. Platz. Mit seinen Leistungen, seiner Nervenstärke, seiner Unbekümmertheit und seiner jugendlichen Lockerheit lief, sprang und warf er sich in die Herzen der Zuschauer. Am 2. Tag lief er die 110 m Hürden in 13,47 Sek., einer Leistung, die bis zu diesem Zeitpunkt noch kein Zehnkämpfer erreicht hatte. Nach einem Diskuswurf auf 45,04 m und einem Stabhochsprung auf 4,80 m lag er auf dem 3. Platz, von dem er sich durch einen Speerwurf auf 66,86 m auf den 2. Platz verbesserte. Der auf dem dritten Platz liegende Tscheche Tomas Dvorak schaffte im 1.500-m-Lauf nur einen Punkt mehr als Frank Busemann und konnte dessen Silbermedaille nicht mehr gefährden. Frank Busemann sammelte 8706 P. Im selben Jahr wurde er zum Sportler des Jahres gewählt.

Bei den Weltmeisterschaften 1997 in Athen konnte Tomas Dvorak den Spieß umdrehen. Er gewann den Titel. Frank Busemann wurde hinter dem Finnen Eduard Hämäläinen mit 8652 P. Dritter. Bei den U 23 Europameisterschaften im selben Jahr in Turku gewann er den Titel im 110-m-Hürdenlauf. Wegen einer Muskelverletzung im Oberschenkel musste Frank Busemann bei den Weltmeisterschaften 1999 in Sevilla aufgeben. Im Jahr 2000 konnte er vor den Spielen in Sydney nicht verletzungsfrei trainieren und deshalb das Olympiamärchen von Atlanta nicht wiederholen. So blieb er im Hürdenlauf deutlich unter seinen Möglichkeiten und warf den Diskus mehr als 20 Meter kürzer als in Atlanta. Am Ende reichte es nur zum siebten Platz.

Als sich die Verletzungen häuften, erkannte Frank Busemann, dass er an seine großen Erfolge nicht mehr anknüpfen konnte, und bestritt 2001 seinen letzten Zehnkampf.

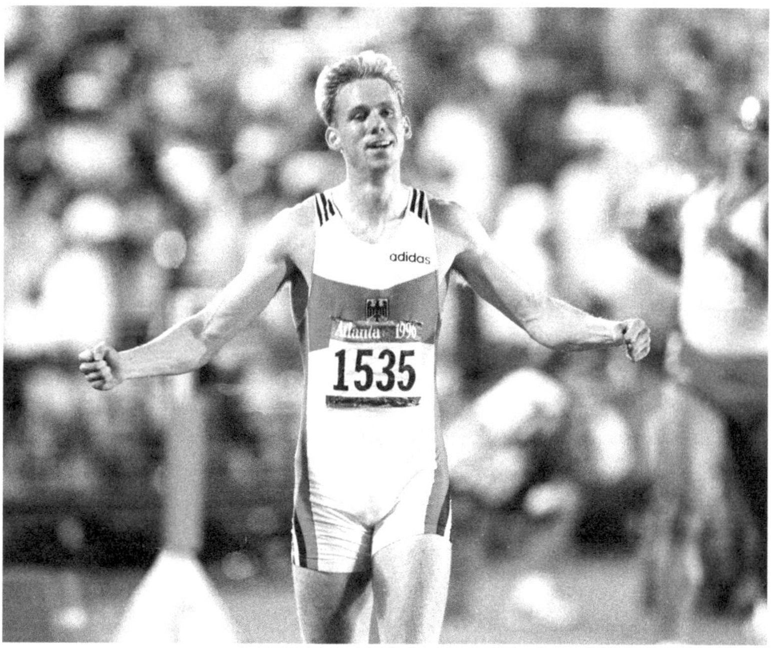

Frank Busemann im Ziel des 1.500-m-Laufs bei den Olympischen Spielen in Atlanta

Der gelernte Bankkaufmann ist heute als Co-Kommentator bei der ARD und auf verschiedenen Gebieten innerhalb und außerhalb des Sports tätig. 2004 erhielt er den Rudolf-Harbig-Gedächtnispreis.

Waldemar Cierpinski

Waldemar Cierpinski wurde am 3. August 1950 in Neugattersleben im Kreis Nienburg/Sachsen-Anhalt als Sohn eines Landwirts geboren. 1965 zog die Familie Cierpinski nach Halle a.d. Saale. Waldemar Cierpinski begann seine Karriere als Hindernisläufer und startete für den SC Chemie Halle. Am 7. September 1968 stellte er in Leipzig mit 8:57,8 Min. einen Junioren-Europarekord über 3.000 m Hindernis auf. Ein Jahr später verbesserte er in Berlin mit 8:42,0 Min. den Junioren-Weltrekord über diese Strecke. Anfang der 70er-Jahre des vorigen Jahrhunderts wechselte er auf die Marathonstrecke.

Bei den Olympischen Spielen in Montreal wurde Waldemar Cierpinski über die Grenzen der DDR hinaus berühmt. Der noch weitgehend unbekannte Marathonläufer gewann in 2:09:55,0 Std. die Goldmedaille im Marathonlauf vor dem Olympiasieger von München Frank Shorter und dem Belgier Karel Lismont. Bei den Europameisterschaften 1978 in Prag wurde er Vierter. Für die Olympischen Spiele 1980 in Moskau zählte er zu den Favoriten, zumal viele Nationen wegen des Boykotts der Spiele nicht am Start waren. Waldemar Cierpinski wurde dieser Rolle gerecht und gewann mit 17 Sekunden Vorsprung vor dem Niederländer Gerald Nijboer erneut die Goldmedaille. Der DDR-Sportreporter Heinz Florian Oertel war von seinem Sieg so überwältigt, dass er werdende Väter aufforderte, ihre an diesem Tage geborenen Söhne „Waldemar" zu nennen. Mit dieser Wiederholung seines Olympiasieges steht Waldemar Cierpinski auf einer Stufe mit dem legendären Äthiopier Abebe Bikila und dem Olympiasieger von Rio de Janeiro und Tokio Eliud Kipchoge aus Kenia.

1983 wurde der inzwischen 33-jährige Waldemar Cierpinski Dritter bei den Weltmeisterschaften in Helsinki. 1984 beendete er seine Karriere. Er studierte Sport und schloss das Studium als

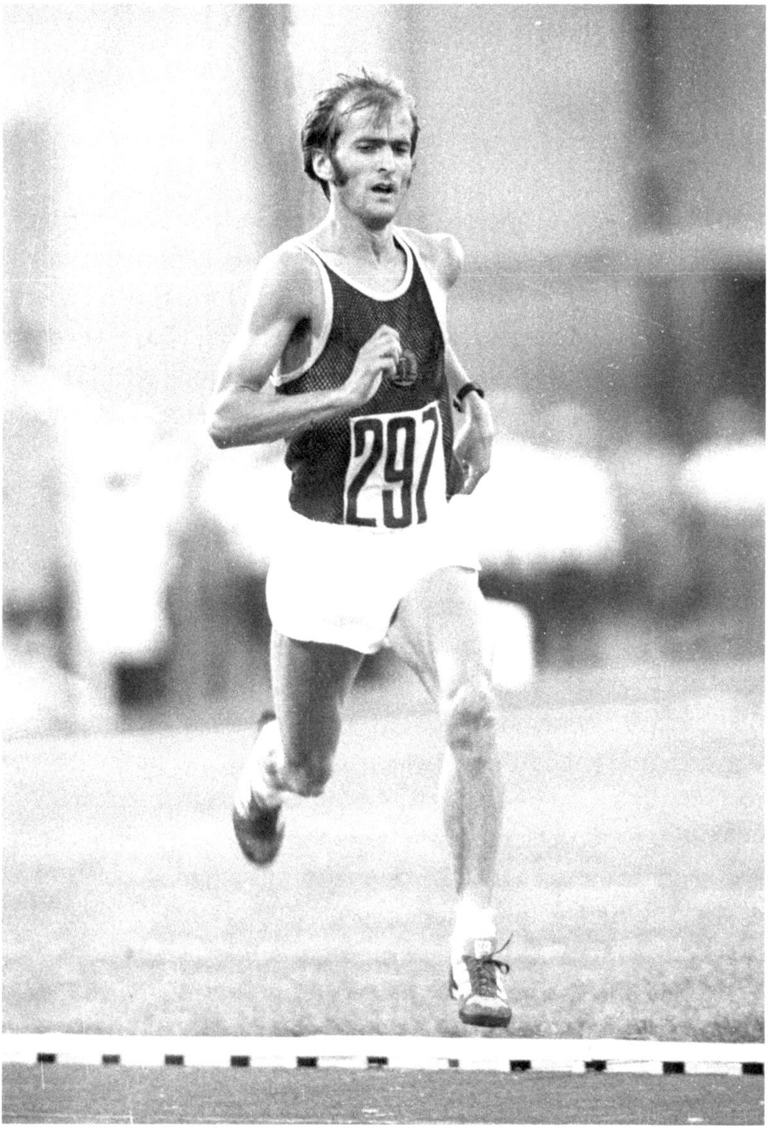

Waldemar Cierpinski auf den letzten Metern des Marathonlaufes in Moskau 1980

Dipl.-Sportlehrer ab. Eine Zeit lang arbeitete er als Trainer. Seit 1990 ist er Inhaber eines Laufshops in Halle. Er wurde in der DDR mit dem Vaterländischen Verdienstorden in Gold und Silber und mit der Ehrenspange zum Vaterländischen Verdienstorden in Gold ausgezeichnet.

Rolf Danneberg

Rolf Danneberg wurde am 1. März 1953 in Hamburg geboren. Nachdem er sich zunächst im Speerwurf versucht hatte, wechselte er zum Diskuswurf. Er startete für den Turnerbund Eilbeck, die LG Wedel-Pinneberg, den Hamburger SV und Bayer Leverkusen. Rolf Danneberg war bereits 31 Jahre alt, als er sich 1984 für die Olympischen Spiele in Los Angeles qualifizierte. Dort landete er eine der größten Sensationen der Spiele. Da die Diskuswerfer aus dem Osten wegen des Boykotts der Spiele durch die Länder des Ostblocks nicht am Start waren, glaubten die amerikanischen 70-m-Werfer mit dem Olympiasieger von Montreal Mac Wilkins an der Spitze, dass der Diskussieg für sie reserviert sei. Rolf Danneberg steckte sich bescheidenere Ziele. Er wollte unter die ersten Sechs kommen. Im vierten Versuch gelang ihm ein Wurf auf 66,60 m, den keiner mehr kontern konnte. Rolf Danneberg wurde völlig überraschend Olympiasieger. Später sagte er über die Amerikaner: „Dass von denen so wenig kam, hat mich überrascht."

1986 bei den Leichtathletik-Europameisterschaften in Stuttgart landete er hart auf dem Boden der Tatsachen. Er belegte mit 61,60 m nur einen enttäuschenden 11. Platz. Ein Jahr später bei den Weltmeisterschaften in Rom war er erfolgreicher. Nur sechs Zentimeter hinter dem Drittplatzierten wurde er mit 65,96 m Vierter. In Seoul bei den Olympischen Spielen 1988 hatte man ihn anders als in Los Angeles auf der Rechnung. Zu Recht. Rolf Danneberg gewann hinter dem Olympiasieger Jürgen Schult und dem Litauer Romas Ubartas mit 67,38 m die Bronzemedaille. Von der Silbermedaille trennten ihn nur 10 Zentimeter.

1993 beendete Rolf Danneberg im Alter von 40 Jahren seine Karriere. 1989 wurde er mit dem Rudolf-Harbig-Gedächtnispreis ausgezeichnet. Er trainierte fünf Jahre lang den heutigen Bundestrainer der Diskuswerfer Markus Münch.

Heike Drechsler

Heike Drechsler wurde als Heike Daute am 16. Dezember 1964 in Gera geboren. Mit 9 Jahren begann sie im Trainingszentrum der BSG Wismut Gera mit der Leichtathletik. In diesem Jahr verunglückte ihr Vater tödlich bei einem Unfall auf einer Kirmes. 1977 wechselte sie zum SC Motor Jena. Hier konzentrierte sie sich auf den Sprint und den Weitsprung. Ihre Liebe gehörte aber auch dem Siebenkampf. Heike Drechsler hat in ihrer Karriere 17 Weltrekorde aufgestellt, die an dieser Stelle nicht alle einzeln Erwähnung finden können. Später startete Heike Drechsler für den TuS Jena, den LAC Chemnitz, den LAC Erfurt, den ABC Ludwigshafen und den Karlsruher SC.

Mit 16 Jahren sprang Heike Daute am 9. August 1981 in Jena mit 6,91 m Junioren-Weltrekord im Weitsprung. Als 18-Jährige gewann sie mit 7,27 m bei den Weltmeisterschaften in Helsinki den Weltmeister-Titel im Weitsprung. Zu starker Rückenwind verhinderte, dass diese Leistung ein neuer Junioren-Weltrekord war. Im Olympiajahr 1984 durchkreuzte der Boykott der Olympischen Spiele durch die Ostblockländer die Möglichkeit, um Medaillen zu kämpfen. Heike Daute nutzte dieses Jahr ohne Saisonhöhepunkt zur Heirat mit dem Sohn ihres Trainers Erich Drechsler Andreas Drechsler und führte nun den Namen Drechsler.

Bei den Europameisterschaften 1986 in Stuttgart gewann sie die Goldmedaille im 200-m-Lauf und im Weitsprung. Bei ihrem Sieg über 200 m stellte sie mit 21,71 Sek. den Weltrekord von Marita Koch ein. In diesem Jahr wurde Heike Drechsler Weltsportlerin des Jahres und DDR-Sportlerin des Jahres. Das Jahr

1987 begann mit Erfolgen in der Halle. Bei den Hallen-Europameisterschaften in Lievin/Frankreich gewann sie den Titel im Weitsprung. Bei den Hallen-Weltmeisterschaften in Indianapolis wurde sie Weltmeisterin über 200 m und im Weitsprung. Nicht ganz so erfolgreich war sie bei den im selben Jahr stattfindenden Weltmeisterschaften in Rom, wo sie über 100 m Zweite und im Weitsprung Dritte wurde. Auch bei den Olympischen Spielen in Seoul blieb Heike Drechsler ohne Gold-Triumph, wenngleich sie drei Medaillen gewann. Sie wurde über 100 m und 200 m Dritte und im Weitsprung Zweite. In allen Wettbewerben stand ihr die Familie Joyner im Weg. Über 100 m und 200 m war Florence Griffith-Joyner damals unschlagbar. Im Weitsprung befand sich Jacky Joyner-Kersee auf dem Höhepunkt ihres Leistungsvermögens.

Bei ihrem letzten Start für die DDR bei einem internationalen Großereignis gewann Heike Drechsler bei den Europameisterschaften in Split den Titel im Weitsprung und wurde Zweite über 200 m. Bei den Weltmeisterschaften 1991 in Tokio verstellte ihr erneut Jackie Joyner-Kersee den Weg zum Weitsprung-Titel. Mit der 4 x 100-m-Staffel gewann Heike Drechsler die Bronzemedaille. Bei ihren dritten Olympischen Spielen 1992 in Barcelona war es endlich so weit. Heike Drechsler holte sich die ersehnte Goldmedaille mit 7,14 m vor der Ukrainerin Inessa Kravets und Jackie Joyner-Kersee. Ein Jahr später gewann sie bei den Heim-Weltmeisterschaften in Stuttgart 10 Jahre nach ihrem ersten Titel erneut den Weltmeister-Titel. Heike Drechsler aber blieb hungrig.

Nachdem sie bereits bei den Hallen-Europameisterschaften in Paris erfolgreich war, errang sie bei den Europameisterschaften 1994 in Helsinki mit 7,14 m nochmals den Titel im Weitsprung. Am Ende der Saison nahm sie an einem Siebenkampf im französischen Talence teil und kam auf die Weltklasse-Leistung von 6741 P. In einem Finale mit knappem Ausgang wurde Heike Drechsler bei den Weltmeisterschaften 1997 in Athen im Weitsprung Vierte. Ein Jahr später kehrte sie sowohl bei den Hallen-Europameisterschaften als auch im Freien auf das Podest zurück. Sie gewann beide Titel. Der Europameister-Titel von Budapest war ihr vierter Europameister-Titel im Weitsprung hintereinander.

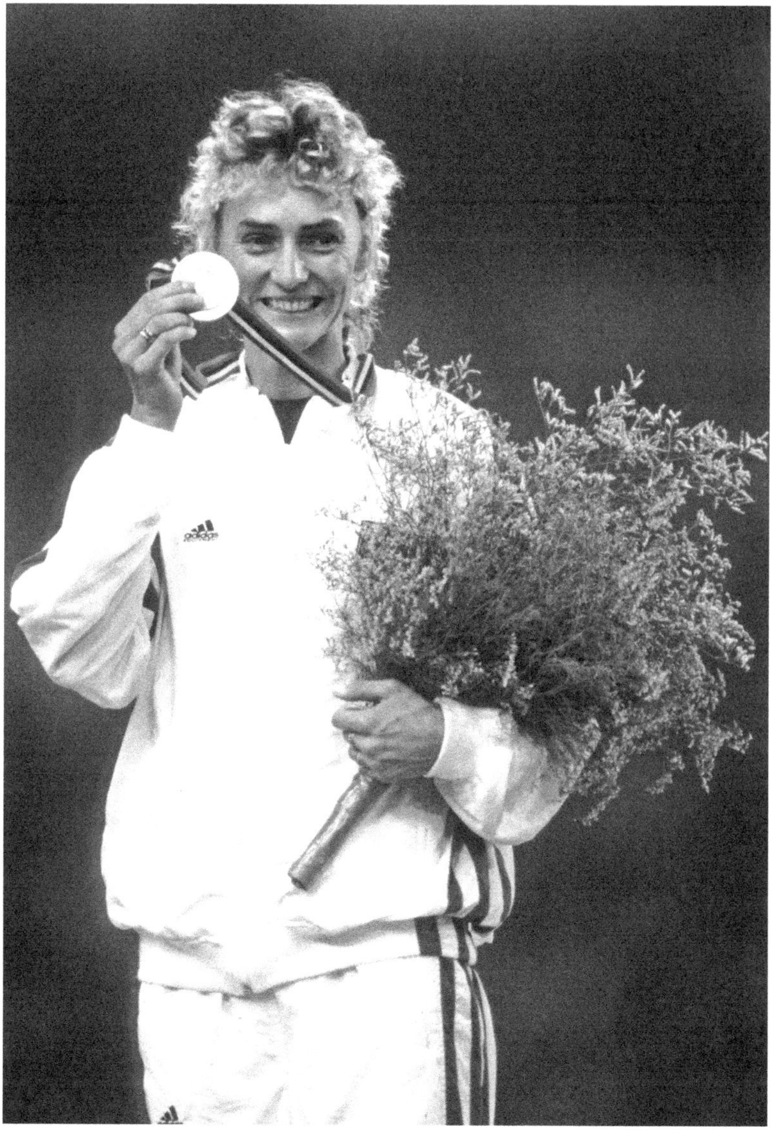

Heike Drechsler bei der Siegerehrung in Barcelona 1992

1999 war es etwas ruhiger um Heike Drechsler. Bei den Olympischen Spielen 2000 in Sydney kehrte die inzwischen 35-Jährige auf die große Bühne zurück. Für alle Beobachter überraschend wurde sie in Sydney mit 6,99 m noch einmal Olympiasiegerin im Weitsprung. Am Ende des Jahres wurde sie von den Sportjournalisten zur Sportlerin des Jahres gewählt. 2005 beendete Heike Drechsler ihre Karriere. Während der Weltmeisterschaften in Helsinki wurde sie 2005 mit dem Fair-Play-Preis ausgezeichnet.

Heike Drechsler war von 1995 bis 2007 mit dem französischen Zehnkämpfer Alain Blondel liiert. Seit 2019 ist sie mit dem finnischen Hürdenläufer Arto Bryggare verheiratet und führt den Namen Drechsler-Bryggare. Sie lebt in Berlin und ist bei der Barmer Ersatzkasse im betrieblichen Gesundheitsmanagement beschäftigt. In der DDR wurde sie mit dem Vaterländischen Verdienstorden in Gold und mit dem Stern der Völkerfreundschaft ausgezeichnet, in der Bundesrepublik mit dem Rudolf-Harbig-Gedächtnispreis und der Sportplakette des Landes Thüringen. Sie ist Ehrenbürgerin ihrer Heimatstadt Gera. Auch wenn sie nicht wie Bärbel Wöckel vier Goldmedaillen bei Olympischen Spielen gewann, ist Heike Drechsler die größte deutsche Leichtathletin.

Annelie Ehrhardt

Annelie Ehrhardt wurde am 18. Juni 1950 als Annelie Jahns in Ohrsleben im Kreis Oschersleben in Sachsen-Anhalt geboren. Sie kam mit 11 Jahren ins Sportinternat in Halberstadt. 1966 nach ihrem Sieg über 80 m Hürden bei der Kinder- und Jugendspartakiade wechselte sie in das Sportinternat des SC Magdeburg. Bei den Europäischen Juniorenspielen 1968 in Leipzig, der Vorgängerin der Junioren-Europameisterschaften, gewann sie den Titel. 1970 heiratete Annelie Jahns den Kanuten Manfred Ehrhardt.

1971 verbesserte Annelie Ehrhardt jeweils zweimal den Hallenweltrekord über 50 m und 60 m Hürden. Bei den Europameisterschaften im selben Jahr in Helsinki gewann sie hinter Karin Balzer die Silbermedaille. Am 15. Juni 1972 lief sie in Potsdam mit 12,5 Sek. Weltrekord über 100 m Hürden und brachte sich damit in die Favoritenstellung für die Olympischen Spiele in München. In München gewann sie mit 25 Hundertstelsekunden Vorsprung vor der Rumänin Bufanu und 31 Hundertstelsekunden vor Karin Balzer die Goldmedaille. Am 22. Juli 1973 steigerte sie ihren eigenen Weltrekord in Dresden auf 12,3 Sek. Auch bei den Europameisterschaften 1974 in Rom war Annelie Ehrhardt nicht zu schlagen. Sie blieb zwar bis 1978 aktiv, machte aber kaum mehr von sich reden. 1976 ging sie bei den Olympischen Spielen an den Start, schied jedoch im Zwischenlauf aus.

Annelie Ehrhardt wurde mit dem Vaterländischen Verdienstorden in Silber und Bronze ausgezeichnet.

Hildegard Falck

Hildegard Falck wurde am 8. Juni 1949 als Hildegard Janze in Nettelrede, einem Ortsteil des heutigen Bad Münder am Deister, geboren. Sie begann als Schwimmerin und Handballspielerin und entdeckte dann ihre Liebe zur Leichtathletik. Sie spezialisierte sich auf die Mittelstrecke und startete für Hannover 96 und den VfL Wolfsburg. Am 27. Februar 1971 lief sie bei einem Hallensportfest in Kiel einen neuen Hallen-Weltrekord über 800 m. Ihre Zwischenzeit bei 600 m wurde gestoppt und später als Weltrekord über die 600-m-Strecke anerkannt. Bei den Hallen-Europameisterschaften in Sofia gewann sie den Titel über 800 m.

Im Rahmen der Deutschen Leichtathletik-Meisterschaften im Stuttgarter Neckarstadion lief sie als erste Frau der Welt 800 m unter zwei Minuten. In einem beherzten Temporennen unterbot sie den Weltrekord der Jugoslawin Vera Nikolic mit 1:58,45 Min.

um 2,2 Sekunden und fuhr als Favoritin zu den Leichtathletik-Europameisterschaften nach Helsinki. Vor den Europameisterschaften lief sie am 31. Juli in Lübeck mit Ellen Tittel, Sylvia Schenk und Christa Merten einen Weltrekord in der selten gelaufenen 4 x 800-m-Staffel. Das 800-m-Rennen in Helsinki wurde für Hildegard Falck zum Desaster. Die deutsche Läuferin Gisela Ellenberger ging das Rennen schnell an und übernahm nach 150 m die Führung. Hildegard Falck lief hinter Gisela Ellenberger und schickte sich an, diese zu überholen. Hinter den beiden Westdeutschen liefen Vera Nikolic und Gunhild Hofmeister aus der DDR. Gunhild Hofmeister wollte zwischen den beiden Bundesdeutschen durchstoßen und die Spitze übernehmen. Die Lücke war jedoch zu schmal. Gunhild Hofmeister stolperte über ihre eigenen Beine und riss im Fallen Hildegard Falck zu Boden. Beide gaben das aussichtslos gewordene Rennen auf und ermöglichten Vera Nikolic so den Sieg. In der 4 x 400-m-Staffel gewann Hildegard Falck mit Annette Rückes, Christel Frese und Inge Bödding die Silbermedaille.

Ihre große Stunde schlug bei den Olympischen Spielen in München. Im 800-m-Endlauf teilte sie sich das Rennen optimal ein. 120 m vor dem Ziel ging Hildegard Falck resolut nach vorn und begann zu spurten. Auf den letzten Metern kam die Russin Nijole Sabaite immer näher, konnte Hildegard Falck aber nicht mehr abfangen. In 1:58,6 Min. wurde Hildegard Falck Olympiasiegerin. In der abschließenden 4 x 400-m-Staffel gewann sie mit Annette Rückes, Inge Bödding und Rita Wilden die Bronzemedaille.

Im Jahre 1974 beendete Hildegard Falck mit einem 5. Platz in der 4 x 400-m-Staffel bei den Europameisterschaften in Rom ihre Karriere. Sie war von 1970 bis 1976 mit dem Mittelstreckler Rolf Falck verheiratet. In zweiter Ehe ist sie seit 1978 mit dem früheren Modernen Fünfkämpfer Dr. Klaus Kimmich verheiratet. Sie arbeitete als Realschullehrerin.

Petra Felke

Petra Felke wurde am 30. Juli 1959 in Saalfeld/Saale geboren. Sie begann als Rhönrad- und Kunstradfahrerin bei Lokomotive Saalfeld, bevor sie sich der Leichtathletik zuwandte. 1974 schloss sie sich dem SC Motor Jena an und trainierte dort mit der Olympiasiegerin von 1972 und 1976 Ruth Fuchs.

Am 4. Juni 1985 stellte Petra Felke in Schwerin mit 75,26 m und 75,40 m Weltrekorde im Speerwurf auf. Ihr erster großer internationaler Erfolg war der Gewinn der Silbermedaille im Speerwurf bei den Leichtathletik-Europameisterschaften 1986 in Stuttgart hinter der Britin Fatima Whitbread.

Am 29. Juli 1987 stellte Petra Felke in Leipzig mit 78,90 m einen neuen Weltrekord auf. Dennoch musste sie sich bei den Weltmeisterschaften im selben Jahr in Rom erneut der Britin geschlagen geben. Kurz vor den Olympischen Spielen 1988 schleuderte sie den Speer am 9. September 1988 in Potsdam auf die historische Weltrekordweite von 80,00 m. Dies ist ein Rekord für die Ewigkeit, weil vor Einführung des neuen Speers im Jahr 1999 keine Werferin diese Weite übertreffen konnte. Bei den Olympischen Spielen in Seoul nahm sie an der Britin Fatima Whitbread Revanche. Sie gewann mit 74,68 m mit mehr als vier Metern Vorsprung vor der Britin die Goldmedaille.

Bei den Europameisterschaften 1990 in Split gewann sie hinter der Finnin Päivi Alafrantti und ihrer Landsfrau Karen Forkel die Bronzemedaille. 1991 heiratete sie und führte fortan den Namen Petra Meier. Bei den Weltmeisterschaften 1991 in Tokio wurde sie hinter der Chinesin Xu Demei mit 68,68 m Zweite. Bei den Olympischen Spielen in Barcelona landete sie abgeschlagen auf dem 7. Platz. Gold ging an ihre Landsfrau Silke Renk. Danach beendete sie ihre Karriere.

Petra Felke wurde 1984 und 1988 in der DDR mit dem Vaterländischen Verdienstorden in Gold ausgezeichnet. In zweiter Ehe ist sie mit Lars Felke-Lungershausen verheiratet und führt wieder den Namen Felke.

Tilly Fleischer

Ottilie „Tilly“ Fleischer wurde am 2. Oktober 1911 in Frankfurt am Main geboren. Als Zehnjährige begann sie mit dem Sport. Sie betrieb Leichtathletik, Tennis und Handball. Sie startete während ihrer gesamten Karriere für Eintracht Frankfurt. Mit der Handballmannschaft von Eintracht Frankfurt wurde sie deutsche Meisterin. In der Leichtathletik übte sie alle Wurfdisziplinen aus, war aber auch eine starke Sprinterin.

Am 9. Juni 1929 stellte die 17-jährige Tilly Fleischer in Frankfurt-Höchst mit 12,40 m einen Europarekord im Kugelstoßen auf. An diesem Tag verbesserte sie auch den Europarekord im Speerwurf auf 38,25 m. Den Kugelstoßrekord steigerte sie am 24. August 1930 in Frankfurt auf 12,88 m. 1929 übertraf sie auch zweimal den Europarekord im Diskuswurf, am 21. Juli in Frankfurt mit 36,83 m und am 18. August in Düsseldorf mit 37,96 m. Sie war damit im Besitz des Europarekords in allen damaligen Wurfdisziplinen. Am 29. Mai 1930 gelang ihr in Frankfurt eine Verbesserung des Europarekords im Diskuswurf auf 38,30 m. Bei den Frauen-Weltspielen 1930 in Prag wurde sie Zweite im Diskuswurf.

Bei den Olympischen Spielen 1932 in Los Angeles gewann Tilly Fleischer im Speerwurf mit 43,15 m die Bronzemedaille, im Diskuswurf wurde sie mit 36,13 m Vierte. In der abschließenden 4 x 100-m-Staffel wurde die deutsche Staffel in der Besetzung Grete Heublein, Ellen Braumüller, Tilly Fleischer und Marie Dollinger Sechste. Bei den Frauen-Weltspielen 1934 in London wurde Tilly Fleischer Zweite im Kugelstoßen.

Ihre große Stunde schlug bei den Olympischen Spielen 1936. Im 2. Versuch der Speerwurf-Konkurrenz warf Tilly Fleischer den Speer auf 44,69 m und übernahm mit diesem Wurf die Führung. Die Konkurrenz reagierte geschockt. Dieser Wurf schien die anderen Werferinnen förmlich zu lähmen. Im 6. Versuch verbesserte sich nur Tilly Fleischer noch einmal, und zwar

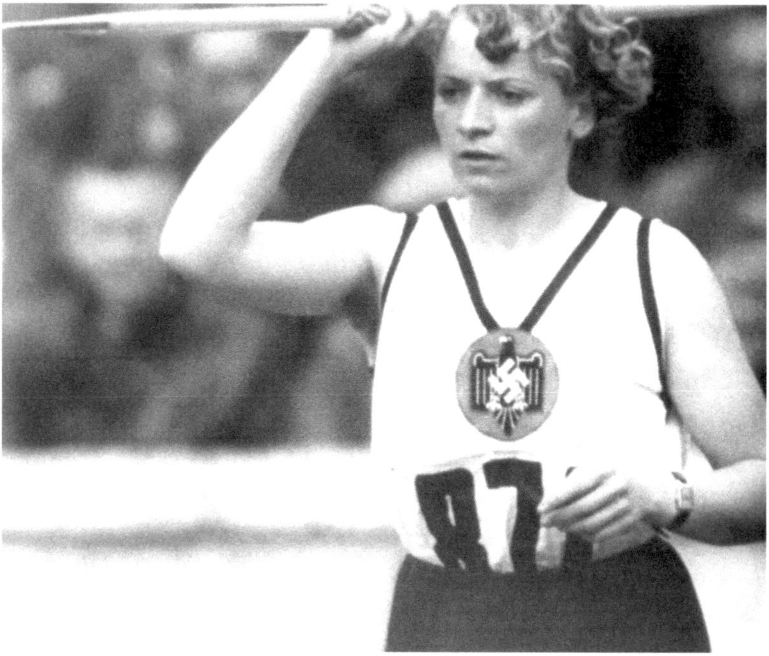

Tilly Fleischer bei den Olympischen Spielen 1936 in Berlin

auf den neuen olympischen Rekord von 45,18 m und gewann damit überlegen die Goldmedaille.

Nach den Olympischen Spielen beendete Tilly Fleischer, die den 80-g-Schlagball 81 Meter weit werfen konnte, im Alter von nur 24 Jahren ihre erfolgreiche Karriere. Sie gewann fünf deutsche Meistertitel und zusätzlich mit der Sprintstaffel von Eintracht Frankfurt zweimal den Meistertitel. Sie heiratete am 4. Juli 1937 und führte von da an den Namen Heuser. Später heiratete sie noch einmal und führte dann den Namen Grote-Fleischer. Nach dem II. Weltkrieg lebte sie in Lahr im Schwarzwald, wo sie ebenso wie in Kehl ein Lederwarengeschäft betrieb. Tilly Fleischer starb am 14. Juli 2005 im Alter von 93 Jahren.

Ruth Fuchs

Ruth Fuchs wurde am 14. Dezember 1946 als Ruth Gamm in Egeln/Kreis Wanzleben in Sachsen-Anhalt geboren. 1960 begann sie auf der Kinder- und Jugendsportschule Güstrow mit dem Speerwurf. Sie startete für die BSG Einheit Güstrow. Nach dem Abitur im Jahr 1964 besuchte sie die medizinische Fachhochschule in Karl-Marx-Stadt, heute Chemnitz, wo sie 1966 ihre Ausbildung als medizinisch-technische Assistentin abschloss. Von 1965 an startete sie für den SC Karl-Marx-Stadt. 1966 heiratete sie den Mittelstreckler Dr. Ulrich Fuchs. 1967 wurde sie erstmals DDR-Meisterin im Speerwurf. An den Olympischen Spielen 1968 in Mexiko City konnte sie wegen einer beim Handballspielen erlittenen Handverletzung nicht teilnehmen.

Am 22. August 1970 warf Ruth Fuchs mit 60,60 m als erste DDR-Athletin den Speer über 60 m. Bei den Europameisterschaften 1971 in Helsinki gewann sie hinter der Polin Daniela Jaworska und der bundesdeutschen Werferin Amelie Koloska mit 59,16 m die Bronzemedaille. Am 11. Juni 1972 warf sie in Potsdam mit 65,06 m Weltrekord und katapultierte sich damit in die Favoritenstellung für die Olympischen Spiele in München. Dort gewann sie mit 63,88 m wie erhofft die Goldmedaille. Nach ihrer Trennung von Dr. Fuchs ehelichte sie ihren Trainer Karl Hellmann.

Am 7. September 1973 verbesserte sie in Edinburgh den Weltrekord auf 66,10 m. Bei den Europameisterschaften 1974 in Rom gewann sie mit dem neuen Weltrekord von 67,22 m den Titel. Am 10. Juli 1976 verbesserte sie in Berlin den Weltrekord auf 69,12 m. Bei den Olympischen Spielen 1976 in Montreal traf sie auf ihre frühere Vereinskameradin Marion Steiner, die vier Jahre mit ihr in Karl-Marx-Stadt trainiert hatte, inzwischen den Deutsch-Rumänen Siegfried Becker geheiratet hatte und jetzt für die Bundesrepublik an den Start ging. Ruth Fuchs gewann mit 65,94 m die Goldmedaille, Marion Becker wurde mit 64,70 m Zweite.

Am 11. September 1977 entriss die Amerikanerin Kate Schmidt mit 69,32 m Ruth Fuchs den Weltrekord. Bei den Europameisterschaften 1978 in Prag gewann Ruth Fuchs mit dem neuen Europarekord von 69,16 m den Titel. Am 13. Juni 1979 holte sie sich in Dresden mit 69,52 m den Weltrekord wieder zurück. Am 29. April 1980 steigerte sie ihren Weltrekord in Split auf 69,96 m. Bei den Olympischen Spielen in Moskau landete Ruth Fuchs abgeschlagen auf dem 8. Platz. 1980 beendete sie ihre Karriere und begann in Jena ein Pädagogik-Studium, das sie mit einer Promotion über die Motivation im Leistungssport abschloss. Von 1984 bis 1991 war Ruth Fuchs wissenschaftliche Assistentin an der Friedrich-Schiller-Universität in Jena.

Ruth Fuchs wurde 1972 und 1974 mit dem Vaterländischen Verdienstorden in Silber und 1976 und 1980 mit dem Vaterländischen Verdienstorden in Gold ausgezeichnet. 1994 gab sie zu, während ihrer aktiven Zeit das Dopingmittel Oral-Turinabol zu sich genommen zu haben.

Nach der Wende war Ruth Fuchs vom 18. März bis 2. Oktober 1990 als PDS-Mitglied Abgeordnete der Volkskammer und vom 3. Oktober bis 20. Dezember 1991 Mitglied des Deutschen Bundestages. 1992 kehrte sie in den Deutschen Bundestag zurück und gehörte ihm bis zur Bundestagswahl 2002 an. Weil die PDS an der Fünfprozent-Hürde scheiterte, schied sie aus dem Bundestag aus. Von 2002 bis 2009 war sie Abgeordnete des thüringischen Landtags. 2009 kandidierte sie nicht mehr für ein Landtagsmandat. Seit dem Ausscheiden aus dem Landtag führt Ruth Fuchs ein Modegeschäft in Jena.

Heinz Fütterer

Heinz Fütterer, genannt „der weiße Blitz", wurde am 14. Oktober 1931 in Illingen im Saarland geboren. Er spielte zunächst Fußball beim FC Illingen. Sein Talent für die Leichtathletik wurde 1943 bei einem Schülersportfest entdeckt. Er betrieb dann beim SV Germania Bietigheim Leichtathletik, wechselte später über Phönix Karlsruhe zum Karlsruher SC. Er erlernte den Beruf eines Fischers. 1952 qualifizierte er sich für die Olympischen Spiele in Helsinki, trat die Reise nach Helsinki jedoch nicht an, weil er sich kurz vor der Abreise eine Muskelverletzung zugezogen hatte. 1953 verbesserte er den deutschen Rekord über 200 m auf 21,0 Sek. Der Herausgeber der französischen Sportzeitung „L'Equipe" Gaston Meyer erfand die Bezeichnung „der weiße Blitz" für Fütterer, als er bei einem Hallensportfest vier afroamerikanische Sprinter besiegte.

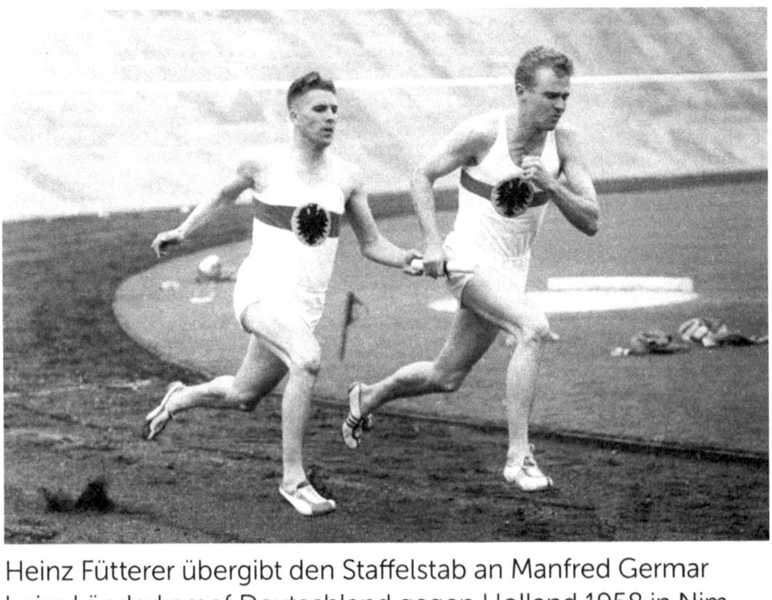

Heinz Fütterer übergibt den Staffelstab an Manfred Germar beim Länderkampf Deutschland gegen Holland 1958 in Nimwegen.

Sein großes Jahr kam 1954. Bei den Europameisterschaften in Bern gewann er die Goldmedaille im 100-m-Lauf vor dem Franzosen Rene Bonino. Drei Tage später machte er im 200-m-Lauf mit einem Sieg über den Russen Ignatiew den Sprint-Triumph perfekt. Dabei stellte er mit 20,9 Sek. den 26 Jahre alten Europarekord des Deutschen Helmut Körnig ein. Die Deutschen waren mit dem zweifachen Europameister Heinz Fütterer auch die Favoriten für den Staffelsieg. Dazu sollte es jedoch nicht kommen. Die Staffel wurde wegen eines Wechselfehlers im Vorlauf disqualifiziert. Diese Entscheidung wurde auch nicht korrigiert, als mit Fotos nachgewiesen wurde, dass der beanstandete Wechsel korrekt war. Der Titel ging schließlich an die ungarische Staffel, die mit 40,6 Sek. aber langsamer war als die deutsche Staffel (40,5 Sek.) im Vorlauf. Am 31. August 1954, zwei Tage nach Ende der Europameisterschaften, lief Heinz Fütterer in Schwenningen mit 10,3 Sek. Europarekord über 100 m. Anders als in der heutigen Zeit nahmen die Leichtathleten auch im Herbst die Gelegenheit wahr, ihre gute Form bei Sportfesten zu nutzen. Heinz Fütterer reiste Mitte Oktober nach Japan, eine beschwerliche Reise mit neun Zwischenlandungen. Seine Form war jedoch so gut, dass er sie auf einer schnellen Bahn nutzen wollte. Am 31. Oktober 1954 stellte er bei einem Sportfest in Yokohama mit 10,2 Sek. den Weltrekord von Jesse Owens ein. Wenige Tage vorher, am 16. Oktober, war er in Osaka mit 20,8 Sek. Europarekord über 200 m gelaufen. Am Ende des Jahres wurde er von den Sportjournalisten vor Fritz Walter, dem Kapitän der Fußball-Nationalmannschaft, zum Sportler des Jahres gewählt.

Im folgenden Jahr verbesserte Heinz Fütterer bei Hallensportfesten die Weltrekorde über 50 m und 60 m. Im Olympiajahr 1956 zog er sich bei den innerdeutschen Ausscheidungswettkämpfen, nachdem er über 100 m gewonnen hatte, beim 200-m-Lauf einen Muskelriss zu. Die Regenerationszeit dauerte so lange, dass er bis zu den Olympischen Spielen nicht mehr rechtzeitig in Form kam. Über 100 m schied er im Zwischenlauf aus, über 200 m hatte er sich wegen der erlittenen Verletzung nicht qualifiziert. Dennoch nahm er eine Medaille mit nach Hause. Die 4 x 100-m-Staffel gewann in der Besetzung Knörzer, Pohl, Fütterer und Germar die Bronzemedaille hinter der USA und der UdSSR. Bei den Europameisterschaften 1958 in Stockholm gewann die deutsche Sprintstaffel in der Besetzung Mahlendorf, Hary, Fütterer und Germar mit 40,2 Sek. die Goldmedaille. Einen Tag später verbesserte die Staffel in Hamburg den deutschen Rekord auf 39,9 Sek. Vier Tage später stellte die deutsche Sprintstaffel in der Besetzung Lauer, Steinbach, Fütterer und Germar beim ASV-Sportfest in Köln mit 39,5 Sek. den Weltrekord der Amerikaner ein.

Nach der Saison beendete Heinz Fütterer seine Karriere. Er nahm eine Stelle als kaufmännischer Angestellter beim Badenwerk an. Danach war er bis zur Rente für die Firma Puma tätig und arbeitete für eine Gesellschaft, die umweltfreundliche Golfplätze baute. Heinz Fütterer starb am 10. Februar 2019 in Elchesheim-Illingen.

Hartwig Gauder

Hartwig Gauder wurde am 10. November 1954 in Vaihingen an der Enz geboren. 1960 siedelte die Familie nach Ilmenau in Thüringen über, weil seine Mutter dort ein Haus geerbt hatte. Seine sportliche Karriere begann er als Skiläufer und Skispringer bei der BSG Empor Ilmenau. Dann wurde er Leichtathlet und gewann Gefallen am Gehen. Er startete für den SC Turbine Erfurt und für den TSV Erfurt. 1975 und 1976 wurde Gauder DDR-Meister im Bahngehen. Am 10. Juni 1978 stellte er in London über 20 km mit 1:24:22,8 Std. einen Europarekord auf. Nachdem er bei den Europameisterschaften 1978 in Prag nur Siebter im 20 km Gehen geworden war, stieg er auf die 50-km-Strecke um. Bei den Olympischen Spielen in Moskau gewann Hartig Gauder mit zwei Minuten Vorsprung die Goldmedaille. Dies war erst sein vierter Wettkampf über diese Distanz. Umso erstaunlicher war sein Sieg, denn beim 50 km Gehen ist die richtige Renneinteilung besonders wichtig und setzt eine gewisse Erfahrung voraus.

Bei den Europameisterschaften 1982 in Athen belegte er den vierten Platz. 1984 wurde er Opfer des von seinem Staat verhängten Olympia-Boykotts und konnte deshalb bei den Olympischen Spielen in Los Angeles nicht starten. Dafür triumphierte er bei den Europameisterschaften 1986 in seiner früheren schwäbischen Heimat. Auch bei den Weltmeisterschaften 1987 in Rom war Hartwig Gauder über 50 km nicht zu schlagen. Bei den Olympischen Spielen 1988 in Seoul gewann er hinter dem Russen Wjatscheslaw Iwanenko und seinem Landsmann Ronald Weigel die Bronzemedaille. Auch bei den Europameisterschaften in Split 1990 und den Weltmeisterschaften 1991 in Tokio war dieser Platz für ihn reserviert. Bei den Olympischen Spielen 1992 in Barcelona belegte er 12 Jahre nach seinem Triumph von Moskau noch einmal einen 6. Platz. Nach den Weltmeisterschaften 1993 in Stuttgart beendete er seine großartige Karriere.

Hartwig Gauder wurde in der DDR vielfach ausgezeichnet, u.a. mit dem Vaterländischen Verdienstorden in Gold, Silber und Bronze. Nach der Wiedervereinigung wurde ihm 1993 der Rudolf-Harbig-Gedächtnispreis verliehen. 1998 erhielt er den Preis für Toleranz und Fairplay.

1995 wurde bei Hartwig Gauder eine Virusinfektion des Herzens diagnostiziert, die er sich im Rahmen seines Architekturstudiums beim Aufmaß eines Gebäudes in einer ehemaligen Geflügelfarm zugezogen hatte. 1996 erhielt er zunächst ein künstliches Herz und ein Jahr später im Deutschen Herzzentrum in Berlin ein Spenderherz. Nach der Herztransplantation nahm er als Walker wieder an Wettkämpfen teil. 1999 startete er als Walker beim New York-City-Marathon. 2003 erfüllte er sich einen Lebenstraum. Er bestieg als erster Mensch mit einem Spenderherz den Fujiyama, Japans heiligen Berg.

Hartwig Gauder lebte und arbeitete als Architekt in Erfurt. Am 22. April 2020 hörte sein zweites Herz auf zu schlagen.

Manfred Germar

Manfred Germar wurde am 10. März 1935 in Köln geboren. Er startete während seiner gesamten aktiven Zeit für den ASV Köln. 1953 wurde er deutscher Jugendmeister über 100 m und mit der 4 x 100-m-Staffel des ASV Köln. 1954 nahm er als 19-Jähriger an den Europameisterschaften in Bern teil. Er wurde in der 4 x 100-m-Staffel eingesetzt, die im Vorlauf wegen eines angeblichen Wechselfehlers disqualifiziert wurde. 1956 qualifizierte sich Manfred Germar für die Olympischen Spiele in Melbourne. Er erreichte den 100-m-Endlauf und wurde als bester Europäer Fünfter. Mit der 4 x 100-m-Staffel gewann er als Schlussläufer die Bronzemedaille. Sechs Wochen vor diesem Ereignis war eine Staffel in der Besetzung Knörzer, Steinbach, Pohl und Germar mit 40,0 Sek. neuen Europarekord gelaufen. 1957 blieb Manfred Germar ungeschlagen. Am 31. Juli 1957 stellte er in Köln mit 10,2 Sek. den Europarekord ein. Diese Zeit lief er noch einmal am 12. Oktober in Budapest. Allmählich schälte sich die 200-m-Strecke als seine Spezialdisziplin heraus, weil er einen enormen Schlussspurt hinlegen konnte, der über 200 m mehr zum Tragen kam als über 100 m. Auf dieser Strecke lief er mit 20,8 Sek. deutschen Rekord. Am Ende des Jahres 1957 wählten ihn die deutschen Sportjournalisten zum Sportler des Jahres.

Zu Beginn des Jahres 1958 stellte Manfred Germar mit 6,1 Sek. einen neuen Europarekord über 60 y auf. Am 25. August 1958 lief eine 4 x 100-m-Staffel mit 39,9 Sek. in der Besetzung Mahlendorf, Hary, Fütterer und Germar in Hamburg deutschen Rekord. Vier Tage später stellte eine andere 4 x 100-m-Staffel mit Manfred Steinbach, Martin Lauer, Heinz Fütterer und Manfred Germar in Köln mit 39,5 Sek. den gerade aufgestellten Weltrekord einer USA-Staffel ein.

In dieser Zeit war der zwei Jahre jüngere Armin Hary ein ernsthafter Rivale für Manfred Germar geworden. Armin Hary, der für seine schnelle Reaktion am Start berühmt werden sollte, hatte einen Bilderbuchstart. Dank seiner enormen Beschleunigung auf den ersten 40 m lief Armin Hary einen deutlichen Vorsprung heraus. Manfred Germar konnte diesen Rückstand nicht wettmachen und wurde hinter dem neuen Europameister Armin Hary Zweiter. Drei Tage später konnte über 200 m jedoch keiner Manfred Germar das Wasser reichen. Mit drei Zehntelsekunden Vorsprung wurde er überlegen Europameister. Einen Tag später stand die Staffelentscheidung an. Der zweite Läufer Armin Hary ließ sich vom Startläufer Walter Mahlendorf überlaufen und verpatzte so den Wechsel. Dann rutschte er auch noch mit einem Bein weg und wäre fast gefallen. Beim Wechsel von Hary auf Fütterer lag die deutsche Staffel plötzlich an letzter Stelle. Der „weiße Blitz" zeigte aber einen famosen Kurvenlauf. Beim letzten Wechsel lag Deutschland hinter den Briten und den Russen auf dem 3. Platz. In unnachahmlicher Weise spurtete Manfred Germar die Zielgerade herunter, lief zunächst an dem Russen Bartenew vorbei und fing auch noch den Briten Breacker ab. Deutschland wurde doch noch seiner Favoritenrolle gerecht. Das erfolgreiche Jahr 1958 klang mit der Einstellung des Weltrekordes von 20,6 Sek. über 200 m am 1. Oktober in Wuppertal aus.

1959 wurde es ruhiger um Manfred Germar und das Olympiajahr wurde für ihn zu einem Debakel. Wegen mehrerer Verletzungen und einer verschleppten Zahn-OP war Manfred Germar bei den Olympischen Spielen in Rom außer Form und schied deshalb nicht nur in den Einzelrennen früh aus, sondern büßte auch seinen Stammplatz als Schlussläufer der Sprintstaffel ein. Sein Vereinskamerad Martin Lauer sprang für ihn ein und gewann die Goldmedaille. Ein Manfred Germar in Form wäre nicht nur Schlussläufer der Sprintstaffel gewesen, sondern auch einer der Favoriten für die 200-m-Strecke (Kommentar des berühmten Sportjournalisten Gustav Schwenk: „Germars Angst vor dem Zahnarzt hat ihn die Goldmedaille über 200 m gekostet"). Im Jahr 1960 erhielt Manfred Germar den Rudolf-Harbig-Gedächtnispreis.

1961 zeigte Manfred Germar beim Länderkampf Deutschland-USA den Amerikanern, wer der Regent über die 200-m-

Strecke ist. Er besiegte beide Amerikaner. Ein Jahr später schied er jedoch überraschend bei den Europameisterschaften in Prag im 200-m-Rennen aus. Im Staffelrennen war er jedoch wieder der Alte. Die deutsche Staffel wurde in der Besetzung Ulonska, Gamper, Bender und Germar Europameister vor den starken Polen.

Manfred Germar gewann 23 deutsche Meistertitel. Ende des Jahres 1964 beendete er seine Karriere. Wer ihn einmal hat laufen sehen, wird seine Leichtigkeit und Eleganz nicht vergessen. Nach seiner Karriere arbeitete der Dipl.-Kaufmann Manfred Germar 30 Jahre für ein Lotto-Unternehmen. Von 1978 bis 1997 war er Präsident des ASV Köln und in dieser Zeit auch Organisationsleiter des ASV-Sportfestes. Als er sich aus Altersgründen zurückzog, war auch die Zeit des ASV-Sportfestes vorbei.

Marlies Göhr

Marlies Göhr wurde als Marlies Oelsner am 21. März 1958 als Tochter eines Tischlermeisters in Gera geboren. Aufgewachsen ist sie in Triptis im Saale-Orla-Kreis. Mit 13 Jahren kam sie zur Kinder- und Jugendsportschule Bad Blankenburg. Sie startete für den SC Motor Jena und trainierte bei Trainer Horst Hille.

Als 18-Jährige war Marlies Oelsner Startläuferin der 4 x 100-m-Staffel der DDR bei den Olympischen Spielen 1976 in Montreal, die mit vier Hundertstelsekunden Vorsprung vor der bundesdeutschen Staffel die Goldmedaille gewann. Am 16. Februar 1977 lief sie in Berlin mit 11,37 Sek. einen Hallenweltrekord über 100 m. Dem ließ sie am 5. März 1977 ebenfalls in Berlin mit 6,24 Sek. einen Hallenweltrekord über 50 m folgen. Am 1. Juli 1977 gelang ihr in Dresden ein Meilenstein in der Leichtathletik-Geschichte. Als erste Frau der Welt lief sie mit 10,88 Sek. unter 11 Sekunden. Am 31. März 1978 heiratete Marlies Oelsner den Fußballspieler des FC Carl Zeiss Jena Ulrich Göhr.

Bei den Europameisterschaften 1978 in Prag gewann Marlies Göhr den Titel über 100 m. Über 200 m wurde sie Zweite.

Bronze gewann sie mit der 4 x 100-m-Staffel. Am 10. Februar 1979 lief sie in Cottbus mit 6,9 Sek. als erste Frau der Welt 60 m unter sieben Sekunden. Am 26. Januar 1980 verbesserte sie in Senftenberg den elektronischen Weltrekord auf 7,10 Sek.

Bei den Olympischen Spielen 1980 in Moskau galt sie als hohe Favoritin für die Goldmedaille über 100 m, zumal die Amerikanerin Evelyn Ashford wegen des Boykotts der Olympischen Spiele durch die Amerikaner nicht am Start war. Zu aller Überraschung verlor Marlies Göhr aber um eine Hundertstelsekunde gegen die Russin Ludmilla Kondratjewa. Für die erlittene Niederlage revanchierte sie sich mit der 4 x 100-m-Staffel. In der Besetzung Romy Müller, Bärbel Wöckel, Ingrid Auerswald und Marlies Göhr gewann die DDR-Staffel mit neuem Weltrekord von 41,60 Sek. überlegen die Goldmedaille. Bei den Europameisterschaften 1982 in Athen gewann Marlies Göhr den Titel über 100 m in 11,01 Sek. vor ihrer Staffelkameradin Bärbel Wöckel. Auch in der 4 x 100-m-Staffel mit Marlies Göhr als Schlussläuferin war die DDR-Staffel nicht zu schlagen.

Bei den Weltmeisterschaften 1983 in Helsinki wurde sie in 10,97 Sek. Weltmeisterin über 100 m. Die mit zwei neuen Läuferinnen besetzte 4 x 100-m-Staffel mit Silke Möller, Marita Koch, Ingrid Auerswald und Marlies Göhr gewann in 41,76 Sek. den Weltmeister-Titel. Die zweite Chance auf eine olympische Goldmedaille nahm ihr die DDR-Regierung, die sich dem Boykott der Olympischen Spiele 1984 in Los Angeles durch ihren großen Bruder Sowjetunion anschloss. Beim nach den Olympischen Spielen in Zürich stattfindenden Abendsportfest besiegte die Olympiasiegerin von Los Angeles Evelyn Ashford Marlies Göhr in neuer Weltrekordzeit von 10,76 Sek.

Bei den Europameisterschaften 1986 in Stuttgart gewann Marlies Göhr wie in Athen den Titel über 100 m und mit der 4 x 100-m-Staffel. Beim Weltcup im australischen Canberra verbesserte die DDR-Staffel in der Besetzung Silke Gladisch, Ingrid Auerswald, Bärbel Wöckel und Marlies Göhr den Weltrekord über 4 x 100 m auf 41,37 Sek. 1987 bei den Weltmeisterschaften in Rom gewann die DDR-Staffel mit Marlies Göhr ebenso wie bei den Olympischen Spielen 1988 in Seoul hinter den Amerikanerinnen die Silbermedaille.

Nach den Spielen in Seoul beendete Marlies Göhr ihre Karriere und begann ein Psychologie-Studium. Sie arbeitet heute als Psychologin im Saale-Betreuungswerk der Lebenshilfe in Jena. In der DDR wurde sie dreimal mit dem Vaterländischen Verdienstorden in Gold und mit dem Stern der Völkerfreundschaft in Gold ausgezeichnet.

Sigrun Grau-Wodars

Sigrun Grau-Wodars wurde als Sigrun Ludwigs am 7. November 1965 im mecklenburgischen Neu Kaliß geboren. Seit 1979 besuchte sie die Kinder- und Jugendsportschule. Sie startete zunächst für die BSG Traktor Eldena, dann für den SC Traktor Schwerin, um schließlich zum SC Neubrandenburg zu Trainer Walter Gladrow zu wechseln. Dort trainierte sie mit Christine Wachtel, mit der sie sich bei internationalen Höhepunkten, etwa bei den Olympischen Spielen in Seoul 1988 oder den Weltmeisterschaften 1987 in Rom, mitreißende Duelle lieferte. Bei den Hallen-Europameisterschaften 1986 in Madrid gewann die 20-jährige Sigrun Ludwigs den Titel im 800-m-Lauf. In diesem Jahr heiratete sie den Leichtathleten Frank Wodars und startete bis 1991 unter dem Namen Sigrun Wodars.

Bei den Europameisterschaften 1986 in Stuttgart belegte Sigrun Wodars hinter der in den frühen 80er-Jahren den 800-m-Lauf dominierenden Nadeschda Olisarenko den zweiten Platz. Bei den Hallen-Europameisterschaften 1987 in Lievin gewann sie hinter ihrer Vereinskameradin Christine Wachtel die Silbermedaille. In Rom drehte sie bei den Freiluft-Weltmeisterschaften 1987 den Spieß um. In einem verbissen geführten Zweikampf siegte Sigrun Wodars auf den letzten Metern in neuer deutscher Rekordzeit von 1:55,26 Min., sechs Hundertstelsekunden vor Christine Wachtel. Auch bei den Olympischen Spielen in Seoul 1988 siegte Sigrun Wodars knapp vor Christine Wachtel. 1990 bei den letzten Europameisterschaften, bei denen sie für die DDR an den Start ging, gewann Sigrun Wodars den Titel über 800 m. Es wird den Leser nicht überraschen, dass Christine Wachtel auf dem zweiten Platz landete. Nach ihrer zweiten Eheschließung führte Sigrun Wodars den Namen Grau. Erfolge feierte sie aber keine mehr. Sowohl bei den Weltmeisterschaften 1991 in Tokio als auch bei den Olympischen Spielen 1992 in Barcelona schied Sigrun Grau in den Vorläufen aus. Danach beendete sie ihre Karriere.

Sigrun Grau studierte Sportwissenschaften an der Außenstelle Neubrandenburg der DHfK Leipzig und wurde Dipl.-Sportlehrerin. Zusätzlich machte sie eine Ausbildung als Physiotherapeutin. Sie arbeitet als Lehrerin an einer Berufsschule für Physiotherapie in Neubrandenburg. Die DDR zeichnete sie mit dem Vaterländischen Verdienstorden in Gold aus. In einem Verfahren der Zentralen Ermittlungsstelle für Regierungs- und Vereinigungskriminalität (ZERV) sagte sie als Zeugin aus, von November 1983 bis Mitte 1990 regelmäßig die Anabolika Oral-Turinabol und STS eingenommen zu haben.

Hans Grodotzki

Hans Grodotzki wurde am 4. April 1936 in Preußisch Holland in Ostpreußen geboren. Als die Familie Ostpreußen verlassen musste, ließ sie sich in Menteroda im Landkreis Sondershausen/Thüringen nieder. Nach der Schulzeit arbeitete Hans Grodotzki als Bergmann im Kalibergbau in Volkenroda. Er spielte Fußball und Tischtennis. Nachdem er bei einer Laufveranstaltung durch seine Leistungen aufgefallen war, wandte er sich der Leichtathletik zu. 1954 begann er mit dem Leichtathletik-Training beim SC Aktivist Brieske-Senftenberg. Im selben Jahr verpflichtete er sich für drei Jahre bei der Kasernierten Volkspolizei in Erfurt und trainierte beim Zentralen Sportclub der Armee. Ab 1956 startete Hans Grodotzki für den ASK Vorwärts Erfurt. Während seines Militärdienstes wurde er 1958 nach Potsdam abkommandiert und startete für den ASK Vorwärts Potsdam.

Am 14. Juni 1959 verbesserte er den DDR-Rekord über 3.000 m auf 7:58,4 Min. Fünf Wochen später stellte er in Oslo einen neuen DDR-Rekord über 10.000 m mit 29:08,8 Min. auf. Am 17. Juli 1960 unterbot Hans Grodotzki in Schweinfurt mit 28:57,8 Min. als erster Deutscher über 10.000 m die 29 Minuten-Marke. 14 Tage später lief er in Potsdam über 3.000 m 7:54,6 Min, was ebenfalls DDR-Rekord bedeutete. Dabei verpasste er den Weltrekord des Briten Gordon Pirie nur knapp. Hans Grodotzki war gerüstet für die Olympischen Spiele in Rom.

Beim 5.000-m-Lauf lag das Feld bei 3.800 m noch zusammen. Dann trat der Neuseeländer Murray Halberg mit einem überfallartigen Angriff an. Er löste sich nahezu spielend vom Feld. Kein Läufer war diesem Angriff gewachsen, auch Hans Grodotzki nicht. Halbergs Tempo war einfach zu hoch. Aber auch Hans Grodotzki konnte sich vom Feld lösen und hetzte Halberg hinterher. Zwar hatte er keine Chance mehr, Halberg zu erreichen, sicherte sich aber vor dem heranfliegenden Polen Kazimierz Zimny die Silbermedaille. Im 10.000-m-Lauf lagen zu Beginn der letzten Runde vier Läufer zusammen: Pjotr Bolotnikow und Alexej Desjatschikow aus der Sowjetunion, der Australier David Power und Hans Grodotzki. Dann trat Pjotr Bolotnikow zu einem gewaltigen Spurt an, dem die drei Anderen nicht mehr folgen konnten. Bolotnikow wurde Olympiasieger, Hans Grodotzki gewann wie über 5.000 m die Silbermedaille und verbesserte den deutschen Rekord auf 28:37,0 Min.

1962 erlitt Hans Grodotzki bei den Ausscheidungsläufen für die Europameisterschaften 1962 einen Achillessehnen-Riss. 1964 beendete er seine Karriere. Danach begann er ein Sportstudium an der Pädagogischen Hochschule Karl Liebknecht, das er 1969 als Dipl.-Sportlehrer abschloss. In der Folgezeit war er bis 1981 als Sportoffizier Trainer beim ASK Vorwärts Potsdam.

In den folgenden Jahren war er bis zur Wiedervereinigung Zivilangestellter bei der Nationalen Volksarmee. Nach der Wende arbeitete er als Angestellter beim LAC Halensee Berlin. In der DDR erhielt Hans Grodotzki den Vaterländischen Orden in Silber. 1991 wurde ihm stellvertretend für alle DDR-Leichtathleten der Rudolf-Harbig-Gedächtnispreis verliehen.

Margitta Gummel

Margitta Gummel wurde am 29. Juni 1941 als Margitta Helmbold in Magdeburg geboren. Sie kam 1954 zur Leichtathletik und startete für die BSG Motor Mitte Magdeburg, ab 1959 für die SC DHfK Leipzig. 1966, im Jahr ihrer Eheschließung mit Jens Gummel, gewann sie bei den Europameisterschaften in Budapest mit 17,05 m die Silbermedaille im Kugelstoßen. Am 3. September 1968 stellte Margitta Gummel in Leipzig mit 18,43 m einen neuen DDR-Rekord auf. Mit dieser Leistung war sie die erste Deutsche, die die Kugel über 18 Meter stieß. Drei Wochen später, am 22. September 1968, verbesserte sie den Weltrekord auf 18,87 m. Mit dieser Leistung fuhr sie als Favoritin zu den Olympischen Spielen in Mexiko City. Dort war ihre Landsfrau Marita Lange ihre härteste Konkurrentin.

Gleich im 1. Versuch kam Marita Lange bis auf neun Zentimeter an den Weltrekord von Margitta Gummel heran. Im 3. Versuch sorgte Margitta Gummel für einen Meilenstein. Mit 19,07 m verbesserte sie den Weltrekord und stieß als erste Frau der Welt die Kugel über 19 Meter. Damit war für sie aber noch nicht die Luft aus dem Wettbewerb. Im 5. Versuch legte sie noch einen drauf. Sie stieß mit 19,61 m einen weiteren Weltrekord und gewann die Goldmedaille. In diesem Jahr wurde sie auch DDR-Sportlerin des Jahres.

Kurz vor den Europameisterschaften in Athen verbesserte Margitta Gummel am 11. September 1969 in Leipzig den Weltrekord der Russin Nadeschda Tschischowa um einen Zentimeter auf 20,10 m. Nadeschda Tschischowa aber revanchierte sich in Athen mit einem Stoß auf 20,43 m und gewann den Titel vor Margitta Gummel. Diesen Triumph wiederholte Nadeschda Tschischowa bei den Europameisterschaften 1971 in Helsinki. Margitta Gummel gewann die Bronzemedaille mit drei Zentimeter Rückstand auf Marita Lange. Bei den Olympischen Spielen in München wurde Margitta Gummel hinter der mit 21,03 m siegreichen Nadeschda Tschischowa Zweite. Mit 20,22 m verbesserte sie noch einmal den DDR-Rekord. Danach beendete sie ihre Karriere.

Sie schloss ein Sportstudium als Dipl.-Sportlehrerin ab, wurde dann wissenschaftliche Mitarbeiterin am Forschungsinstitut der DHfK Leipzig und promovierte mit einer Dissertation über sportliche Tätigkeit und Emanzipation der Frau. Sie bekam den Vaterländischen Verdienstorden in Silber und Bronze. Sie gehörte dem NOK der DDR und ab 1993 dem NOK für Deutschland an. Sie zog nach Bad Bentheim in Niedersachsen. Margitta Gummel starb am 26. Januar 2021 nach langer Krankheit.

Rudolf Harbig

Rudolf Harbig wurde am 8. November 1913 als Sohn eines Heizers in Dresden geboren. Nach seiner achtjährigen Schulzeit wollte Rudolf Harbig das Fleischerhandwerk erlernen. Weil seine Eltern aber nicht das Geld für die erforderliche Arbeitskleidung hatten, begann er eine Lehre als Stellmacher. Während der Lehre spielte er Handball und nahm an Mittelstreckenläufen teil. Da er keine Anstellung fand, verpflichtete er sich 1932 für drei Jahre bei der Reichswehr. Beim Tag des unbekannten Sportsmanns wurde er 1934 von dem bekannten Trainer Woldemar Gerschler für den Mittelstreckenlauf entdeckt. Harbig wechselte in die Trainingsgemeinschaft von Woldemar Gerschler beim Dresdener SC. Unter der Führung von Woldemar Gerschler, der das Intervall-Training revolutionierte, verbesserte sich Harbigs Leistungspotential schnell.

Im Februar 1936 erhielt Rudolf Harbig bei den Dresdner Gas-, Wasser- und Elektrizitätswerken eine Anstellung als Gasableser. Im Sommer qualifizierte er sich über 800 m für die Olympischen Spiele in Berlin. Dort schied er als Sechster bereits im Vorlauf aus. Rudolf Harbig wurde in der 4 x 400-m-Staffel eingesetzt und gewann mit Helmut Hamann, Friedrich von Stülpnagel und Harry Voigt die Bronzemedaille hinter Großbritannien und den USA.

Bei den deutschen Meisterschaften 1937 in Berlin verbesserte er den 11 Jahre alten deutschen Rekord über 800 m von Dr. Otto Peltzer um sieben Zehntelsekunden auf 1:50,9 Min. und wurde Deutscher Meister. Eine Woche später unterbot er den neun Jahre alten Rekord von Joachim Büchner über 400 m auf 47,6 Sekunden. In den folgenden Wochen stürmte er über 400 m und 800 m von Sieg zu Sieg. Beim Länderkampf gegen Schweden wurde Rudolf Harbig, der über 100 m eine Bestzeit von 10,6 Sek. hatte, sogar in der siegreichen 4 x 100-m-Staffel eingesetzt.

Am 7. August 1938 verbesserte Rudolf Harbig seinen deutschen Rekord über 400 m in Dortmund auf 46,8 Sek. Bei den Europameisterschaften in Paris gewann Rudolf Harbig den 800-m-Lauf mit einem Vorsprung von 1,2 Sekunden und dem neuen deutschen Rekord von 1:50,6 Min. vor dem Franzosen Leveque. Der deutsche 400-m-Läufer Adolf Metzner beurteilte Harbigs Leistung: „Der Mann ist nicht zu schlagen. Im Tempo kann ihm keiner fortlaufen, im Spurt schlägt er alle." Auch die 4 x 400-m-Staffel mit Harbig als Schlussläufer wurde Europameister. Das große Jahr von Rudolf Harbig sollte das Jahr 1939 werden.

Am 21. Mai 1939 lief Rudolf Harbig in Mannheim mit 1:50,5 Min. einen neuen deutschen Rekord über 800 m. Am 18. Juni 1939 verbesserte er in Erfurt über die selten gelaufene 500-m-Strecke den Weltrekord auf 61,7 Sek. Bei den deutschen Meisterschaften in Berlin stellte er mit 1:49,4 Min. einen neuen Weltrekord über 800 m auf. Am 15. Juli 1939 hinterließ Rudolf Harbig endgültig unauslöschliche Spuren in der Leichtathletik-Geschichte. Beim Länderkampf Deutschland-Italien in Mailand trafen Rudolf Harbig und sein langjähriger Dauerrivale Mario Lanzi aufeinander. Mario Lanzi schlug ein gnadenloses Tempo an. Die 400-m-Marke wurde in 52,4 Sek. passiert. 100 m vor dem Ziel lag Mario Lanzi immer noch vorn. Doch dann setzte Rudolf Harbig zum Spurt an. Er ließ Mario Lanzi förmlich stehen und gewann mit einem neuen phantastischen Weltrekord. Die Uhren blieben bei 1:46,6 Min. stehen. Rudolf Harbig hatte seinen eigenen Weltrekord um 2,8 Sekunden unterboten. Auch der geschlagene Mario Lanzi blieb mit 1:49,0 Min. unter dem alten Weltrekord. Rudolf Harbigs Weltrekord wurde erst 16 Jahre später von dem Belgier Roger Moens auf 1:45,7 Min. verbessert. Bei einem Sportfest im Frankfurter Waldstadion trafen Rudolf Harbig und Mario Lanzi am 12. August über 400 m erneut aufeinander. Mitte der Zielgeraden lagen beide Läufer noch gleichauf. Dann setzte sich Rudolf Harbig deutlich ab. Harbig siegte mit neuem Weltrekord von 46,0 Sekunden. Dieser Weltrekord hatte 11 Jahre Bestand. Die Fachwelt war sich einig, dass bei den Olympischen Spielen in Tokio niemand in der Lage sein würde, Rudolf Harbig zu schlagen. Der Krieg zerstörte jedoch alle Träume.

1940 wurde Rudolf Harbig zum Wachdienst nach Gnesen versetzt, nahm aber 1940 und 1941 noch regelmäßig an Wettkämpfen, vor allem Länderkämpfen, teil. Am 18. Mai 1941 verbesserte er in Berlin den deutschen Rekord über 1.000 m auf 2:24,9 Min. Sechs Tage später startete er in Dresden erneut über 1.000 m. Obwohl die Bahn wegen des Regens schwer war, verbesserte Rudolf Harbig den Weltrekord auf 2:21,5 Min. Wenige Monate nach diesem Rekordlauf wurde er als Fallschirmjäger zur Luftwaffe versetzt und in die Sowjetunion abkommandiert. Dort kam er am 5. März 1944 in Olchowez in der heutigen Ukraine ums Leben. Die genauen Umstände seines Todes sind nicht bekannt. Augenzeugenberichte schwanken zwischen einem erlittenen Schuss während einer Kampfpause, einem

Schusswechsel in einem Wald und dem Tod durch die Explosion einer Handgranate. Seine Leiche wurde nie gefunden.

Seit den Deutschen Meisterschaften 1950 wird der Rudolf Harbig-Gedächtnis-Preis als Wanderpreis an verdiente Leichtathleten vergeben. Die DDR gab dem Dresdner Stadion den Namen

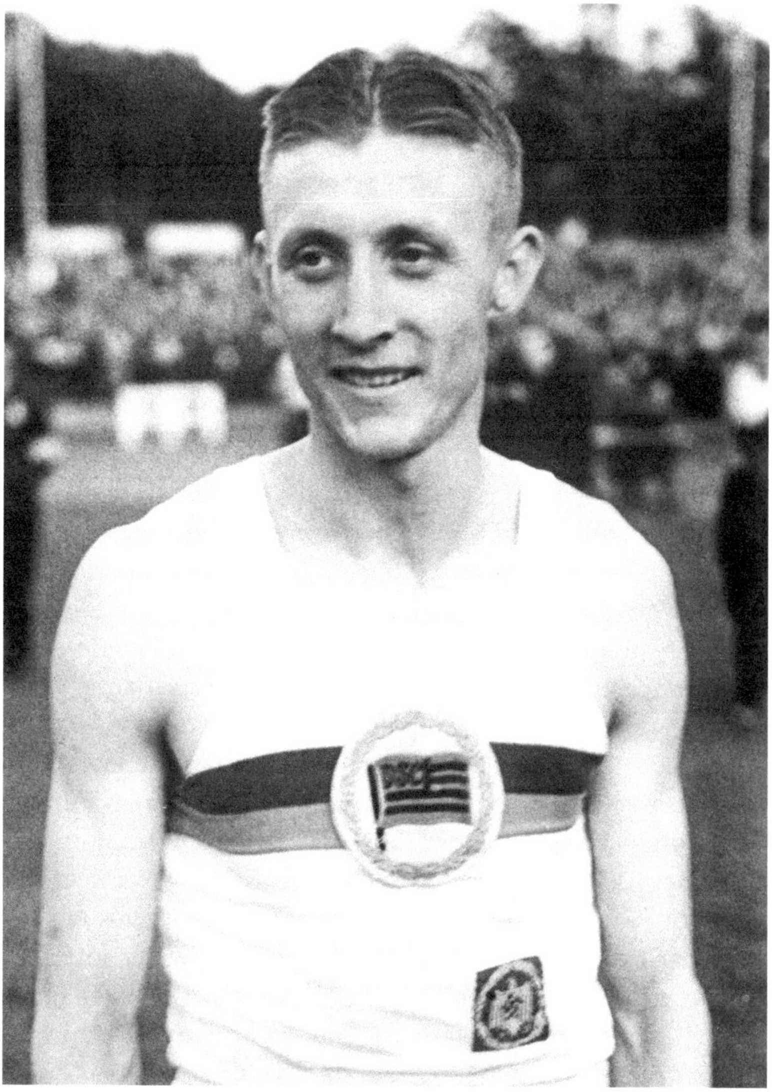

Rudolf Harbig im Trikot des Dresdner SC

Rudolf-Harbig-Stadion. Tragisch ist dabei, dass das nach einem der größten Leichtathleten benannte Stadion keine Laufbahn mehr hat.

Robert Harting

Robert Harting wurde am 18. Oktober 1984 als ältester Sohn eines Diskuswerfers in Cottbus geboren. Bis zu seinem 13. Lebensjahr spielte er beim USC Cottbus Handball. Dann entdeckte er seine Liebe zur Leichtathletik und wechselte zum LC Cottbus. 2001 wurde er bei den U 18-Weltmeisterschaften in Debrecen Vizeweltmeister im Diskuswurf. Im selben Jahr wechselte er zur LG Nike Berlin. Nachdem er bis dahin sowohl im Diskuswurf als auch im Kugelstoßen erfolgreich war, setzte er jetzt ganz auf die Karte „Diskuswurf". Bei den U 23-Europameisterschaften in Erfurt gewann er mit 64,50 m den Titel.

Bei den Weltmeisterschaften 2007 in Osaka musste er sich mit 66,68 m nur dem Esten Gerd Kanter, mit dem er sich in den folgenden Jahren noch manchen Kampf lieferte, geschlagen geben. Bei den Olympischen Spielen 2008 in Peking belegte er mit 67,09 m den vierten Platz. Mit den vor ihm platzierten Kanter, Malachowski und Alekna ergab sich im nachfolgenden Jahr die Chance zur Revanche. Bei den Weltmeisterschaften 2009 in Berlin nutzte Robert Harting seinen Heimvorteil und lieferte sich ein packendes Duell mit dem Polen Piotr Malachowski. Als der Pole mit 69,15 m neuen polnischen Rekord warf, wähnte er sich als Weltmeister. Doch Robert Harting konterte und warf unter dem Jubel der Zuschauer 69,43 m. Damit gewann er den Titel vor Piotr Malachowski, Gerd Kanter und Virgilius Alekna. Eine perfekte Revanche für Peking. Bei den Europameisterschaften 2010 in Barcelona war Piotr Malachowski an der Reihe. Er siegte mit 40 Zentimetern Vorsprung vor dem 68,47 m werfenden Robert Harting. 2011 bei den Weltmeisterschaften im koreanischen Daegu war wieder Robert Harting dran. Er warf

68,97 m und siegte mit 2,02 m Vorsprung vor dem Esten Gerd Kanter. 2012 wurde er in Helsinki mit 68,30 m Europameister.

Bei den Olympischen Spielen in London gesellte sich zu dem Quartett aus Harting, Kanter, Malachowski und Alekna der Iraner Ehsan Hadadi. Der Iraner begann den Wettbewerb mit einem Wurf auf 68,18 m und führte mit dieser Weite lange. Robert Harting lag mit einer Weite von 67,79 m auf dem 2. Platz.

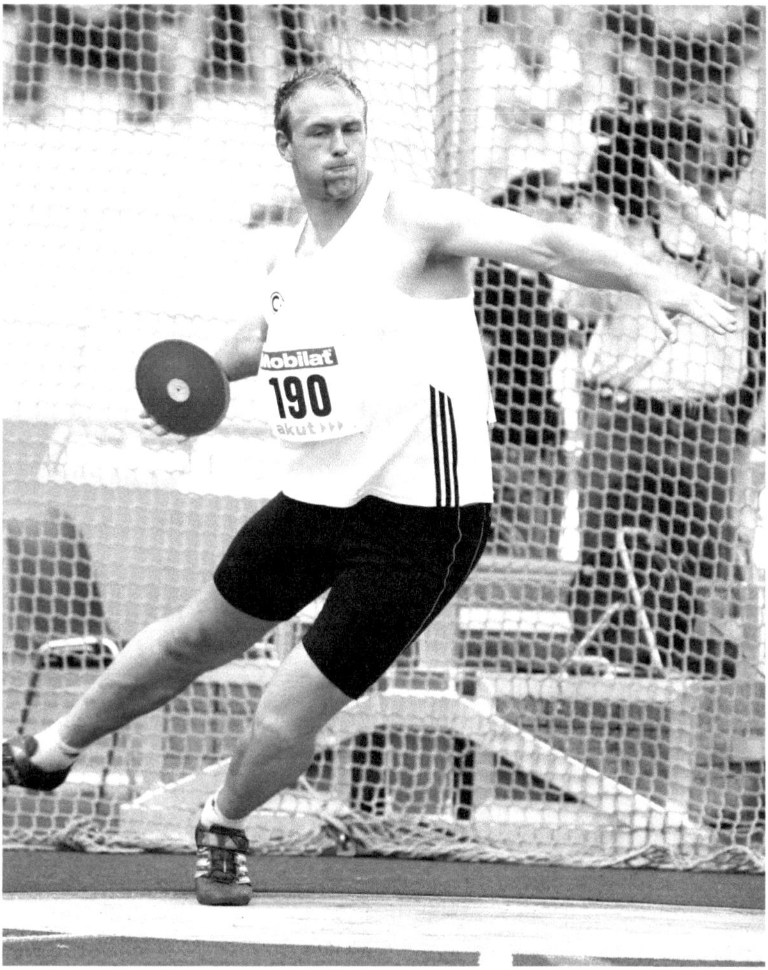

Robert Harting bei den Deutschen Meisterschaften 2005 in Wattenscheid

Während Robert Harting im 5. Versuch mit 68,27 m endlich die Weite des Iraners knacken konnte, scheiterte Gerd Kanter mit 68,03 m knapp. Im letzten Versuch landete der Wurf des Iraners ungefähr dort, wo Hartings Diskus in den Rasen geschlagen war. Die Kampfrichter gaben den Wurf jedoch ungültig, weil Hadadi die Begrenzung des Wurfrings berührt hatte. Damit war Robert Harting Olympiasieger. Am 22. Mai 2012 hatte er im tschechischen Turnov den Diskus mit 70,66 m endlich auch über die 70-m-Marke geworfen. Am Ende des Jahres wählten ihn die Sportjournalisten zum Sportler des Jahres.

Bei den Weltmeisterschaften in Moskau 2013 trafen Harting, Malachowski und Kanter erneut aufeinander. Robert Harting gewann den Titel mit 69,11 m vor Malachowski und Kanter. Am Jahresende wurde er erneut zum Sportler des Jahres gewählt. 2014 gewann Robert Harting in Zürich zum fünften Mal hintereinander einen internationalen Titel und wurde zum zweiten Mal Europameister. Zu seinem Erstaunen wurde er auch in diesem Jahr Sportler des Jahres. Die Sportjournalisten schätzten seine Leistungen höher ein als die Goldmedaillen der Wintersportler bei den Olympischen Spielen in Sotschi. Im September 2014 zog sich Robert Harting beim Lauftraining einen Kreuzbandriss zu. Deshalb fehlte er bei den Weltmeisterschaften 2015 in Peking. Sein Dauerrivale Piotr Malachowski nutzte seine Abwesenheit zum Titelgewinn.

Bei den Olympischen Spielen in Rio de Janeiro schied Robert Harting in der Qualifikation aus, nachdem er sich am Abend vorher einen Hexenschuss zugezogen hatte. Sein sechs Jahre jüngerer Bruder Christoph sprang in die Bresche und gewann die Goldmedaille. Am 2. September 2018 gab Robert Harting beim ISTAF in Berlin sein Karriereende bekannt.

Robert Harting ist mit der Diskuswerferin Julia Fischer verheiratet und Vater von Zwillingen. Er lebt in Berlin und studiert an der Universität der Künste Gesellschafts- und Wirtschaftskommunikation.

Armin Hary

Armin Erich Hary wurde am 22. März 1937 in Gersweiler bei Saarbrücken als Sohn eines Bergarbeiters geboren. Nachdem er in der Jugend zunächst Fußball gespielt hatte, wechselte er mit 16 Jahren zur Leichtathletik. Er startete zunächst für den SV Quierschied, Saar 05 Saarbrücken und den 1. FC Saarbrücken, wechselte aber 1958 zu Bayer Leverkusen, wo er bei dem berühmten Trainer Bert Sumser trainierte. Nachdem er bei Deutschen Meisterschaften 1957 in Düsseldorf über 100 m noch von Manfred Germar geschlagen worden war, begann seine große Zeit im Jahr 1958.

Bei einem Sportfest in Dortmund lief Armin Hary am 29. März 1958 die 60 y in der Europarekordzeit von 6,1 Sekunden. Am 20. Juli 1958 stellte Armin Hary den Europarekord über 100 m mit 10,2 Sek. ein. Bei den Europameisterschaften in Stockholm war Manfred Germar der Favorit. Armin Hary, der für seine Bilderbuchstarts bekannt war, kam von allen Läufern am schnellsten aus dem Startblock. Auch in der Beschleunigung auf den ersten 40 Metern war Armin Hary Manfred Germar überlegen. So lief er einen Vorsprung heraus, den Manfred Germar nicht mehr aufholen konnte. Armin Hary wurde Europameister vor Manfred Germar. In der Staffel patzte Armin Hary beim ersten Wechsel und kam beim Beschleunigen ins Straucheln. Heinz Fütterer und Manfred Germar aber rissen die Staffel noch aus dem Feuer und bescherten Armin Hary die zweite Goldmedaille. Wenige Tage nach den Europameisterschaften lief Armin Hary am 6. September in Friedrichshafen als erster Mensch die 100 m in 10,0 Sek. Die Zeit wurde nicht als Weltrekord anerkannt, weil die Bahn 11 cm zu viel Gefälle hatte. Am 27. September lief Armin Hary in Dortmund noch einmal 10,2 Sek. über 100 m. Zwölf Tage später stellte Armin Hary in Neumünster seinen Europarekord über 60 y ein. Im Jahr 1959 wurde Armin Hary mehrere Monate wegen unkorrekter Spesenabrechnungen gesperrt. Aus diesem Jahr ist deshalb nur der deutsche Rekord über 100 y von 9,4 Sek. erwähnenswert.

Das große Jahr des Armin Hary kam im Jahr 1960. Am 15. Juni 1960 lief er noch einmal 10,2 Sek. Am 21. Juni 1960 startete Armin Hary beim Abendsportfest in Zürich über 100 m. Wie gewohnt legte er einen Blitzstart hin, beschleunigte auf den ersten 40 Metern und blieb auch auf der zweiten Streckenhälfte locker. Die Uhren blieben bei 10,0 Sek. stehen. Angeblich hatte Armin Hary aber einen Fehlstart gemacht, der nicht abgeschossen wurde. Die Zeit wurde deshalb nicht anerkannt. Der Düsseldorfer Sportjournalist Gustav Schwenk wies den Veranstalter darauf hin, dass bei einem nicht abgeschossenen Fehlstart der Läufer nach den internationalen Regeln innerhalb von

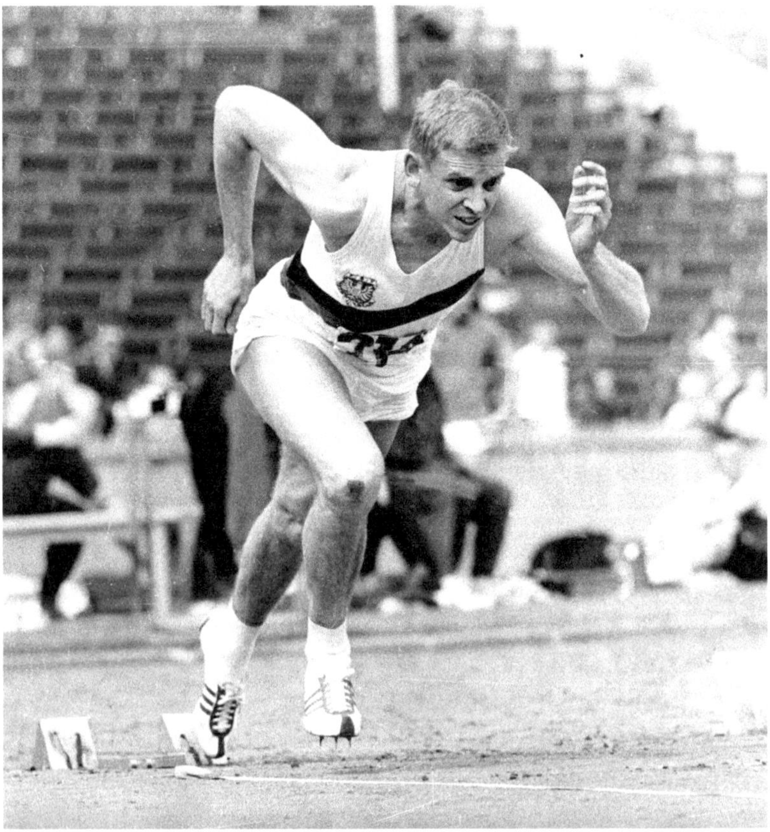

Armin Hary bei den Deutschen Meisterschaften 1960 in Berlin

einer Stunde das Recht habe, noch einmal zu starten. Armin Hary fand zwei Läufer, die bereit waren, noch einmal gegen ihn zu laufen. Der zweite Lauf wirkte wie eine Kopie des ersten Laufes, Blitzstart, enorme Beschleunigung und Lockerheit auf dem zweiten Rennabschnitt. Erneut blieben zwei Uhren bei 10,0 Sek. stehen, eine sogar bei 9,9 Sek. Dieses Mal aber war alles korrekt und Armin Hary ging an diesem Abend als der erste Läufer in die Geschichte ein, der 100 m in 10,0 Sek. gelaufen ist. Bei den Deutschen Meisterschaften im Juli in Berlin bewies Armin Hary seine gute Form und gewann sowohl über 100 m als auch 200 m den Titel. Er fuhr als der große Favorit zu den Olympischen Spielen nach Rom.

Sein zweiter großer Tag in diesem Jahr kam am 1. September in Rom. Armin Hary erreichte das Finale über 100 m. Seine Gegner waren die Amerikaner Sime, Budd und Norton, der Brite Radford und der Kubaner Figuerola. Nach zwei Fehlstarts wurde das Rennen endlich gestartet. Hary machte für seine Verhältnisse einen vorsichtigen Start, beschleunigte aber enorm und lag bei 40 m in Front. Diesen Vorsprung verteidigte er mit einer Zeit von 10,2 Sek. bis ins Ziel, obwohl auf den letzten Metern der Amerikaner Dave Sime stark aufkam. So war Armin Hary nun nicht nur Weltrekordinhaber, sondern auch Olympiasieger. In der 4 x 100-m-Staffel wurde Armin Hary auf der Gegengeraden eingesetzt. Er lief ein unglaubliches Rennen und wurde fliegend mit 9,2 Sek. gestoppt. Dank dieser Glanzleistung lag die deutsche Staffel vor dem letzten Wechsel vor den Amerikanern in Führung. Der Silbermedaillengewinner über 100 m Dave Sime fing jedoch den deutschen Schlussläufer Martin Lauer noch ab. Die US-Staffel wurde jedoch 15 Minuten später wegen eines Wechselfehlers disqualifiziert und Armin Hary gewann seine zweite Goldmedaille.

Nachdem er sich bei einem Autounfall eine Knieverletzung zugezogen hatte, beendete Armin Hary 1961 seine kurze Karriere. Er stieg ins Immobiliengeschäft ein und engagiert sich für Sporttalente aus sozial schwachen Familien.

Betty Heidler

Betty Heidler wurde am 14. Oktober 1983 in Ost-Berlin geboren. Ihr Urgroßvater Martin Riefstahl war Fackelläufer bei den Olympischen Spielen 1936 in Berlin gewesen. Sie widmete sich schon früh dem Hammerwurf und war 2001 und 2002 Deutsche Jugendmeisterin in dieser Disziplin. Sie startete in diesen Jahren für den SC Berlin. 2003 wechselte sie zur Frankfurter Eintracht zu Trainer Michael Deyle. 2004 nahm sie in Athen erstmals an Olympischen Spielen teil. Mit 72,73 m warf sie deutschen Rekord und belegte mit dieser Leistung den vierten Platz vor der Olympiasiegerin von Sydney Kamila Skolimowska. Ein Jahr später gewann sie bei den U 23-Europameisterschaften in Erfurt die Silbermedaille, scheiterte aber bei den Weltmeisterschaften 2005 in Helsinki in der Qualifikation. Ihren größten Erfolg feierte Betty Heidler bei den Weltmeisterschaften 2007 in Osaka, wo sie mit 74,76 m den Titel gewann. Sie lag nur zwei Zentimeter vor der Kubanerin Yipsi Moreno. Bei den Olympischen Spielen in Peking kam sie zwar ins Finale, erreichte dort als Neunte jedoch nicht den Endkampf. Erfolgreicher als bei den Olympischen Spielen war sie bei Weltmeisterschaften. Bei den Weltmeisterschaften 2009 in Berlin schraubte sie den deutschen Rekord auf 77,12 m und gewann hinter der mit 77,96 m Weltrekord werfenden Anita Wlodarczyk die Silbermedaille. Im selben Jahr holte sie den Titel bei der Universiade. Bei den Europameisterschaften in Barcelona 2010 drehte sie den Spieß um und gewann mit 76,38 m den Titel. Bei den Werfertagen in Halle stellte sie am 21. Mai 2011 mit 79,42 m einen neuen Weltrekord auf und fuhr als Favoritin zu den Weltmeisterschaften im koreanischen Daegu. Dort unterlag sie jedoch der Russin Tatjana Lyssenko. Immerhin blieb ihr wie in Berlin die Silbermedaille. In diesem Jahr wurde sie zu Deutschlands Leichtathletin des Jahres gekürt.

Nachdem sie bei den Europameisterschaften in Helsinki 2012 in der Qualifikation gescheitert war, wurden die Olympischen

Spiele in London im selben Jahr noch einmal zu einem Highlight ihrer Karriere. Ihr weitester Wurf wurde wegen eines Softwarefehlers nicht in die Ergebnisliste aufgenommen. Nach Protesten der Mannschaftsleitung und mit Hilfe des Fernsehens wurde der Wurf noch einmal überprüft und nun mit 77,12 m gewertet. Nun protestierte die chinesische Delegation, weil dies bedeutete, dass ihre Athletin Zhang Wenxiu nunmehr von Betty Heidler aus den Medaillenrängen verdrängt worden war. Die Jury wies den Einspruch jedoch zurück und Betty Heidler jubelte über die gewonnene Bronzemedaille. Im Oktober 2016 wurde bekannt, dass die Olympiasiegerin Tatjana Lyssenko bei den Spielen gedopt war und ihre Leistung wurde deshalb annulliert. Betty Heidler bekam nachträglich die Silbermedaille und die Chinesin doch noch die Bronzemedaille.

Bei den Europameisterschaften 2016 in Amsterdam gewann Betty Heidler hinter Anita Wlodarczyk die Silbermedaille. Wie in Athen belegte sie bei den Olympischen Spielen in Rio de Janeiro mit 73,71 m den vierten Platz. Sie hatte sich mehr ausgerechnet. Schließlich hatte sie in Amsterdam mit 75,77 m mehr als zwei Meter weiter geworfen.

2014 wurde Betty Heidler mit dem Rudolf-Harbig-Gedächtnispreis ausgezeichnet. Fünfmal wurde sie Hessens Sportlerin des Jahres. 2016 beendete sie ihre Karriere. Sie studiert Jura an der Humboldt-Universität in Berlin.

Karl Hein

Karl Hein wurde am 11. Juni 1908 in Hamburg geboren. Er startete für den Harvestehuder TV, später für den Polizei SV Hamburg. Er war von Beruf Tischlermeister. Als junger Mann war er Kugelstoßer und Diskuswerfer. Nach seiner Heirat gab er den Sport auf. Als er einen Film über die Olympischen Spiele 1932 sah, war er fasziniert von dem irischen Hammerwerfer Pat O'Callaghan. Er trieb von da an wieder Wettkampf-Sport und wurde wie sein Vorbild Hammerwerfer. Auf sich aufmerksam machte er am 7. Juni 1936, als er in Jena mit 53,50 m deutschen Rekord warf. Vierzehn Tage später warf er in Hamburg 54,15 m und wiederum 14 Tage später in Frankenthal 54,29 m. Mit diesen Leistungen qualifizierte er sich für die Olympischen Spiele in Berlin. Mit 54,26 m wurde er 1936 deutscher Meister. Ebenso wie der zwei Jahre jüngere Erwin Blask profitierte Karl Hein von den revolutionären Trainingsmethoden des Trainers Sepp Christmann.

Bei den Olympischen Spielen ging Erwin Blask mit einer Weite von 52,55 m in Führung. Im 2. Versuch steigerte sich Erwin Blask auf den neuen deutschen Rekord von 55,04 m. Karl Hein steigerte im 4. und 5. Versuch seine persönliche Bestleistung über 54,70 m auf 54,85 m. Beide Weiten wären bis zum Wurf von Erwin Blask deutscher Rekord gewesen. Während Erwin Blasks letzter Wurf ungültig war, steigerte sich Karl Hein im letzten Versuch auf den neuen deutschen Rekord von 56,49 m. Dieser Wurf bedeutete nicht nur die Goldmedaille, sondern war auch neuer olympischer Rekord. Karl Hein hatte sein Vorbild O'Callaghan endgültig abgelöst.

1937 verbesserte Karl Hein am 29. Juli in Osnabrück den deutschen Rekord auf 56,68. In diesem Jahr wurde er auch deutscher Meister. Am 27. August 1938 warf Erwin Blask in Stockholm mit 59,00 m neuen Weltrekord und galt als Favorit für die im September stattfindenden Europameisterschaften in Paris. Dort kam es erneut zum Duell mit Karl Hein. Obwohl Erwin Blask mit 57,34 m eine Weite erzielte, die Karl Hein bis dahin nie geworfen hatte, musste er sich auch in Paris dem nervenstärkeren Karl Hein geschlagen geben. Karl Hein warf den Hammer auf 58,77 m und wurde Europameister.

Nach dem Krieg wurde Karl Hein 1946 und 1947 deutscher Meister. Noch 1956 im Alter von 48 Jahren wurde er bei den Deutschen Meisterschaften Zweiter. 1962 erhielt er den Rudolf Harbig-Gedächtnis-Preis. Als 65-Jähriger warf Karl Hein den Hammer 53 m weit, eine Weite, die nur drei Meter unter der Weite seines Olympiasiegs lag. Karl Hein starb am 10. Juli 1982 in Hamburg.

Jutta Heine

Jutta Heine wurde am 16. September 1940 in Stadthagen geboren. Sie startete als Leichtathletin für den DHC Hannover, Hannover 96, den ASV Köln und nach ihrer Rückkehr aus Köln wieder für Hannover 96. Jutta Heine lief 1959 mit 24,1 Sek. einen deutschen Rekord über 200 m, den sie 1960 auf 23,9 Sek. verbesserte. Damit qualifizierte sich die 19-Jährige über 200 m für die Olympischen Spiele 1960 in Rom.

Im Zwischenlauf überraschte sie die Fachwelt mit einem zweiten Platz hinter der großen Wilma Rudolph. 90 Minuten später fand bereits das Finale statt. Jutta Heine lief so couragiert durch die Kurve, dass nur noch Wilma Rudolph vor ihr lag. Wilma Rudolph aber war bereits enteilt. Jutta Heine verteidigte ihren zweiten Platz und gewann völlig überraschend die Silbermedaille. Damit führte auch in der 4 x 100-m-Staffel kein Weg an ihr vorbei. Die deutsche Staffel in der Besetzung Martha Langbein, Anni Biechl, Brunhilde Hendrix und Jutta Heine gewann hinter den Amerikanerinnen die Silbermedaille. Für Jutta Heine war es bereits die zweite Silbermedaille ihrer jungen Karriere.

1961 verbesserte sie in Oberhausen am 1. September den deutschen Rekord über 100 m auf 11,5 Sek. Am selben Tag lief sie auch neuen deutschen Rekord über 200 m mit 23,5 Sek. Sechs Wochen später, am 15. Oktober 1961, steigerte sie den deutschen Rekord über 100 y auf 10,8 Sek. Am 11. August 1962 lief sie in Prag mit 11,4 Sek. neuen deutschen Rekord. Einen Monat später gewann Jutta Heine über 100 m hinter der Britin Dorothy Hyman die Silbermedaille bei den Europameisterschaften 1962 in Belgrad. Ihre dabei erzielten 11,3 Sek. konnten als Rekord wegen zu starken Rückenwindes nicht anerkannt werden. Über 200 m revanchierte sie sich für die Niederlage über 100 m. Sie gewann gegen Dorothy Hyman den Europameister-Titel. Dabei stellte sie mit 23,5 Sek. den von ihr gehaltenen deutschen Rekord ein. Die 4 x 100-m-Staffel mit Erika Fisch, Martha Pensberger, geb. Langbein, Maren Collin und

Jutta Heine musste sich trotz eines neuen deutschen Rekordes von 44,6 Sek. der polnischen Staffel geschlagen geben. Jutta Heine aber bewies mit dem Gewinn einer Goldmedaille und zweier Silbermedaillen, dass sie die überragende Sprinterin des Kontinents war.

Am 1. und 15. Februar 1963 lief sie bei zwei Sportfesten in New York mit 6,9 Sek. zweimal Europarekord über 60 y. Am 16. Februar 1963 verbesserte Jutta Heine in Louisville/Kentucky mit 7,8 Sek. den Europarekord über 70 y. In diesem Jahr verbesserte sie auch den deutschen Rekord im Fünfkampf auf 4767 P. Bei den Olympischen Spielen 1964 in Tokio schied sie über 200 m nach zwei Fehlstarts im Vorlauf aus. Auch mit der 4 x 100-m-Staffel reichte es mit dem 5. Platz nicht zu einer Medaille.

Jutta Heine ließ danach langsam ihre Karriere ausklingen. Sie startete noch in Sprintstaffeln ihres Vereins Hannover 96, aber nicht mehr international. Sie gewann neun deutsche Meistertitel und wurde in die Ehrengalerie des Niedersächsischen Instituts für Sportgeschichte aufgenommen. Seit 1974 betreibt sie ein Hotel und einen Reiterhof in Burglahr im Westerwald.

Martina Hellmann

Martina Helga Hellmann wurde am 12. Dezember 1960 als Martina Opitz in Leipzig geboren. Sie war schon mit 16 Jahren eine gute Diskuswerferin. Denn sie stellte in diesem Alter eine Weltbestleistung für diese Altersklasse auf. Martina Opitz startete für den SC DHfK Leipzig. Ihr Aufstieg wurde durch Krankheiten und Verletzungen gebremst. Für die Europameisterschaften in Athen 1982 konnte sie sich noch nicht qualifizieren.

Bei den Weltmeisterschaften 1983 in Helsinki gelang Martina Opitz der Durchbruch. Mit 68,94 m gewann sie den Weltmeister-Titel. Sie brachte sich damit auch in die Favoritenrolle für die Olympischen Spiele 1984 in Los Angeles. Doch aufgrund des

Olympia-Boykotts wurde ihr die Chance auf Gold genommen. Bei den Europameisterschaften 1986 in Stuttgart reichte es trotz eines Wurfs auf 68,26 m nicht zum Titel, weil Diana Sachse mit 71,36 m und die Bulgarin Zwetanka Christowa mit 69,52 m weiter warfen. 1986 heiratete Martina Opitz Klaus Hellmann, den Sohn ihres Trainers Karl Hellmann.

1987 bei den Weltmeisterschaften in Rom gelang Martina Hellmann die perfekte Revanche. Mit 71,62 m wurde sie vor Diana Sachse, die jetzt Gansky hieß, und Zwetanka Christowa Weltmeisterin. 1988 suchte die DDR hinter der neuen Weltrekordlerin Gabriele Reinsch und Diana Gansky die dritte Starterin für die Olympischen Spiele in Seoul. Am 6. September 1988 fand im Berliner Friedrich-Ludwig-Jahn-Sportpark ein Ausscheidungswettkampf statt. Bei dieser Veranstaltung verbesserte Martina Hellmann mit 76,92 m und 78,14 m zweimal den Weltrekord. Diese Leistungen wurden nicht als Weltrekorde anerkannt, weil der Verband den Wettkampf nicht angemeldet hatte. Trotz eines Wurfs auf 75,36 m fuhr Martina Hellmanns Konkurrentin Ilke Wyludda nicht zu den Olympischen Spielen. In Seoul gewann Martina Hellmann mit dem neuen olympischen Rekord von 72,30 m wie in Rom die Goldmedaille vor Diana Gansky (70,32 m) und Zwetanka Christowa (69,74 m).

1989 legte Martina Hellmann eine Babypause ein. Bei den Europameisterschaften 1990 in Split gewann sie hinter Ilke Wyludda und der Russin Olga Burowa die Bronzemedaille. In Tokio bei den Weltmeisterschaften 1991 wurde sie trotz eines Wurfs auf 67,14 m nur Vierte. Dieses Mal gewann die Bulgarin Zwetanka Christowa mit 71,02 m. Bei den Olympischen Spielen 1992 in Barcelona schied Martina Hellmann in der Qualifikation aus. Danach beendete sie ihre Karriere.

Nach ihrer Karriere leitete die diplomierte Sportwissenschaftlerin den Sportverein der AOK Leipzig. Von 2000 bis 2003 war sie Geschäftsführerin des Kabaretts „academixer“ in Leipzig. In der DDR wurde sie mit dem Vaterländischen Verdienstorden in Gold ausgezeichnet.

Heike Henkel

Heike Henkel wurde als Heike Redetzky am 5. Mai 1964 in Kiel geboren. Sie war als Turnerin beim TSV Kronshagen aktiv. Dort ging sie auch dem Fechtsport und dem Basketball nach. Daneben betrieb sie die Leichtathletik. 1984 wurde sie Deutsche Jugendmeisterin im Hochsprung und setzte jetzt ganz auf die Karte Hochsprung. Bei den Olympischen Spielen 1984 in Los Angeles erreichte Heike Redetzky das Finale, wurde aber beim Sieg von Ulrike Meyfarth nur Elfte. Im Winter 1985 wechselte Heike Redetzky zu Trainer Gerd Osenberg nach Leverkusen. Ihre erste internationale Medaille gewann sie 1988 bei den Hallen-Europameisterschaften in Budapest, wo sie mit 1,97 m gemeinsam mit der Russin Larissa Kositsina hinter der Bulgarin Stefka Kostadinowa Zweite wurde. Bei den Olympischen Spielen 1988 scheiterte sie bereits in der Qualifikation.

1989 heiratete sie den Schwimmweltmeister Rainer Henkel und führte fortan den Namen Henkel. Bei den Hallen-Weltmeisterschaften 1989 in Budapest belegte sie den dritten Platz. Am 20. August 1989 gelang ihr beim Abendsportfest des ASV Köln der erste 2,00-Meter-Sprung. Bei den Hallen-Europameisterschaften 1990 in Glasgow gewann Heike Henkel mit 2,00 m den Titel. Ebenso erfolgreich war Heike Henkel bei den Freiluft-Europameisterschaften 1990 in Split, wo sie mit 1,99 m siegte. Auch bei den Hallen-Weltmeisterschaften 1991 in Sevilla gewann sie mit 2,00 m den Titel. Im selben Jahr verbesserte sie kurz vor den Weltmeisterschaften in Monte Carlo den deutschen Rekord von Ulrike Meyfarth auf 2,04 m. Bei den Weltmeisterschaften in Tokio sprang sie noch einen Zentimeter höher und wurde Weltmeisterin.

Bei den deutschen Hallenmeisterschaften in Karlsruhe sprang sie am 8. Februar 1992 mit 2,07 m einen neuen Weltrekord. Auch in Genua gewann sie bei den Hallen-Europameisterschaften mit 2,02 m den Titel. Das machte sie endgültig zur Favoritin für die Olympischen Spiele 1992 in Barcelona. Im Duell mit der Rumänin Alina Astafei, die vier Jahre später in Atlanta für Deutschland startete, gewann sie mit 2,02 m die Goldmedaille. Das war die Stunde der Deutschen, denn etwa zur gleichen Zeit gewann Dieter Baumann die Goldmedaille über 5.000 m. Am Ende des Jahres wurde Heike Henkel zur Sportlerin des Jahres und Weltleichtathletin des Jahres gewählt. Im selben Jahr erhielt sie den Rudolf-Harbig-Gedächtnispreis. Bei den Hallenweltmeisterschaften 1993 gewann sie mit 2,02 m die Silbermedaille hinter Stefka Kostadinowa. Leider verletzte sie sich bei den Weltmeisterschaften 1993 in der Qualifikation und trat zum Finale nicht an. Nach der Geburt ihres Sohnes kam Heike Henkel bis zu den Europameisterschaften 1994 in Helsinki nicht in Form und schied im Finale früh aus. Bei den Hallen-Weltmeisterschaften 1995 in Budapest schaffte sie es als Dritte mit 1,99 m noch einmal aufs „Treppchen". Im Jahr 1996 beendete Heike Henkel ihre Karriere, kehrte nach der Geburt ihres 2. Sohnes noch einmal zurück und machte 2000 endgültig Schluss. In diesem Jahr trennte sie sich von Rainer Henkel.

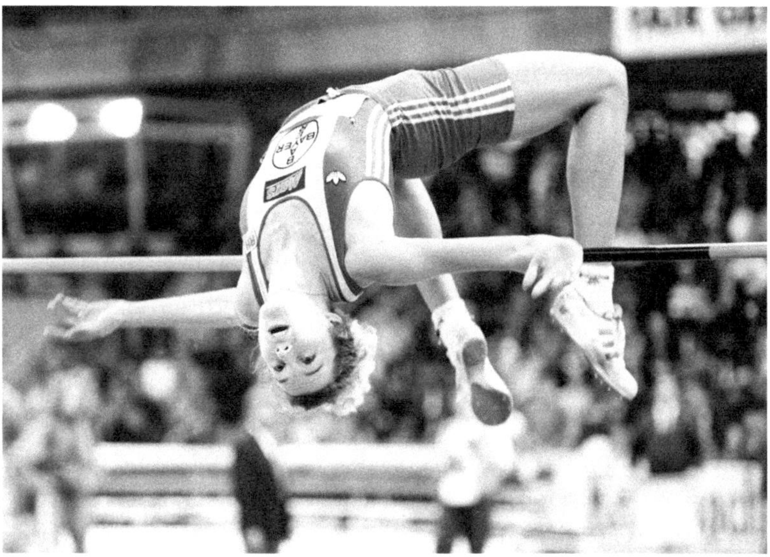

Heike Henkel mit perfekter Technik bei den deutschen Hallenmeisterschaften 1992

Heike Henkel ist seit 2004 mit dem ehemaligen Zehnkämpfer Paul Meier verheiratet und führt den Namen Henkel-Meier. Sie hat aus zwei Ehen drei Kinder. 1996 schloss sie ihr Grafik-Design-Studium mit dem Diplom erfolgreich ab.

Jürgen Hingsen

Jürgen Hingsen wurde am 25. Januar 1958 in Duisburg geboren. Er startete bis 1975 für Eintracht Duisburg und wechselte dann zum FC Bayer 05 Uerdingen zu dem bekannten Mehrkampf-Trainer Norbert Pixken. Der erkannte sein großes Talent für den Mehrkampf und förderte ihn. Am 15. August 1982 stellte Jürgen Hingsen in Ulm mit 8723 P. einen neuen Weltrekord auf. Bei den Europameisterschaften in Athen lieferte er dem Olympiasieger von Moskau Daley Thompson einen großen Kampf. Zwar gewann Thompson mit einem Vorsprung von mehr als 200 Punkten vor Jürgen Hingsen, dabei stellte der Brite jedoch mit 8744 P. einen neuen Weltrekord auf. Jürgen Hingsen sammelte 8517 P. Am 4. Juni 1983 verbesserte Jürgen Hingsen in Bernhausen den Weltrekord auf 8779 P. Diese Form konnte er bis zu den Weltmeisterschaften in Helsinki nicht konservieren. Er musste sich dort erneut Daley Thompson beugen und wurde mit 8561 P. wieder Zweiter.

Im Jahr 1984 verbesserte Jürgen Hingsen nochmals den Weltrekord. Am 9. Juni sammelte er in Mannheim 8798 P.(nach neuer Tabelle: 8832 P.). Normalerweise bringt jemanden eine solche Leistung in die Favoritenstellung für das nächste Großereignis. Im Verhältnis zwischen Daley Thompson und Jürgen Hingsen war jedoch nichts normal. Daley Thompson profitierte bei Zehnkämpfen davon, dass er der beste Sprinter und einer der besten Weitspringer war. So führte er regelmäßig nach den ersten beiden Disziplinen und konnte dann sein Programm mit den bei ihm bekannten Psychospielen runterspulen. Bei den Olympischen Spielen 1984 in Los Angeles hielt der frischgebackene

Weltrekordler Jürgen Hingsen bis zum Stabhochsprung dagegen. Dann überquerte der 5,00-m-Springer Hingsen nur 4,50 m, während Daley Thompson 5,00 m sprang. Die Entscheidung war gefallen. Daley Thompson gewann die Goldmedaille vor Jürgen Hingsen und stellte Hingsens Weltrekord mit 8797 (nach neuer Tabelle: 8832 P.) ein.

Bei den Europameisterschaften 1986 in Stuttgart kam es zum erneuten Duell zwischen Jürgen Hingsen und Daley Thompson. Der Wettkampf nahm den gewohnten Verlauf, als Daley Thompson die 100 m in 10,26 Sek. sprintete und Jürgen Hingsen nur 10,87 Sek. lief. Es half Jürgen Hingsen nichts, dass er in sechs Disziplinen besser war als Daley Thompson. Auch im Stabhochsprung legte Daley Thompson einen halben Meter zwischen sich und Jürgen Hingsen. So brachte der Wettkampf das erwartete Ergebnis. Daley Thompson gewann mit 8811 P. den Titel, Jürgen Hingsen wurde mit 8730 P. Zweiter. 1987 bei den Weltmeisterschaften in Rom war Jürgen Hingsen nicht am Start. Bei den Olympischen Spielen 1988 wurde er seinem Ruf als Nervenbündel gerecht und ließ die Zuschauer fassungslos zusehen, wie er beim 100-m-Lauf drei Fehlstarts verursachte und disqualifiziert wurde. Es ist Jürgen Hingsens Tragik, dass sich die Öffentlichkeit besser an die drei Fehlstarts erinnert als an seine großartigen Leistungen. Nach den Olympischen Spielen beendete Jürgen Hingsen seine Laufbahn.

Seine 8832 P. sind heute noch deutscher Rekord. Er wurde mit der Sportplakette des Landes Nordrhein-Westfalen ausgezeichnet. Jürgen Hingsen arbeitet heute als Versicherungsmakler.

Gunhild Hoffmeister

Gunhild Hoffmeister wurde am 6. Juli 1944 in Forst im Kreis Spree-Neiße in Brandenburg geboren. Sie begann erst mit 20 Jahren mit der Leichtathletik und startete für den SC Cottbus. 1969 nahm sie das erste Mal an einem Großereignis teil, den Europameisterschaften in Athen. Sie belegte über 1.500 m den 11. Platz. Zwei Jahre später kam es bei den Europameisterschaften 1971 im 800-m-Endlauf zu einem dramatischen Zwischenfall. Große Favoritin in diesem Rennen war die Weltrekordlerin Hildegard Falck. Als Hildegard Falck und ihre Landsfrau Gisela Ellenberger die Spitze übernehmen wollten, wollte sich Gunhild Hoffmeister zwischen die Beiden schieben, kam dabei zu Fall und riss Hildegard Falck mit zu Boden. Die Goldträume von Hildegard Falck zerplatzten wie eine Seifenblase. Gunhild Hoffmeister musste ebenfalls das Rennen beenden. Über 1.500 m hielt sich Gunhild Hoffmeister mit dem 2. Platz schadlos. Bei den Hallen-Europameisterschaften 1972 in Grenoble gewann sie über 800 m den Titel.

Kurz vor den Olympischen Spielen in München lief Gunhild Hoffmeister in Potsdam über 1.000 m mit 2:35,9 Min. einen neuen Weltrekord und zeigte, dass sie für ein neues Duell mit Hildegard Falck gerüstet war. Bei den Olympischen Spielen in München trafen Hildegard Falck und Gunhild Hoffmeister im Endlauf über 800 m aufeinander. In der zweiten Runde liefen sie längere Zeit Seite an Seite. Als Gunhild Hoffmeister nach vorn gehen wollte, trat Hildegard Falck resolut an und begann zu spurten. Obwohl auch Gunhild Hoffmeister auf der Zielgeraden Boden gut machen konnte, kam sie an Hildegard Falck und die für die Sowjetunion startende Litauerin Sabaite nicht heran. Immerhin gewann sie in DDR-Rekordzeit die Bronzemedaille. Im Finale über 1.500 m gewann Gunhild Hoffmeister in neuer deutscher Rekordzeit die Silbermedaille. Mit 4:02,83 Min. lief sie als erste Deutsche unter 4:05 Min.

Bei ihrem Sieg bei den Europameisterschaften 1974 in Rom verfehlte sie über 1.500 m mit 4:02,3 Min. den Weltrekord der Russin Ludmilla Bragina nur knapp. Über 800 m wurde sie hinter der Bulgarin Liljana Tomowa mit neuer DDR-Rekordzeit von 1:58,81 Min. Zweite. Bei den Olympischen Spielen 1976 in Montreal gewann Gunhild Hoffmeister über 1.500 m die Silbermedaille. Nach diesem letzten Höhepunkt beendete sie ihre Karriere.

Gunhild Hoffmeister war Dipl.-Sportlehrerin und stellvertretende Leiterin der Kinder- und Jugendsportschule in Cottbus. Später war sie im Sport- und Erholungszentrum in Berlin tätig. Sie war Abgeordnete der Volkskammer der DDR und Mitglied im Präsidium des DTSB. Sie wurde mit dem Vaterländischen Verdienstorden in Gold, Silber und Bronze ausgezeichnet. Nach der Wiedervereinigung arbeitete sie als Rehabilitations-Sportlehrerin in Berlin.

Franz-Peter Hofmeister

Franz-Peter Hofmeister wurde am 5. August 1951 in Kerpen im Erftkreis geboren. Er war ein begabter Sprinter und glänzte schon als Jugendlicher mit herausragenden Leistungen. Am 6. September 1970 stellte er in Burg Gretesch mit 10,1 Sek. einen Junioren-Europarekord über 100 m auf. Zu dieser Zeit startete er für Jugend 07 Bergheim.

Bei den Europameisterschaften 1971 in Helsinki wurde er Zweiter über 200 m. Wegen eines Sehnenschadens konnte er nicht an den Olympischen Spielen in München teilnehmen. 1974 in Rom wurde er bei den Europameisterschaften Fünfter über 200 m. In diesem Jahr wechselte er zu Bayer Leverkusen. Unter dem neuen Trainer Bernd Knut lief er jetzt auf der langen Sprintstrecke. Bei den Olympischen Spielen 1976 schied er im Halbfinale über 400 m aus, gewann aber mit Bernd Herrmann, Lothar Krieg und Harald Schmid die Bronzemedaille in der 4 x 400-m-Staffel.

Sein bestes Jahr war das Jahr 1978. Bei den Europameisterschaften in Prag gewann er den Titel über 400 m. Auch mit der 4 x 400-m-Staffel gewann er mit Martin Weppler, Bernd Herrmann und Harald Schmid den Titel. Bei der Universiade 1979 in Mexiko-City gewann Franz-Peter Hofmeister in 45,12 Sek. die Silbermedaille. Nach dem Studium der Betriebswirtschaftslehre konzentrierte sich Franz-Peter Hofmeister mehr auf seinen Beruf als den Sport. Er war bis zu seinem Eintritt in den Ruhestand für den Chemiekonzern Bayer Leverkusen tätig.

1982 beendete Franz-Peter Hofmeister seine Karriere. Er wurde 1980 mit dem Rudolf-Harbig-Gedächtnispreis und 1983 mit der Sportplakette des Landes NRW ausgezeichnet. Seinen Ruhestand verbringt er im Kleinwalsertal.

Willi Holdorf

Willi Holdorf wurde am 17. Februar 1940 in Blomesche Wildnis im Kreis Steinburg in Schleswig-Holstein geboren. In seiner Jugend spielte er Fußball und Handball. Als er als 18-Jähriger Landesmeister im Sprint wurde, wechselte er zur Leichtathletik. 1959 und 1960 wurde Willi Holdorf Deutscher Juniorenmeister im Zehnkampf. Damit war klar, dass er Zehnkämpfer bleiben würde. Er begann ein Studium an der Deutschen Sporthochschule in Köln und startete für Bayer Leverkusen. 1961, 1962 und 1963 mit einem neuen deutschen Rekord von 8085 P. wurde er jeweils Deutscher Zehnkampf-Meister. Am 14. Februar 1964 lief er als Mitglied der deutschen 4 x 400-m-Staffel in Stuttgart einen neuen Hallenweltrekord über 4 x 400 m. Bei den deutsch-deutschen Olympia-Ausscheidungen in Jena qualifizierte er sich für die Olympischen Spiele in Tokio.

Die Tage, die ihm Legenden-Status verliehen, waren der 19. und 20. Oktober 1964, an denen der Zehnkampf durchgeführt wurde. Willi Holdorf gewann innerhalb des Zehnkampfes den 100-m-Lauf. Er sprang 7,00 m weit und stieß die Kugel auf 14,95 m. Da er nur 1,84 m hoch sprang, fiel er auf den vierten Platz zurück. Mit dem abschließenden 400-m-Lauf des ersten Tages, den er in 48,2 Sek. lief, eroberte er die Führung. Die 110 m Hürden absolvierte er bei kühlen Temperaturen in 15,0 Sek., warf den Diskus 46,05 m weit, sprang 4,20 m mit dem Stab und warf den Speer 62,90 m weit. Nach neun Disziplinen führte Willi Holdorf mit 7326 Punkten vor Hans-Joachim Walde und dem für die UdSSR startenden Esten Rein Aun. Umgerechnet hatte Willi Holdorf einen Vorsprung von 18 Sekunden vor dem glänzenden 1.500-m-Läufer Rein Aun. Der Este war in Kiew in diesem Jahr 4:17,3 Min. gelaufen, Holdorf dagegen nur 4:48,8 Min. Schon in der ersten Runde wurde deutlich, dass weder Holdorf noch Walde in der Lage sein würden, dem Esten zu folgen. Aun

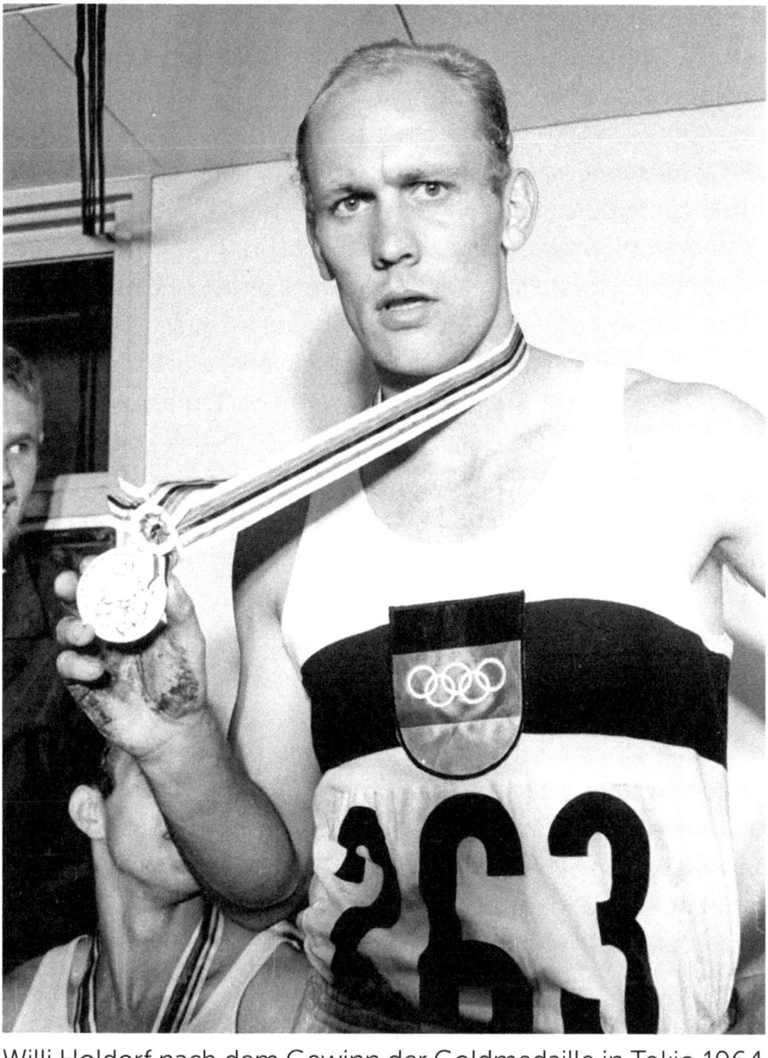

Willi Holdorf nach dem Gewinn der Goldmedaille in Tokio 1964

entfernte sich immer mehr von den Deutschen. Als Aun ins Ziel kam, lag Willi Holdorf 80 m hinter ihm. Unter Aufwendung seiner letzten Kräfte überquerte Holdorf, kurz davor, das Bewusstsein zu verlieren, die Ziellinie und brach hinter dem Ziel vor Erschöpfung zusammen. Er hatte auf Rein Aun nur 12 Sekunden verloren und gewann mit 7887 P. die Goldmedaille. Die Bilder, als Rein Aun und der Deutsche Horst Beyer Willi Holdorf, dem die Beine versagten, aufhalfen und auf den Rasen legten, gingen um die Welt. Nach den Spielen lief Willi Holdorf bei einem Hallensportfest in Neumünster mit 6,0 Sek. Hallen-Europarekord über 60 y. Danach beendete er seine Karriere als Leichtathlet. Am Jahresende wählten ihn die bundesdeutschen Sportjournalisten zum Sportler des Jahres.

Willi Holdorf wechselte zum Bobsport und war Bremser des Bobpiloten Horst Floth. Mit ihm wurde er im Zweierbob 1973 Vizeeuropameister und Vierter der Weltmeisterschaften. Dann begann er bei seinem Verein Bayer Leverkusen eine Tätigkeit als Trainer. Er war Trainer des Silbermedaillengewinners von 1968 im Stabhochsprung Claus Schiprowski und des Hürdenläufers Günther Nickel. Willi Holdorf tanzte auf mehreren Hochzeiten. Im Fußball trainierte er den Bundesligisten Fortuna Köln, mit dem er den Abstieg aber nicht verhindern konnte. Danach beendete er seine Trainerkarriere und wurde Repräsentant eines großen Sportartikelherstellers.

Willi Holdorf war mit der Handball-Nationalspielerin Doris von Jutrzenka verheiratet. Nach seiner Scheidung heiratete er die Leichtathletin Sabine Schust. In seinen letzten Lebensjahren lebte er wieder in Schleswig-Holstein. 2020 wollte der an Krebs erkrankte Holdorf zu den Olympischen Spielen nach Tokio reisen. Dazu kam es jedoch nicht mehr, weil die Spiele Corona-bedingt auf das Jahr 2021 verschoben wurden und Willi Holdorf am 5. Juli 2020 in seiner Heimatgemeinde Achterwehr verstarb.

Raphael Holzdeppe

Raphael Marcel Holzdeppe wurde am 28. September 1989 in Kaiserslautern geboren. Mit dem Stabhochsprung begann er im Alter von 10 Jahren. Er besuchte das Helmholtz-Gymnasium in Zweibrücken und trainiert mit Unterbrechungen seitdem bei Andrej Tiwontschik beim LAZ Zweibrücken. Bei den U 20-Weltmeisterschaften 2008 in Bydgoszcz gewann er den Weltmeister-Titel. Bei einem Sportfest in Biberach egalisierte er am 28. Juni 2008 mit 5,80 m den Junioren-Weltrekord des Russen Maxim Tarassow, der bereits 19 Jahre Bestand hatte. Im selben Jahr qualifizierte sich der 18-Jährige für die Olympischen Spiele in Peking, wo er den siebten Platz belegte. 2009 wurde er in Kaunas/Litauen U 23-Europameister. 2012 belegte Raphael Holzdeppe bei den Europameisterschaften in Helsinki mit 5,77 m den dritten Platz.

Ein noch spektakulärerer Erfolg gelang ihm bei den Olympischen Spielen 2012 in London. Hinter dem favorisierten Franzosen Renaud Lavillenie und seinem deutschen Landsmann Björn Otto gewann er mit 5,91 m die Bronzemedaille. Dieser Erfolg schien ihn zu beflügeln, denn ein Jahr später war er bei den Weltmeisterschaften in Moskau noch erfolgreicher. Er nahm Revanche für den dritten Platz in London und gewann dieses Mal mit 5,89 m vor Renaud Lavillenie und Björn Otto. 2015 bei den Weltmeisterschaften in Peking wurde er höhengleich mit dem Weltmeister Shawnacy Barber aus Kanada Zweiter, weil er mehr Fehlversuche als Barber hatte.

In den folgenden Jahren war er durch verschiedene Verletzungen daran gehindert, an seine Leistungen aus den Jahren 2012 bis 2015 anzuknüpfen. Bei den Hallen-Weltmeisterschaften 2018 in Birmingham und den Weltmeisterschaften 2019 in Doha belegte er die Plätze 5 und 6. Mitte Juni 2021 gab Raphael Holzdeppe bekannt, dass er wegen eines operativ zu behandelnden Knorpelschadens im Knie die Saison vorzeitig beende.

Hubert Houben

Hubert Houben wurde am 24. Februar 1898 in Goch im Kreis Kleve geboren. Er begann als Fußballspieler, Turner und Schwimmer und startete für den TV Goch und TSV Viktoria Goch. Er arbeitete später in Krefeld als kaufmännischer Angestellter bei einer Bank und betrieb beim SC Komet Krefeld, TSV Krefeld und Preußen Krefeld Leichtathletik.

Am 3. September 1922 stellte Hubert Houben in Frankfurt am Main mit 10,5 Sek. einen neuen Europarekord über 100 m auf. Diesen Europarekord egalisierte er 1924 zehnmal. Am 26. August 1924 besiegte er bei einem Sportfest in Leipzig den Weltrekordler Charles Paddock und den Olympiasieger von 1920 mit der 4 x 100-m-Staffel Loren Murchison. Im gleichen Jahr gewann er bei den offenen englischen Meisterschaften die 220 y und stellte in Kopenhagen mit 9,5 Sek. einen neuen Weltrekord über 100 y auf. An den Olympischen Spielen 1924 in Paris durfte er nicht teilnehmen, weil deutschen Sportlern die Teilnahme als Folge des I. Weltkriegs nicht erlaubt war.

Am 4. September 1927 stellte Hubert Houben in Hannover mit 10,4 Sek. den 100-m-Weltrekord ein. Drei Tage später lief er in Dresden mit 34,2 Sek. einen neuen deutschen Rekord über 300 m. Bei den Olympischen Spielen 1928 in Amsterdam schied er im Halbfinale aus. Trotzdem hatte er allen Grund, die Teilnahme an den Olympischen Spielen als Erfolg zu werten. Über 4 x 100 m gewannen die Deutschen in der Besetzung Hubert Houben, Helmut Körnig, Georg Lammers und Richard Corts die Silbermedaille. Am 2. September 1928 lief die deutsche Staffel mit Arthur Jonath statt Georg Lammers in Berlin mit 40,8 Sek einen neuen Weltrekord. Danach beendete Hubert Houben seine Karriere.

Hubert Houben war neunmal deutscher Meister und zweimal englischer Meister. Nach seiner Karriere arbeitete er in Krefeld als Sportjournalist. Am 9. November 1956 erlag er einem Krebsleiden. In Krefeld ist die Hubert-Houben-Kampfbahn nach ihm benannt, in Goch das Hubert-Houben-Stadion.

Patriz Ilg

Patriz Ilg wurde am 5. Dezember 1957 in Oberalfingen im Ostalbkreis geboren. Er startete für den TSV Hüttlingen, die TG 1926 Hofen und LAC Quelle Fürth. Er spezialisierte sich schon als Jugendlicher auf den Hindernislauf. Seinen ersten großen Erfolg feierte er bei den Europameisterschaften 1978 in Prag. Hinter dem Polen Bronislaw Malinowski gewann Patriz Ilg die Silbermedaille. Mit diesem Erfolg schlug er auch den höher eingeschätzten Michael Karst, dem nur der vierte Platz blieb.

Vier Jahre später war Patriz Ilg noch erfolgreicher. Bei den Europameisterschaften in Athen drehte er den Spieß um. Er besiegte den Olympiasieger von 1980 Bronislaw Malinowski dank eines starken Schlussspurts und wurde Europameister. Sein größter Tag aber kam bei den ersten Leichtathletik-Weltmeisterschaften 1983 in Helsinki. Er gewann den Hindernislauf in 8:15,06 Min. vor dem Polen Boguslaw Maminski und wurde der erste Weltmeister im Hindernislauf. An den Olympischen Spielen 1984 in Los Angeles konnte Patriz Ilg wegen einer Erkrankung nicht teilnehmen.

Am 13. Juli 1985 lief Patriz Ilg in Emmendingen mit 5:25,8 Min. einen neuen deutschen Rekord über 2000 m Hindernis. Bei den Europameisterschaften 1986 in Stuttgart war der Italiener Francesco Panetta schon 20 Meter enteilt, als Patriz Ilg und Hagen Melzer aus der DDR die Verfolgung aufnahmen. Auf der Zielgeraden kam es zu einem spannenden Spurt zwischen den Dreien, den Hagen Melzer vor dem Italiener und Patriz Ilg für sich entschied. Alle drei Läufer befanden sich innerhalb einer halben Sekunde. Hagen Melzer erklärte später: „Es war Patriz Ilg zu verdanken, dass wir noch herangekommen sind. Er hätte den Sieg auch verdient gehabt". Nach den für ihn enttäuschenden Weltmeisterschaften 1987 in Rom beendete Patriz Ilg seine Karriere.

Patriz Ilg arbeitet als Fachlehrer für Sport, Technik und Kunst an einer Grund- und Hauptschule in Schwabsberg/Kreis Aalen. Er wurde mit dem Georg von Opel-Preis ausgezeichnet.

Evelin Jahl

Evelin Jahl wurde am 28. März 1956 als Evelin Schlaak in Annaberg-Buchholz in Sachsen geboren. Nach dem Abitur begann sie ein Jura-Studium an der HU Berlin. Sie spezialisierte sich als Leichtathletin auf den Diskuswurf und startete für den ASK Vorwärts Potsdam. 1973 wurde sie mit neuem Junioren-Weltrekord von 60,00 m in Duisburg Junioren-Europameisterin. Im Vorfeld der Olympischen Spiele stellte sie am 10. Juli 1976 in Berlin mit 68,70 m einen neuen DDR-Rekord auf.

Bei den Olympischen Spielen 1976 in Montreal gewann die 20-jährige Evelin Schlaak mit neuem DDR-Rekord von 69,00 m die Goldmedaille. Dabei übertraf sie nicht nur die seit drei Jahren unbesiegte Russin Faina Melnik, sondern auch die hoch eingeschätzte Bulgarin Maria Wergowa. Sie heiratete den Kugelstoßer Norbert Jahl und führte von da an den Namen Jahl. Am 12. August 1978 entriss Evelin Jahl in Dresden Faina Melnik mit 70,72 m den Weltrekord. Drei Wochen später wurde sie in Prag Europameisterin. Am 10. Mai 1980 verbesserte Evelin Jahl in Potsdam ihren eigenen Weltrekord auf 71,50 m. Bei den Olympischen Spielen 1980 in Moskau wiederholte sie ihren Triumph von Montreal und gewann mit 69,96 m die Goldmedaille. Nach einer Verletzung beendete sie 1982 im Alter von nur 26 Jahren ihre Karriere.

Evelin Jahl schloss ihre Ausbildung als Dipl.-Juristin ab. Sie war Oberleutnant der NVA und arbeitete als Wirtschaftsberaterin in Potsdam. Nach ihrer Trennung von Norbert Jahl heiratete sie den Schwimmer Harald Herberg, von dem sie sich aber wieder scheiden ließ. In der DDR wurde sie mit dem Vaterländischen Verdienstorden in Gold und Silber ausgezeichnet. Sie ist Mitglied des Arbitration Panel der IAAF.

Bernd Kannenberg

Bernd Kannenberg wurde am 20. August 1942 in Königsberg/Ostpreußen geboren. Als die Russen in Königsberg einmarschierten, flüchtete die Familie Kannenberg nach Gotenhafen, um auf eines der Fahrgastschiffe der Deutschen Arbeitsfront zu kommen und so den Russen zu entfliehen. Es gelang ihnen, einen Platz auf der „Wilhelm Gustloff" zu bekommen. Am 30. Januar 1945 stach das Schiff mit 10.300 Personen in See. Vor der Küste Pommerns wurde das Schiff von einem sowjetischen U-Boot angegriffen und mit vier Torpedos versenkt. Bei dieser Schiffskatastrophe kamen etwa 9.000 Menschen ums Leben, darunter Bernd Kannenbergs Großmutter. Zu den 1.232 Überlebenden der Katastrophe gehörten Bernd Kannenberg und seine Cousine. Die Familie kam nach Ronneburg/Thüringen und siedelte 1955 von dort nach West-Berlin über. Ende der 60er-Jahre des vorigen Jahrhunderts zog die Familie nach Bayern.

Im Alter von 27 Jahren begann Bernd Kannenberg mit dem Gehen. Er stellte fünf Weltbestzeiten im Bahngehen auf. Am 27. Mai 1972 verbesserte Bernd Kannenberg die Weltbestzeit im 50-km-Gehen in Bremen auf 3:52:45 Std. und brachte sich damit in die Favoritenposition für die Olympischen Spiele in München. Bernd Kannenberg gelang es in München früh, sich mit dem sowjetischen Europameister Weniamin Soldatenko vom Feld abzusetzen. Als Soldatenko nach zwei Verwarnungen vorsichtiger und damit langsamer ging, setzte sich Bernd Kannenberg ab und ging zum umjubelten Olympiasieg. Bernd Kannenberg war Teil der legendären „goldenen Stunde" des 3. September. Innerhalb von einer Stunde gewannen die 800-m-Läuferin Hildegard Falck, der Speerwerfer Klaus Wolfermann und Bernd Kannenberg an diesem Tag eine olympische Goldmedaille.

Bei den Europameisterschaften 1974 in Rom belegte Bernd Kannenberg acht Sekunden hinter dem Sieger Wladimir Golubnitschi den zweiten Platz. Bernd Kannenberg litt in der restlichen

Zeit seiner Karriere an zahlreichen Verletzungen, die ihn, z.B. bei den Olympischen Spielen 1976 in Montreal beim 20-km-Gehen, häufig zur Aufgabe zwangen. 1978 beendete Bernd Kannenberg seine sportliche Laufbahn.

Er stellte in seiner aktiven Zeit 16 deutsche Rekorde im Bahn- und Straßengehen auf. 1974 wurde Bernd Kannenberg mit dem Rudolf-Harbig-Gedächtnispreis ausgezeichnet. Nach seiner aktiven Zeit war er als Bundestrainer der Geher tätig, gab diese Tätigkeit aber aus gesundheitlichen Gründen auf. Bernd Kannenberg starb am 13. Januar 2021, fast auf den Tag genau 76 Jahre nach dem Untergang der „Wilhelm Gustloff".

Carl Kaufmann

Carl Kaufmann wurde am 25. März 1936 im New Yorker Stadtteil Brooklyn als Sohn eines Tapezier- und Polstermeisters geboren. Als er sich mit seinen Eltern 1939 in Deutschland aufhielt, brach der Krieg aus. Seine Eltern blieben deshalb erst einmal in Deutschland. Obwohl sein Vater nach Kriegsende in die Staaten zurückkehren wollte, wurde ihnen dies von den amerikanischen Behörden verwehrt. Die Familie ließ sich deshalb in Karlsruhe nieder. Carl Kaufmann startete als 200-m- und 400-m-Läufer zunächst für den Karlsruher Turnverein von 1848, später für den Karlsruher SC. Als 19-Jähriger Jungspund gewann er 1955 den Titel eines Deutschen Meisters über 200 m. 1958 wechselte er auf die 400-m-Stecke. An den Olympischen Spielen 1956 in Melbourne konnte er verletzungsbedingt nicht teilnehmen. Bei den Europameisterschaften 1958 in Stockholm belegte er zeitgleich mit Karl-Friedrich Haas, den er bei den Deutschen Meisterschaften geschlagen hatte, den vierten Platz. Erfolgreicher war er mit der 4 x 400-m-Staffel, die in der Besetzung Kaufmann, Poerschke, Kaiser und Haas die Silbermedaille gewann. Beim Leichtathletik-Länderkampf Deutschland-Polen stellte Carl Kaufmann am 19. September 1959 nicht nur einen neuen deutschen Rekord auf, sondern lief mit 45,8 Sek. sogar Europarekord. Mit dieser Zeit brach er den 20 Jahre alten Europarekord von Rudolf Harbig. Am 15. Juni 1960 verbesserte er den Europarekord ebenfalls in Köln auf 45,7 Sek. Fünf Wochen später bei den Deutschen Meisterschaften in Berlin steigerte er den Europarekord auf 45,4 Sek. Mit diesem Lauf katapultierte er sich in die Rolle eines Mitfavoriten bei den Olympischen Spielen, da seine Zeit nur noch zwei Zehntelsekunden über dem Weltrekord lag.

Bei den Olympischen Spielen in Rom zeigte Carl Kaufmann bei seinen Siegen in den Ausscheidungsrennen, dass er zu den Besten zählte. Im Finale lagen Carl Kaufmann und der Amerikaner Otis Davis nach 200 m gleichauf. Durch die Zielkurve ging Otis Davis mit gewaltigem Speed und bog mit drei Zehntelsekunden Vorsprung vor dem Südafrikaner Mal Spence und Carl Kaufmann auf die Zielgerade ein. Während Mal Spence auf der Zielgeraden zurückfiel, kam Carl Kaufmann auf der Innenbahn Otis Davis immer näher. Als Otis Davis erkannte, wie nah Carl Kaufmann sich ihm genähert hatte, schaute er entsetzt auf die Innenbahn. Carl Kaufmann warf sich mit weiter Vorlage ins Ziel. Für beide Läufer blieben die Uhren bei dem neuen phantastischen Weltrekord von 44,9 Sek. stehen. Das Zielfoto wies Otis Davis knapp als Sieger aus. Zwei Tage später kam es in der 4 x 400-m-Staffel erneut zum Duell zwischen diesen beiden Giganten. In Weltrekordzeit siegte die amerikanische Staffel vor der in der Besetzung Reske, Kinder, Kaiser und Kaufmann Europarekord laufenden deutschen Staffel. Auch in diesem Rennen bewies Carl Kaufmann, dass er Otis Davis ebenbürtig war, denn Carl Kaufmann war mit seiner Einzelzeit schneller als Otis Davis.

In den folgenden Jahren kam Carl Kaufmann nicht mehr an diese Leistungen heran. Für die 4 x 400-m-Staffel bei der Europameisterschaft 1962 in Prag wurde er schon nicht mehr berücksichtigt. Er konzentrierte sich jetzt mehr auf seine Ausbildung als Opernsänger und das Sportexamen an der Technischen Hochschule in Karlsruhe. 1964 beendete Carl Kaufmann seine Karriere, 1967 gründete er in Karlsruhe das Kellertheater „Die Käuze", das er bis zu seinem Tode leitete. Seine Tochter Larissa wurde badische Meisterin im Sprint. Am 1. September 2008 erlag Carl Kaufmann einem Krebsleiden. Seit 2015 ist in Karlsruhe das Stadion hinter der Europahalle nach Carl Kaufmann benannt.

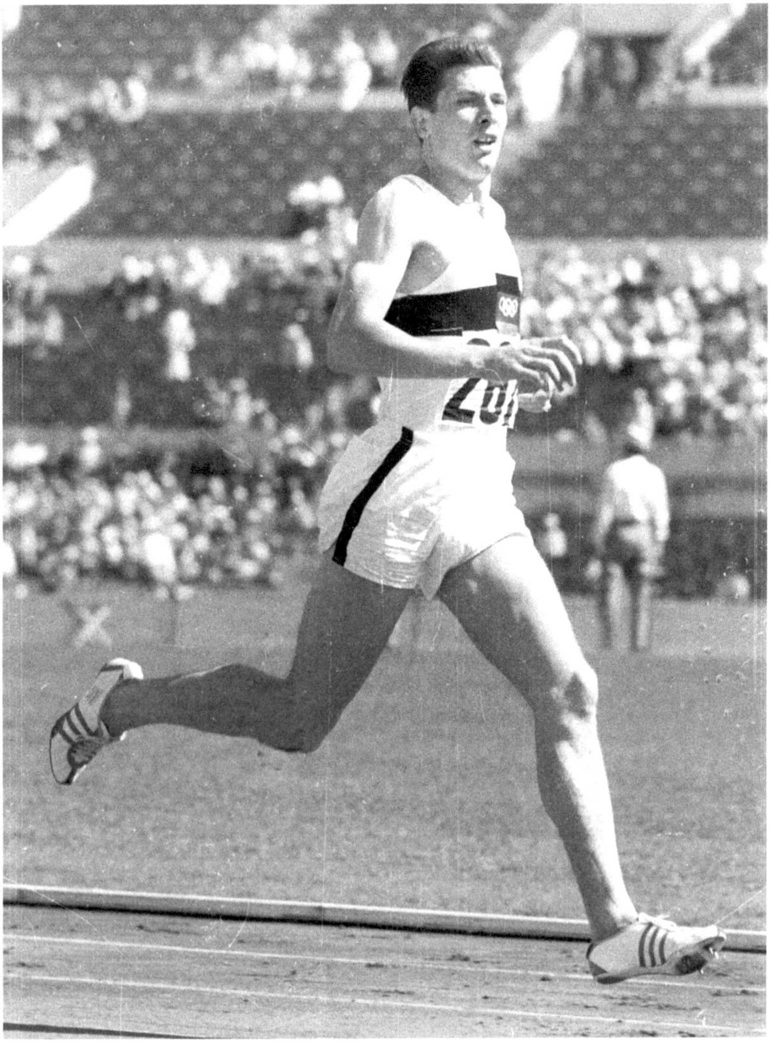

Carl Kaufmann bei den Olympischen Spielen in Rom 1960

Niklas Kaul

Niklas Kaul wurde am 11. Februar 1998 in Mainz geboren. Er begann mit der Leichtathletik beim TuS Saulheim und spezialisierte sich auf den Mehrkampf und den Speerwurf. Bei den Halleschen Werfertagen 2015 warf Niklas Kaul mit dem 700-g-Speer 83,94 m und verbesserte die deutsche U 18-Bestleistung um mehr als sieben Meter. Im selben Jahr wurde er in Cali U 18-Weltmeister im Zehnkampf und Vizeweltmeister im Speerwurf. 2016 gewann er den Zehnkampf-Titel bei den U 20-Weltmeisterschaften in Bydgoszcz. Ein Jahr später wurde er in Grosseto U 20-Europameister im Zehnkampf. Dabei verbesserte er den 35 Jahre alten U 20-Weltrekord des DDR-Zehnkämpfers Torsten Voss von 8387 P. auf 8435 P.

Für die Europameisterschaften 2018 in Berlin wurde Niklas Kaul wegen des verletzungsbedingten Ausfalls von Kai Kaczmirek nachnominiert. In Berlin belegte der 20-Jährige den vierten Platz. 2019 wurde Niklas Kaul im schwedischen Gävle mit neuem Meisterschaftsrekord von 8572 P. U 23-Europameister. Die beste Leistung zeigte er bei den Weltmeisterschaften in Doha, als er mit 8691 P. überraschend den Weltmeister-Titel gewann. Dabei profitierte er allerdings vom verletzungsbedingten Ausfall des Weltrekordlers Kevin Mayer aus Frankreich. Am Ende des Jahres wurde er zum Sportler des Jahres gewählt. Bei den Olympischen Spielen in Tokio lag Niklas Kaul nach vier Disziplinen und zwei Bestleistungen auf Medaillenkurs, als er sich beim Hochsprung eine Sprunggelenks-Quetschung zuzog und den Wettkampf beenden musste.

Marita Koch

Marita Koch wurde am 18. Februar 1957 in Wismar geboren. Sie spielte zunächst Handball und wandte sich 1972 der Leichtathletik zu. Sie startete für den SC Empor Rostock unter dem Trainer Wolfgang Meier und lief auf den Sprintstrecken bis 400 m. Wegen eines Muskelrisses konnte sie 1976 nicht an den Olympischen Spielen in Montreal teilnehmen. Ins Rampenlicht trat sie 1977 beim Weltcup in Düsseldorf, als sie der großen Polin Irina Szewinska ein mitreißendes Duell lieferte. Auch wenn sie unterlag, war von diesem Zeitpunkt an klar, wer künftig die Stadionrunde beherrschen würde.

Ein Jahr später stellte sie am 28. Mai in Erfurt mit 22,06 Sek. einen neuen Weltrekord über 200 m auf, den sie eine Woche später in Leipzig auf 22,02 Sek. verbesserte. Bei den Europameisterschaften 1978 in Prag gewann sie in neuer Weltrekordzeit von 48,94 Sek. den Titel über 400 m. Irina Szewinska hatte dieses Mal keine Chance mehr und wurde Dritte. Auch mit der 4 x 400-m-Staffel gewann Marita Koch die Goldmedaille. Am 10. Juni 1979 verbesserte sie in Karl-Marx-Stadt, heute Chemnitz, den Weltrekord über 200 m auf 21,71 Sek.

1980 bei den Olympischen Spielen in Moskau gewann sie die Goldmedaille über 400 m. In der 4 x 400-m-Staffel konnte sie trotz einer grandiosen Schlussrunde den Sieg der sowjetischen Staffel nicht verhindern. Mit zwei Zehntelsekunden Rückstand gewann die DDR die Silbermedaille. Bei den Europameisterschaften 1982 in Athen wiederholte Marita Koch mit ihren Siegen über 400 m in Weltrekordzeit von 48,16 Sek. und mit der 4 x 400-m-Staffel, die ebenfalls Weltrekord lief, ihr Meisterstück von 1978.

Ihre Goldmedaille von 1980 wurde noch übertroffen von ihren Leistungen bei den 1. Leichtathletik-Weltmeisterschaften 1983 in Helsinki. Sie gewann den Titel über 200 m in 22,13 Sek. Über 100 m wurde sie in 11,02 Sek. Zweite hinter Marlies Göhr. Weitere Titel gewann sie mit der 4 x 100-m-Staffel und der 4 x 400-m-Staffel. 1984 wurde sie Opfer des Olympiaboykotts der Spiele in Los Angeles durch die DDR. Bei den Hallen-Weltmeisterschaften 1985 in Paris gewann sie den Titel über 200 m. Am 6. Oktober 1985 verbesserte Marita Koch beim Weltcup in Canberra den Weltrekord über 400 m auf 47,60 Sek., eine Zeit, die auch heute noch als Weltrekord Bestand hat. 1986 gewann sie bei den Europameisterschaften in Stuttgart den Titel über 400 m und mit der 4 x 400-m-Staffel.

1987 beendete Marita Koch ihre Karriere und heiratete ihren Trainer Wolfgang Meier. Sie war 19-mal DDR-Meisterin und erzielte 22 Weltrekorde. Sie studierte Medizin an der Wilhelm-Pieck-Universität in Rostock. 1989 brach sie ihr Studium ab und eröffnete ein Sportgeschäft in Rostock. Seit 2000 betreibt sie auch ein Modegeschäft in Rostock.

Marita Koch war dreimal Weltsportlerin des Jahres und fünfmal DDR-Sportlerin des Jahres. Sie wurde mit dem Vaterländischen Verdienstorden in Gold, Silber und Bronze und dem Großen Stern der Völkerfreundschaft ausgezeichnet. Sie ist Ehrenbürgerin der Stadt Wismar.

Helmut Körnig

Helmut Körnig wurde am 12. September 1905 in Glogau/Schlesien geboren. Er begann als Fußballspieler und wechselte dann zur Leichtathletik. Er startete für den VfR Schlesien Breslau und nach seiner Übersiedlung nach Berlin für den SCC Berlin. Am 29. August 1926 stellte Helmut Körnig in Halle den Weltrekord über 100 mit 10,4 Sek. ein. 14 Tage später egalisierte er in Brieg diesen Weltrekord erneut. Am 6. Februar 1927 lief Helmut Körnig in Breslau gleich zweimal mit 6,7 Sek. einen neuen Weltrekord über 60 m. Einen Monat später verbesserte er in Stuttgart diesen Weltrekord auf 6,6 Sek. Dem fügte er am 7. März 1928 in Berlin mit 6,2 Sek. den Weltrekord über 60 y hinzu.

Bei den Olympischen Spielen 1928 in Amsterdam gewann Helmut Körnig die Bronzemedaille über 200 m. Mit der 4 x 100-m-Staffel erlief er mit Hubert Houben, Georg Lammers und Richards Corts die Silbermedaille. Eine Woche nach den Spielen rannte Helmut Körnig auf einer geraden 200-m-Bahn mit 20,9 Sek. einen neuen Europarekord, der bis 1954 Bestand hatte.

Am 22. Februar 1931 lief Helmut Körnig in Nürnberg 50 m in 5,6 Sek. Am 14. Juni 1932 stellte die deutsche 4 x 100-m-Staffel in der Besetzung Helmut Körnig, Georg Lammers, Erich Borchmeyer und Arthur Jonath in Kassel mit 40,6 Sek. einen neuen Weltrekord auf und reiste als Favorit zu den Olympischen Spielen nach Los Angeles. Dort unterlagen sie allerdings den Amerikanern, die den Weltrekord um sechs Zehntelsekunden verbesserten. Die deutsche Staffel, die Georg Lammers durch Friedrich Hendrix ersetzen musste, gewann immerhin die Silbermedaille. Infolge einer Typhus-Erkrankung beendete Helmut Körnig 1934 seine Karriere.

Der promovierte Jurist arbeitete als Redakteur beim Berliner Tageblatt und als Regieassistent bei der UFA. Nach dem Krieg fand er eine Anstellung bei der Britischen Militärregierung in Westfalen und zog nach Dortmund. Von 1953 bis zu seinem Tod am 5. März 1973 war er Vorstand und später Geschäftsführer der Westfalenhalle. Die hinter der Westfalenhalle unter seiner Regie errichtete Leichtathletikhalle trägt seinen Namen.

Katrin Krabbe

Katrin Krabbe wurde am 22. November 1969 in Neubrandenburg geboren. Sie fing mit zwölf Jahren mit der Leichtathletik beim SC Neubrandenburg an. Von dieser Zeit an war Thomas Springstein ihr Trainer. Im Alter von 16 Jahren wurde sie bei den Junioren-Weltmeisterschaften 1986 in Athen Dritte über 200 m, Vierte über 100 m und Zweite mit der 4 x 100-m-Staffel der DDR. Ein Jahr später wurde sie Junioren-Europameisterin mit der 4 x 100-m-Staffel. Noch erfolgreicher war die 18-jährige Katrin Krabbe bei den Junioren-Weltmeisterschaften 1988 in Greater Sudbury/Kanada, als sie über 200 m und mit der 4 x 100-m-Staffel den Titel gewann und über 100 m Zweite wurde. Im Vorfeld der Junioren-Weltmeisterschaften stellte sie am 24. Juli in Ost-Berlin mit 10,89 Sek. einen neuen Junioren-Weltrekord auf. Zugleich qualifizierte sie sich für die Olympischen Spiele in Seoul, bei denen sie über 200 m im Halbfinale ausschied.

Bei den Europameisterschaften 1990 in Split gewann sie drei Goldmedaillen. Über 100 m stellte sie ihre persönliche Bestzeit mit 10,89 Sek. ein und gewann mit 21 Hundertstelsekunden vor Silke Möller. Auch über 200 m lief sie mit 21,95 Sek. eine persönliche Bestzeit und errang ihre zweite Goldmedaille. Über 4 x 100 m führte Katrin Krabbe die DDR-Staffel zum Sieg und erlief sich damit ihre dritte Goldmedaille.

Ihr großes Jahr kam 1991. Bei den Weltmeisterschaften in Tokio gewann sie vier Medaillen. Über 100 m siegte sie mit 10,99 Sek. vor der Amerikanerin Gwen Torrence und der Jamaikanerin Merlene Ottey. Die gleiche Reihenfolge gab es über 200 m. Hier siegte Katrin Krabbe in 22,09 Sek. Mit der 4 x 100-m-Staffel und der 4 x 400-m-Staffel errang sie jeweils die Bronzemedaille. Im selben Jahr wählten sie die Sportjournalisten zur deutschen Sportlerin des Jahres und zu Europas Sportlerin des Jahres. Sie wurde darüber hinaus zur Welt-Leichtathletin des Jahres gekürt.

Nach zwei positiven Doping-Proben in Zinnowitz nach der Einnahme von Clenbuterol und der angeblichen Manipulation von Urinproben im Trainingslager im südafrikanischen Stellenbosch wurde sie zunächst vom DLV und der IAAF freigesprochen, dann wegen Medikamentenmissbrauchs für ein Jahr gesperrt. Die IAAF sperrte sie noch einmal zusätzlich für zwei Jahre bis zum August 1995. Als ein Comeback-Versuch nach dieser Sperre scheiterte, beendete Katrin Krabbe ihre Karriere. Sie verklagte den Deutschen Leichtathletik-Verband und die IAAF wegen Eingriffs in die Berufsfreiheit auf Schadensersatz. Die Klage gegen den DLV wies der Bundesgerichtshof im Juni 1997 ab und entschied, dass der DLV die Sperre zu Recht verhängt hatte. Der Klage gegen die IAAF gab das Landgericht München wegen entgangener Start- und Siegprämien und entgangener Sponsorengelder statt. Vor dem Oberlandesgericht

München verglich sich Katrin Krabbe mit der IAAF auf eine Schadensersatzzahlung von 1,2 Millionen DM zuzüglich 4 % Zinsen. Mit diesen beiden Verfahren hat Katrin Krabbe Sportrechtsgeschichte geschrieben.

Im selben Jahr heiratete sie den Rechtsanwalt und ehemaligen Ruderer Michael Zimmermann und führte fortan den Doppelnamen Krabbe-Zimmermann. Sie eröffnete mit ihrem früheren Verlobten, dem Kanuten Torsten Krenz, in Neubrandenburg ein Sportgeschäft. Im Zusammenhang mit der Schadensersatzzahlung verurteilte das Amtsgericht Neubrandenburg Katrin Krabbe wegen Steuerhinterziehung zu einer Geldstrafe. Die nachzuzahlende Steuer und die Geldstrafe führten zu Katrin Krabbes Privatinsolvenz. Seitdem arbeitet sie im Kundenservice eines Autohauses. Im Jahr 2015 nahm sich Michael Zimmermann das Leben. 2018/19 machte sie noch einmal Schlagzeilen durch eine kurzfristige Liaison mit dem Vizepräsidenten des deutschen Handball-Bundes Bob Hanning.

Guido Kratschmer

Guido Kratschmer wurde am 10. Januar 1953 auf dem Klotzenhof in Großheubach im unterfränkischen Miltenberg geboren. Er war ein guter Hürdenläufer und Zehnkämpfer. Guido Kratschmer startete während seiner gesamten Karriere für den USC Mainz. Auf sich aufmerksam machte er erstmalig bei den Europameisterschaften 1974 in Rom. Hinter dem Polen Ryszard Skowronek und dem Franzosen Yves Le Roy gewann er die Bronzemedaille im Zehnkampf. Dabei hatte er bis zum Stabhochsprung sogar in Führung gelegen. In dieser Disziplin waren Skowronnek mit 5,10 m und Le Roy mit 4,65 m deutlich besser als Guido Kratschmer, der 4,20 m sprang.

Am 1. Februar 1976 stellte er in der Halle in Berlin mit 5724 P. einen Weltrekord im Siebenkampf auf. Im Mai verbesserte er in Götzis/Vorarlberg den deutschen Rekord im Zehnkampf auf

8381 P. Bei den Olympischen Spielen 1976 in Montreal bot er dem favorisierten Amerikaner Bruce Jenner ein mitreißendes Duell. Am Ende musste er sich der Klasse des Amerikaners beugen und gewann die Silbermedaille. Dabei verbesserte er erneut den deutschen Rekord auf 8411 P. Am 29. Januar 1978 steigerte er seinen eigenen Weltrekord im Siebenkampf in Berlin auf 5860 P. Im Juli 1978 gelang Guido Kratschmer in Bernhausen mit 8498 P. ein neuer Europarekord. Bei den Europameisterschaften in Prag musste Guido Kratschmer nach wenigen Metern des 100-m-Laufes aufgeben, weil er sich bei den Deutschen Meisterschaften eine Adduktorenverletzung zugezogen hatte, die jetzt wieder aufbrach.

1980 musste Guido Kratschmer fassungslos zur Kenntnis nehmen, dass das Nationale Olympische Komitee beschlossen hatte, die Olympischen Spiele in Moskau wegen des Einmarschs der Sowjets in Afghanistan zu boykottieren. Jahrelanges Training auf die beiden Tage des Zehnkampfes hin war umsonst. Wenige Wochen nach dem Boykottbeschluss stellte Guido Kratschmer im Juni 1980 mit 8649 P. einen neuen Weltrekord im Zehnkampf auf. Der Brite Daley Thompson gewann in Moskau die Goldmedaille im Zehnkampf mit 8495 P. Guido Kratschmer hatte immerhin bewiesen, dass beim Kampf um die Zehnkampf-Goldmedaille an ihm kein Weg vorbeigeführt hätte. Am Jahresende wählten ihn die westdeutschen Sportjournalisten zum Sportler des Jahres.

Bei den Europameisterschaften 1982 in Athen war Guido Kratschmer nicht im Vollbesitz seiner Kräfte und belegte mit 8016 P. den 9. Platz. Den gleichen Platz erreichte er bei den Weltmeisterschaften in Helsinki 1983. Wesentlich stärker präsentierte er sich bei den Olympischen Spielen 1984 in Los Angeles. Er erreichte mit 8326 P. den vierten Platz. Die neuen Zehnkampf-Stars Thompson, Hingsen und Wentz waren aber zu stark für ihn. Bei den Europameisterschaften 1986 in Stuttgart zog er sich beim Weitsprung eine Oberschenkelverletzung zu und musste aufgeben. Als 1988 bei den Deutschen Meisterschaften im 100-m-Lauf eine Achillessehne riss, beendete er seine Karriere.

Guido Kratschmer war sechsmal deutscher Meister im Zehnkampf und einmal im Hürdenlauf. Er wurde mit dem Rudolf-Harbig-Gedächtnispreis ausgezeichnet. Der gelernte Landwirt Kratschmer machte auf dem zweiten Bildungsweg das Abitur nach und studierte für das Lehramt Sport und Biologie. Er ging jedoch nicht in den Schuldienst, sondern bewirtschaftet seinen Bauernhof. In Großheubach ist eine Sporthalle nach ihm benannt.

Gesa Felicitas Krause

Gesa Felicitas Krause wurde am 3. August 1992 in Ehringshausen im Lahn-Dill-Kreis geboren. Als Achtjährige begann sie mit der Leichtathletik. Gesa Krause startete zunächst für den TV 1843 Dillenburg. Mit 16 ging sie ins Sportinternat der Carl-von-Weinberg-Schule in Frankfurt und wechselte zu Eintracht Frankfurt. Seit 2017 startet sie für den Verein Silvesterlauf Trier. Sie spezialisierte sich auf die Hindernisstrecke. 2011 wurde sie in Tallin U 20-Europameisterin und qualifizierte sich für die Weltmeisterschaften in Daegu, wo sie mit neuem U 20-Europarekord Achte wurde. Bei den Europameisterschaften 2012 in Helsinki wurde sie Dritte. Bei den Olympischen Spielen in London belegte sie im selben Jahr den achten Platz. Ein Jahr später wurde sie in Tampere U 23-Europameisterin. Bei den Weltmeisterschaften 2015 in Peking überraschte sie die Fachwelt, als sie nur knapp geschlagen den dritten Platz belegte. Diese Leistung bestätigte sie bei ihrem Sieg bei den Europameisterschaften 2016 in Amsterdam. Bei den Olympischen Spielen in Rio de Janeiro lief sie mit 9:18,41 Min. im Finale einen neuen deutschen Rekord. Diese Leistung brachte ihr den sechsten Platz.

2017 zählte sie bei den Weltmeisterschaften in London zu den Mitfavoritinnen, wurde jedoch von einer vor ihr laufenden und stürzenden Läuferin zu Fall gebracht, gegen den Knöchel getreten und erhielt einen Schlag gegen den Kopf. Obwohl sie chancenlos war, lief sie weiter und machte im Ziel keinem einen Vorwurf. Mit dieser Haltung steigerte sie ihre ohnehin schon hohen Sympathiewerte. Nicht überraschend wurde sie bei der Wahl zur Sportlerin des Jahres Preisträgerin für Vorbilder im Sport. Beim ISTAF in Berlin verbesserte sie ihren eigenen deutschen Rekord auf 9:11,85 Min. 2018 gewann sie in Berlin erneut den Europameister-Titel im Hindernislauf. Am 1. September 2019 stellte sie in Berlin mit 5:52,80 Min. einen neuen Weltrekord auf der im Erwachsenenbereich selten gelaufenen 2000 m Hindernis-Strecke auf. Bei den Weltmeisterschaften in Doha wurde Gesa Felicitas Krause mit neuem deutschem Rekord von 9:03,30 Min. erneut Dritte. Bei den Olympischen Spielen in Tokio hoffte sie auf eine erste Olympia-Medaille. Im Finalrennen verpasste sie den Anschluss, als die Amerikanerin Frerichs das Tempo entscheidend verschärfte. Schließlich wurde Gesa Felicitas Krause Fünfte, ihre beste Olympia-Platzierung. Sie will bis zu den Olympischen Spielen in Paris weitermachen.

Astrid Kumbernuss

Astrid Kumbernuss wurde am 5. Februar 1970 in Grevesmühlen im Landkreis Nordwestmecklenburg geboren. Mit 10 Jahren kam sie zur Leichtathletik und startete für die BSG Lokomotive Waren. 1983 wechselte sie zum SC Neubrandenburg. Sie begann ihre Karriere als Mehrkämpferin. In den Einzeldisziplinen spezialisierte sie sich auf den Diskuswurf und das Kugelstoßen. Bei den Junioren-Weltmeisterschaften 1988 gewann sie im Diskuswurf die Silbermedaille. Ein Jahr später bei den Junioren-Europameisterschaften im jugoslawischen Varadzin gewann sie die Goldmedaille im Diskuswurf und Kugelstoßen. Dann folgte sie dem Rat ihres Trainers Dieter Kollark und setzte nur noch auf die Karte Kugelstoßen. Ins Rampenlicht trat sie, als sie bei den Europameisterschaften 1990 in Split mit 20,38 m die Weltrekordlerin Natalja Lissowskaja bezwang und mit 20 Jahren den Europameister-Titel gewann. 1991 und 1992 stoppten sie eine Handverletzung und ein Kreuzbandriss im Knie. Während ihr Auftritt bei den Weltmeisterschaften 1993 in Stuttgart mit einem 6. Platz eher misslang, kam sie bei den Hallen-Europameisterschaften 1994 in Paris wieder in die Spur. Sie gewann mit 19,44 m den Titel. Diese 19,44 m erzielte sie auch bei den Freiluft-Europameisterschaften 1994 in Helsinki. Dieses Mal reichte die Weite aber nur zur Silbermedaille hinter der Ukrainerin Wita Pawlitsch.

Ihr Durchbruch kam bei den Weltmeisterschaften 1995 in Göteborg. Sie stieß die Kugel über 21 Meter und gewann mit der persönlichen Bestleistung von 21,22 m den Titel. Nach ihrem Sieg bei den Hallen-Europameisterschaften 1996 in Stockholm zeigte sie bei den Olympischen Spielen 1996 in Atlanta, dass sie die beste Kugelstoßerin der Welt war. Bereits im 1. Versuch gelang ihr ein Stoß auf 20,56 m, der für die Goldmedaille reichte, weil keine andere Athletin in Atlanta die 20-m-Marke übertreffen konnte. 1997 verteidigte sie bei den Weltmeisterschaften in Athen mit einem Stoß auf 20,71 m ihren Titel. Zuvor war sie bei den Hallen-Weltmeisterschaften in Paris Vizeweltmeisterin geworden. In diesem Jahr wählten die Sportjournalisten sie zur Sportlerin des Jahres. Sie wurde außerdem zu Europas Leichtathletin des Jahres gekürt. Bei den Welt-Titelkämpfen 1999 in Sevilla schlug sie erneut zu und gewann mit 19,85 m den Titel. Im Jahr 2000 nahm sie noch einmal an den Olympischen Spielen in Sydney teil. Obwohl ihre Leistungskurve inzwischen nach unten zeigte, reichte es noch einmal zum Gewinn der Bronzemedaille. Ihre letzte internationale Medaille gewann Astrid Kumbernuss 2003 mit Bronze bei den Hallen-Weltmeisterschaften in Birmingham. 2005 beendete sie ihre großartige Karriere. Ein Jahr später wurde ihr in Anerkennung ihrer Verdienste der Rudolf-Harbig-Gedächtnispreis verliehen.

Die gelernte Einzelhandelskauffrau arbeitet seit ihrem Rücktritt bei einer Krankenkasse und auch als Trainerin beim SC Neubrandenburg.

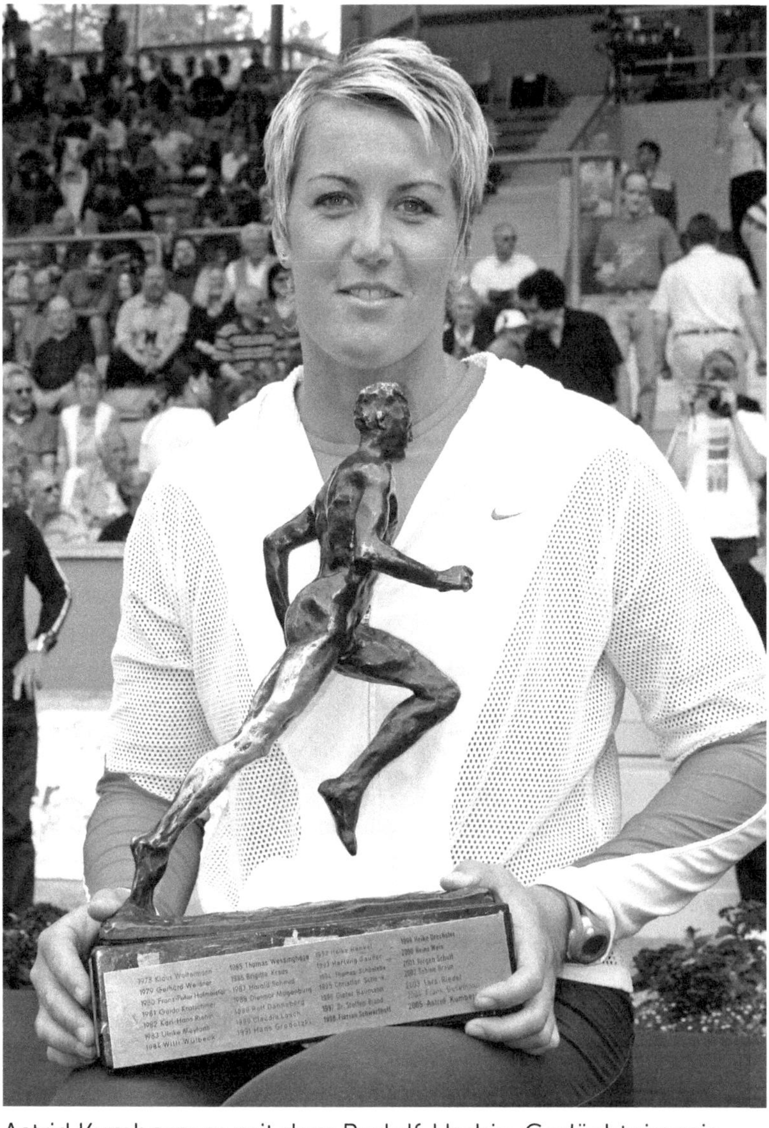

Astrid Kumbernuss mit dem Rudolf-Harbig-Gedächtnispreis

Martin Lauer

Martin Lauer wurde am 2. Januar 1937 in Köln geboren und startete in seiner aktiven Zeit für den ASV Köln. 1954 wurde er deutscher Jugendmeister über 110 m Hürden und im Fünfkampf. Ein Jahr später gewann er sogar fünf deutsche Meister-Titel in der A-Jugend über 100 m, 110 m Hürden, im Weitsprung, im Fünfkampf und mit seinen Staffelkameraden vom ASV Köln in der 4 x 100-m-Staffel. Am 22. September 1956 verbesserte der 19-Jährige beim Länderkampf Deutschland-Finnland den Europarekord über 110 m Hürden auf 13,9 Sek. Einen Tag später gehörte ihm mit 7201 P. auch der Deutsche Rekord im Zehnkampf. Mit diesen Leistungen qualifizierte sich Martin Lauer in diesen Disziplinen für die Olympischen Spiele in Melbourne. Auf Kosten seines Vereins begleitete ihn sein Vater zu den Spielen.

Bei den Spielen in Melbourne belegte er über 110 m Hürden hinter den drei siegreichen Amerikanern den vierten Platz. Im Zehnkampf lag Martin Lauer nach dem 1. Tag auf dem dritten Platz, wobei er im Kugelstoßen zwei Meter auf den Olympiasieger Milton Campbell verlor. Dafür war er der zweitbeste Hürdenläufer. Er büßte vor allem in den Wurfdisziplinen wichtige Punkte ein und belegte am Ende des 2. Wettkampftages den 5. Platz. Für einen 19-Jährigen waren ein vierter und ein fünfter Platz eine beachtliche Ausbeute. 1957 verbesserte Martin Lauer in Köln und Ludwigshafen zweimal den Europarekord über 110 m Hürden auf 13,7 Sek. Diesen Rekord stellte er 1958 dreimal ein. Bei den Europameisterschaften in Stockholm gewann er mit vier Zehntelsekunden Vorsprung den Titel und stellte dabei erneut den Europarekord ein.

Am 16. Mai 1959 verbesserte Martin Lauer in Zürich den Europarekord über 110 m Hürden auf 13,5 Sek. Zwei Monate später, am 7. Juli 1959, fand wiederum in Zürich das berühmte Abendsportfest statt. Martin Lauer nutzte die schnelle Bahn und das gute Wetter und steigerte im Duell mit dem Amerikaner Willy

May den Weltrekord über 110 m Hürden des Amerikaners Jack Davis um zwei Zehntelsekunden auf 13,2 Sek. Angesichts dieser Leistung, die die Fachwelt den Atem anhalten ließ, rückte Martin Lauer in die Favoritenrolle für die Olympischen Spiele in Rom. Willy May bat ihn um eine Revanche über die selten gelaufene 200 m Hürden-Strecke. Lauer willigte ein. Er besiegte den Amerikaner erneut und stellte mit 22,5 Sek. einen neuen Weltrekord auf. Am letzten August-Wochenende verbesserte Martin Lauer den deutschen Zehnkampf-Rekord in Düsseldorf auf 7955 P. Am Ende des Jahres wählten ihn die deutschen Sport-Journalisten zum Sportler des Jahres. Das amerikanische Leichtathletik-Magazin Track & Field News wählte ihn zum Leichtathleten des Jahres.

Im Vorfeld der Olympischen Spiele 1960 in Rom wurde Martin Lauer durch eine Knochenhautentzündung im Fußgelenk bei seiner Vorbereitung auf die Spiele behindert. Er verzich-

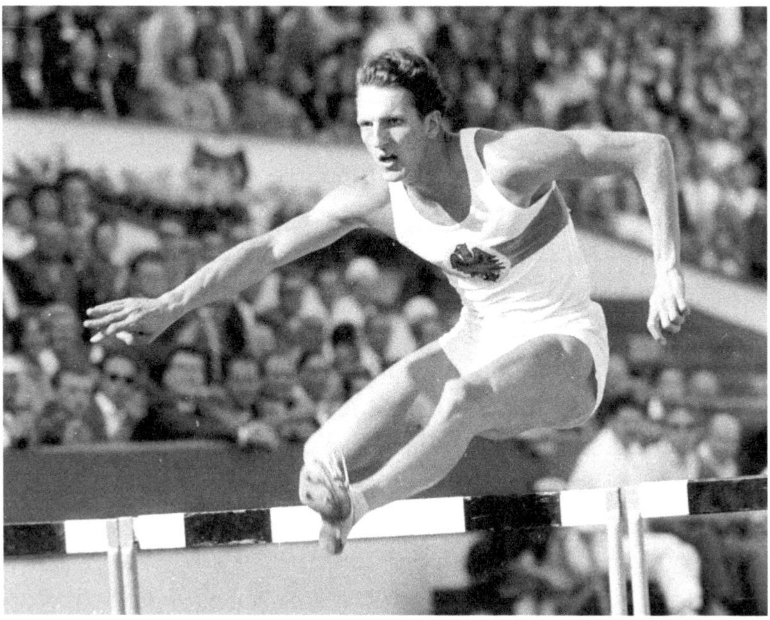

Martin Lauer beim Länderkampf Deutschland gegen Polen 1959 in Köln

tete deshalb auf einen Doppelstart über die 110 m Hürden und im Zehnkampf. In seiner Paradedisziplin lief es im Finale nicht so flüssig wie bei ihm gewohnt. Er trat in eine Hürde, verlor kurz den Rhythmus und verkrampfte. Mit für ihn indiskutablen 14,0 Sek. wurde er wie in Melbourne Vierter. Das Schicksal wendete sich jedoch noch einmal zu seinen Gunsten. Weil Manfred Germar in Rom infolge eines eitrigen Zahnes völlig außer Form war, rückte Martin Lauer als Schlussläufer in die 4 x 100-m-Staffel. Vor allem wegen eines herausragenden Laufes von Armin Hary auf der Gegengeraden lag die deutsche Staffel bei Übergabe des Staffelstabes an Martin Lauer in Führung. Dennoch konnte er den Vorsprung nicht ins Ziel bringen, weil er von dem Amerikaner Dave Sime mit einem grandiosen Schlussspurt im Ziel noch abgefangen wurde. Beide Staffeln liefen mit 39,5 Sek. Weltrekord. Die siegreiche amerikanische Staffel wurde jedoch wegen Überlaufens einer Wechselmarke disqualifiziert und Martin Lauer gewann doch noch eine Goldmedaille.

Wegen seiner Knochenhautentzündung wurden Lauer drei Spritzen verschrieben. Der in München Maschinenbau studierende Lauer ließ sich diese dort setzen. Später stellte sich heraus, dass eine der Spritzen nicht ausreichend sterilisiert war. Martin Lauer bekam eine Blutvergiftung, die beinahe die Amputation eines Beines zur Folge gehabt hätte. Es folgte ein fast einjähriger Krankenhaus-Aufenthalt und das damit verbundene Ende seiner Sportkarriere im Alter von 24 Jahren. Nach einem Besuch an seinem Krankenbett verunglückten seine damalige Verlobte und sein Bruder Alfred auf der Heimfahrt nach Köln auf der Autobahn bei Augsburg. Während seine Verlobte sofort tot war, überlebte Alfred Lauer, starb aber 12 Jahre später im Alter von 39 Jahren an den Folgen dieses Unfalls.

Um einen Teil der Behandlungskosten decken zu können, begann Martin Lauer noch im Krankenhaus Liedtexte zu komponieren und startete eine erfolgreiche Karriere als Schlagersänger. Er verkaufte insgesamt sechs Millionen Schallplatten und trat mit Showgrößen wie Udo Jürgens und Peter Alexander auf. Bei den Olympischen Spielen in München 1972 war er als Vertreter der Firma Junghans für die elektronische Zeitmessung verantwortlich. Außerdem war er Spezialist für die Natriumkühlung von Kernreaktoren und entwickelte den nie in Betrieb genommenen Schnellen Brüter in Kalkar mit. Ab 1977 lebte Martin Lauer mit seiner Familie in Lauf an der Pegnitz und war dort 33 Jahre 1. Vorsitzender der LG Lauf-Pegnitz. Martin Lauer starb am 6. Oktober 2019.

Luz Long

Carl Ludwig „Luz" Hermann Long wurde am 27. April 1913 als Sohn eines Apothekers in Leipzig geboren. Nach dem Abitur studierte er Jura in Leipzig. Luz Long startete als Leichtathlet für den Leipziger Sport-Club im Weit- und Dreisprung. 1933 gewann Luz Long mit dem neuen deutschen Rekord von 7,65 m den Titel eines Deutschen Meisters. Ein Jahr später verteidigte er mit 7,53 m den Titel. Bei den Europameisterschaften in Turin hätte diese Weite zum Sieg gereicht. Luz Long sprang aber für ihn enttäuschende 7,25 m weit und wurde Dritter. Den Titel gewann mit 7,45 m sein Landsmann Wilhelm Leichum. Das Olympiajahr wurde dann sein großes Jahr. Am 14. Juni 1936 verbesserte er bei einem Sportfest in Leipzig den Europarekord auf 7,81 m und qualifizierte sich für die Olympischen Spiele. Bei den Deutschen Meisterschaften in Berlin sprang er am 11. Juli noch einen Zentimeter weiter. Eine Woche vorher hatte er sich in Leipzig im Dreisprung auf 14,80 m verbessert.

Bei den Olympischen Spielen schaffte Luz Long die Qualifikationsweite von 7,15 m im 2. Versuch, der Weltrekordmann Jesse Owens erst im dritten Versuch. Den Wettkampf am 4. August begann Luz Long mit einem Sprung auf 7,54 m. Jesse Owens steigerte sich im 2. Versuch auf 7,87 m, Luz Long sprang mit 7,74 m auf den 2. Platz. Im dritten Versuch verbesserte Luz Long den Europarekord auf 7,84 m. Jesse Owens war der erste Gratulant. Im 4. Versuch verbesserte Luz Long mit 7,87 m erneut den Europarekord. Da er die bessere zweitbeste Weite hatte, übernahm er mit diesem Versuch die Führung. Das Stadion entwickelte sich zum Hexenkessel. Jesse Owens blieb gelassen und verdrängte mit einem Sprung auf 7,94 m Luz Long wieder vom 1. Platz. Während Luz Long sich nicht mehr steigern konnte, sprang Jesse Owens im letzten Versuch bei zu starkem Rückenwind 8,06 m. Während dieses dramatischen Wettkampfs freundeten sich Luz Long und Jesse Owens an. Luz Long gratulierte Jesse Owens als Erster. Owens erklärte: „You forced me to give my best." Nach der Siegerehrung verließen Long und Owens Arm in Arm das Stadion. Sie haben sich danach nie wiedergesehen. Luz Long startete auch im Dreisprung und belegte mit einer Weite von 14,62 m den 10. Platz.

Während der Vorbereitungen auf das erste Staatsexamen sprang Luz Long am 1. August 1937 beim ISTAF in Berlin mit 7,90 m einen neuen Europarekord. Das war zugleich Jahresweltbestleistung. Bei den Studentenweltmeisterschaften in Paris gewann er mit 7,68 m den Titel im Weitsprung.

Das Jahr 1938 begann am 1. Februar mit dem bestandenen ersten Staatsexamen. Seine Referendarzeit startete er beim Amtsgericht im sächsischen Zwenkau. Zugleich arbeitete er an seiner Doktorarbeit. Bei den Europameisterschaften 1938 in Paris wurde er erneut von Wilhelm Leichum geschlagen und hinter dem Italiener Arturo Maffei mit 7,56 m nur Dritter. Da er sich auf sein zweites Staatsexamen und die Fertigstellung seiner Doktorarbeit konzentrierte, blieb ihm im Jahr 1938 weniger Zeit fürs Training. Insoweit war der dritte Platz von Paris ein Erfolg. Am 21. Juli 1939 promovierte Luz Long mit dem Thema: „Die Leitung und Aufsicht des Sports durch den Staat. Eine entwicklungsgeschichtliche Darstellung" zum Dr. jur. 1940 zog Luz Long nach Hamburg, wo er seine Ausbildung als Gerichtsreferendar am Arbeitsgericht forsetzte. Am 1. April trat er der NSDAP bei. Im März 1941 legte er das Assessorexamen ab und wurde kurz danach zum Wehrdienst abkommandiert. Im Mai

1943 wurde seine Einheit nach Sizilien verlegt. Am 14. Juli 1943 wurde Luz Long bei einem Feuergefecht mit den Amerikanern in Biscari von einem Geschoss am Oberschenkel verletzt und starb noch am selben Tag am hohen Blutverlust.

An Luz Long erinnert u.a. im Olympiapark in München der Luz-Long-Weg.

Gisela Mauermayer

Gisela Mauermayer wurde am 24. November 1913 in München geboren. Sie begann 1926 mit der Leichtathletik und startete für den TV Nymphenburg München.

1934 stellte sie sowohl im Fünfkampf als auch im Kugelstoßen Weltrekorde auf. Da beide Disziplinen nicht zum Programm der Olympischen Spiele gehörten, konzentrierte sie sich auf das Diskuswerfen. Bei den Frauen-Weltspielen 1934 in London gewann sie das Kugelstoßen und mit neuem Weltrekord den Fünfkampf, im Diskuswurf wurde sie Zweite. In diesem Jahr wurde sie auch deutsche Meisterin im Schleuderballwurf. 1935 verbesserte sie achtmal den Weltrekord im Diskuswurf. Am 14. Juni und 11. Juli 1936 schraubte sie den Weltrekord über 47,99 m auf 48,31 m.

Bei den Olympischen Spielen in Berlin gelang ihr gleich im 1. Versuch ein Wurf auf 47,63 m. Weiter hatte bis dahin nur sie selbst geworfen. Zweite wurde die Polin Jadwiga Wajsowa mit 46,22 m. Die Bronzemedaillengewinnerin Paula Mollenhauer lag bereits mehr als sechs Meter zurück. 1938 bei den Leichtathletik-Europameisterschaften (die Frauenwettbewerbe fanden in Wien statt) gewann Gisela Mauermayer den Diskuswurf und wurde Zweite im Kugelstoßen. In diesem Jahr verbesserte sie in Stuttgart noch einmal den Weltrekord im Fünfkampf. 1942 beendete die zwanzigfache deutsche Meisterin ihre Karriere. Sie arbeitete ab 1938 als Sportlehrerin an einem Münchner Gymnasium.

Gisela Mauermayer war schon vor der „Machtergreifung" 1932 Mitglied der NSDAP geworden. Wegen dieser Nazi-Vergangenheit fand sie nach dem Ende des Krieges keine Anstellung als Lehrerin mehr. Sie studierte daraufhin Biologie, promovierte und war als Regierungsrätin von 1954 bis 1975 Leiterin der Bibliothek der Zoologischen Staatssammlung in München. Gisela Mauermayer war Mitglied des Nationalen Olympischen Komitees und Mitglied des Vorstandes der Stiftung Deutsche Sporthilfe. Sie erlag am 9. Januar 1995 einer Lungenembolie.

Ulrike Meyfarth

Ulrike Meyfarth wurde am 4. Mai 1956 in Frankfurt am Main als Tochter eines Maschinenbauingenieurs geboren. Später zog die Familie nach Wesseling. Ulrike Meyfarth entschloss sich, Hochspringerin zu werden, und startete für den TV Wesseling, die LG Rhein-Ville, den ASV Köln und Bayer Leverkusen.

Als 15-Jährige wurde die im neuartigen Fosbury-Stil springende Ulrike Meyfarth deutsche Vizemeisterin. Im Olympiajahr 1972 verbesserte sie den bundesdeutschen Rekord auf 1,84 m. Dennoch tauchte sie bei den Olympischen Spielen förmlich aus dem Nichts auf. Der Konkurrenz war die hochgewachsene 16-Jährige ebenso unbekannt wie der bundesdeutschen Öffentlichkeit.

Die Qualifikationshöhe von 1,76 m sprang sie locker im 1. Versuch. Im Finale sprang sie alle Höhen bis 1,88 m im 1. Versuch. Während alle Konkurrentinnen an der Höhe von 1,90 m scheiterten, überquerte Ulrike Meyfarth die Höhe im 2. Versuch. Das bedeutete bereits den Gewinn der Goldmedaille. Mit einem Sprung über 1,92 m stellte sie den Weltrekord der Österreicherin Ilona Gusenbauer ein. An der neuen Weltrekordhöhe von 1,94 m scheiterte sie dann dreimal. Das über das Mädchen hereinbrechende Medien-Interesse ließ sie nach dem Olympiasieg in eine sportliche Krise geraten. Bei den Europameisterschaften in Rom wurde sie Siebte und bei den Olympischen Spielen in Montreal 1976 scheiterte sie bereits in der Qualifikation. Bei den Europameisterschaften 1978 in Prag belegte sie den fünften Platz.

1980 wurde sie ein Opfer des Olympiaboykotts. Sie musste am Fernseher mitansehen, wie die Konkurrenz um Medaillen kämpfte. Die inzwischen 24-Jährige ließ den Kopf nicht hängen und wollte es nach dem Boykott noch einmal wissen. Bei den Europameisterschaften 1982 in Athen war Ulrike Meyfarth gegenüber den Vorjahren nicht wiederzuerkennen. Ebenso wie die italienische Olympiasiegerin Sara Simeoni und die 23-jährige Russin Tamara Bykowa übersprang Ulrike Meyfarth 1,97 m und hatte eine Medaille sicher. Ihre beiden Konkurrentinnen mussten erkennen, dass Ulrike Meyfarth an diesem Tag nicht zu schlagen war. Sie sprang mit 2,02 m Weltrekord und gewann den Titel. Zehn Jahre nach ihrem Triumph von München stand Ulrike Meyfarth auf dem Treppchen wieder ganz oben und zwar wie in München mit Weltrekord.

Bei den 1. Leichtathletik-Weltmeisterschaften 1983 in Helsinki griff Ulrike Meyfarth erneut in den Kampf um die Medaillen ein. Nur sie und Tamara Bykowa übersprangen die Höhe von 1,99 m. Tamara Bykowa überquerte auch 2,01 m und wurde Weltmeisterin vor Ulrike Meyfarth. Vierzehn Tage nach den Weltmeisterschaften stellte Ulrike Meyfarth bei einem Sportfest in London mit 2,03 m einen neuen Weltrekord auf. Im selben Jahr erhielt sie den Rudolf Harbig-Gedächtnis-Preis.

Bei den Olympischen Spielen 1984 in Los Angeles krönte Ulrike Meyfarth ihre große Karriere. Im Hochsprung-Wettbewerb sprang sie wie die Italienerin Sara Simeoni 2,00 m und hatte bereits die Silbermedaille sicher. Während Sara Simeoni an 2,02 m scheiterte, übersprang Ulrike Meyfarth die Höhe im 1. Versuch und gewann zwölf Jahre nach München erneut Olympia-Gold.

Ulrike Meyfarth wurde viermal Sportlerin des Jahres (1981–1984). Nach den Olympischen Spielen von Los Angeles been-

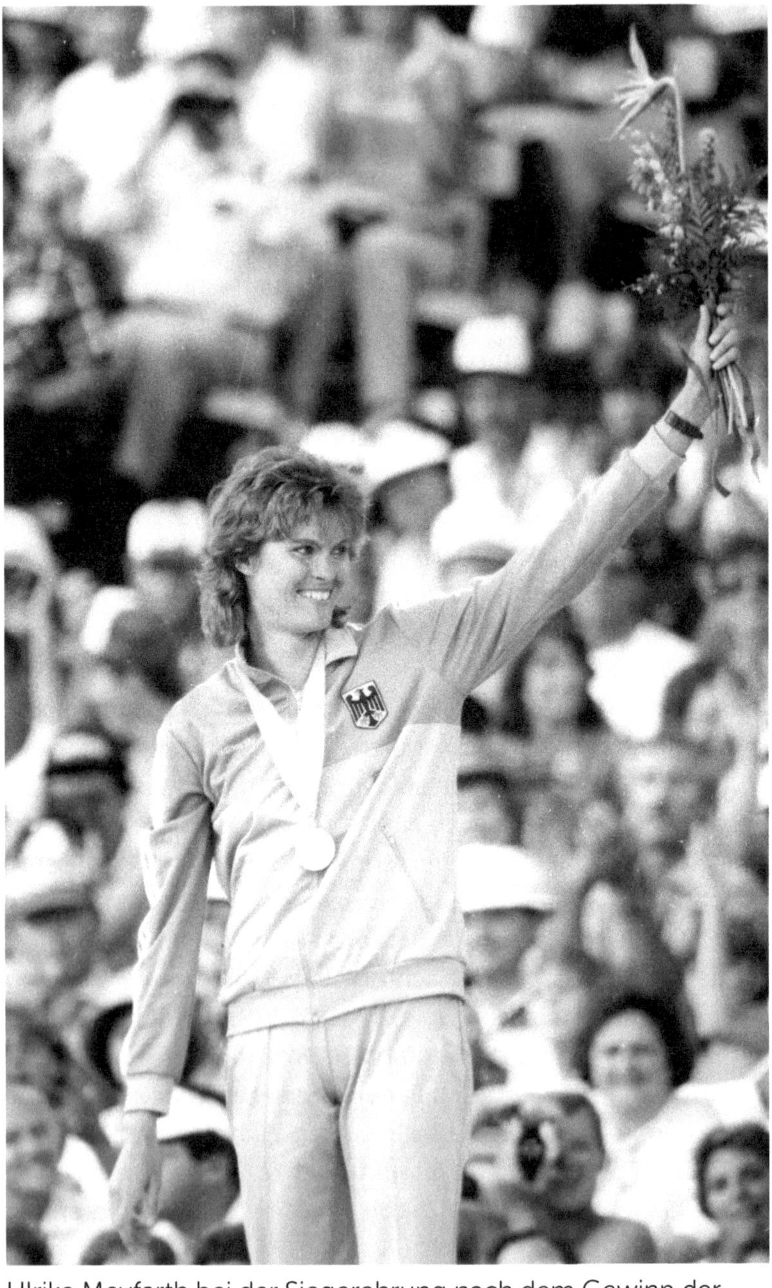

Ulrike Meyfarth bei der Siegerehrung nach dem Gewinn der Goldmedaille in Los Angeles 1984

dete sie ihre große Karriere. Sie heiratete den Kölner Rechtsanwalt Roland Nasse, führt seitdem den Namen Nasse-Meyfarth, und lebt mit ihrer Familie im Bergischen Land. Sie ist Diplom-Sportlehrerin und arbeitet seit 1997 bei Bayer Leverkusen als Trainerin.

Ingrid Mickler-Becker

Ingrid Becker wurde am 26. September 1942 in Geseke geboren. Ihr Vater fiel im II. Weltkrieg. Als 17-Jährige sprang sie 1960 1,69 m hoch und qualifizierte sich für die Olympischen Spiele in Rom. Dort belegte sie mit 1,65 m den 9. Platz. Am 21. Mai 1961 übersprang sie als erste Deutsche die 1,70-m-Marke. Wenig später überwand sie sogar 1,71 m. Bei den Europameisterschaften 1962 in Prag startete die 19-Jährige im Fünfkampf. Mit 4663 P. belegte sie den vierten Platz, nur 13 Punkte hinter der Bronzemedaille. Im selben Jahr verbesserte sie mit 6,25 m den deutschen Weitsprung-Rekord. Bei den Olympischen Spielen in Tokio startete Ingrid Becker im Weitsprung und im Fünfkampf. Nur zwei Zentimeter von der Bronzemedaille entfernt, wurde Ingrid Becker mit dem neuen deutschen Rekord von 6,40 m im Weitsprung Vierte, im Fünfkampf wurde sie Achte. Bei den Europameisterschaften 1966 in Budapest startete Ingrid Becker nur im Weitsprung und scheiterte mit für sie indiskutablen 5,94 m bereits in der Qualifikation. Bei einem Sportfest in Sofia sprang Ingrid Becker am 5. Juni 1967 als erste Deutsche mit 6,53 m über 6,50 m. Noch im selben Jahr verbesserte sie den deutschen Weitsprung-Rekord auf 6,63 m.

Ihre große Stunde kam am 16. Oktober 1968 im Fünfkampf. Bei den Olympischen Spielen in Mexiko City verletzte sich die Favoritin Heide Rosendahl bereits beim Aufwärmen für den 80-m-Hürdenlauf. Für Ingrid Becker ergab sich die Möglichkeit, in die Bresche zu springen. Mit 10,9 Sek. lief sie die zweitbeste Hürdenzeit. Beim Kugelstoßen fiel sie mit 11,48 m weit zurück. Mary Peters aus Großbritannien stieß die Kugel mit 15,09 m fast vier Meter weiter. Im Hochsprung überquerte Ingrid Becker 1,71 m. Keine andere Fünfkämpferin schaffte diese Leistung. Auch im Weitsprung sprang sie mit 6,43 m die größte Weite. Ihre überragenden Sprintqualitäten spielte Ingrid Becker im 200-m-Lauf aus, wo sie mit 23,5 Sek. das restliche Feld distanzierte. Mit 5098 P. wurde sie mit 132 P. Vorsprung Olympia-

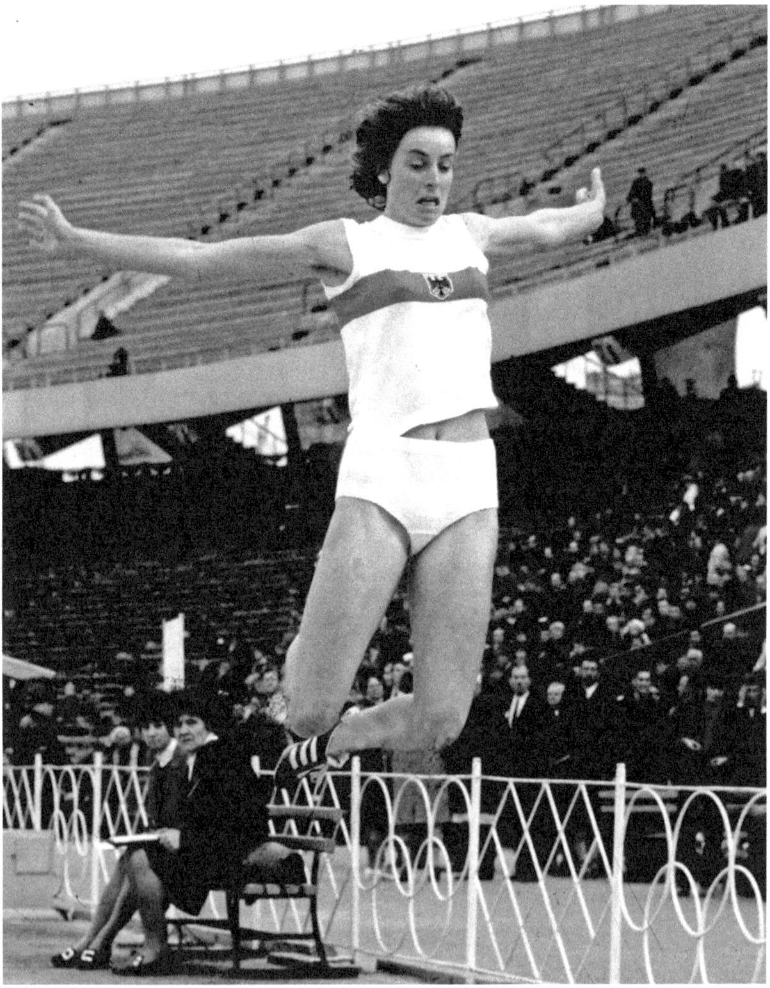

Ingrid Mickler-Becker in perfekter Haltung, 1971 in Kiew

siegerin im Fünfkampf. Im Weitsprung wurde sie mit 6,43 m Sechste, ebenso mit der 4 x 100-m-Staffel, die in 43,6 Sek. neuen deutschen Rekord lief.

Weil der 1967 in die Bundesrepublik geflüchtete ehemalige DDR-Mittelstreckler Jürgen May bei den Europameisterschaften 1969 in Athen nicht für die Bundesrepublik an den Start gehen durfte, boykottierten die bundesdeutschen Athleten aus Solidarität die Europameisterschaften. Man stellte nur Staffeln. In der Besetzung Bärbel Hähnle, Jutta Stöck, Rita Jahn und Ingrid Becker gewann die deutsche 4 x 100-m-Staffel die Silbermedaille. 1969 wurde Ingrid Becker der Rudolf-Harbig-Gedächtnispreis verliehen.

1971 kam für die inzwischen verheiratete Ingrid Mickler-Becker noch einmal ein großes Jahr. Bei den Europameisterschaften in Helsinki startete sie im Sprint und im Weitsprung. Fünf deutsche Läuferinnen, drei aus der Bundesrepublik und zwei aus der DDR, gingen im 100-m-Finale an den Start. Es siegte die spätere Doppel-Olympiasiegerin Renate Stecher vor Ingrid Mickler-Becker, Elfgard Schittenhelm und Inge Helten. Das Weitsprungfeld war mit der Weltrekordhalterin Heide Rosendahl, der ehemaligen Weltrekordlerin Viorica Viscopoleanu und der Silbermedaillengewinnerin von Tokio Irina Szewinska brillant besetzt. Bis zum letzten Versuch führte die Schweizerin Meta Antenen, die im ersten Versuch 6,73 m gesprungen war. Heide Rosendahl hatte zwar eine gute Serie von fünf Sprüngen zwischen 6,60 m und 6,70 m. Ingrid Mickler-Becker aber, die bis dahin auf dem dritten Platz gelegen hatte, verbesserte sich im 6. Versuch auf 6,76 m und wurde Europameisterin. Diesen schönen Erfolgen fügte sie noch ein Highlight hinzu. Die deutsche 4 x 100-m-Staffel lief in der Besetzung Schittenhelm, Helten, Irrgang und Mickler-Becker mit 43,3 Sek. neuen Europarekord und verwies die favorisierte DDR-Staffel auf den 2. Platz.

Bei den Olympischen Spielen in München, ihren vierten Olympischen Spielen, hatte Ingrid Mickler-Becker anscheinend ihren Leistungszenit bereits überschritten. Im 100-m-Lauf schied sie im Halbfinale aus, im Weitsprung scheiterte sie bereits in der Qualifikation. Ihr großer Auftritt aber kam am Schlusstag der Leichtathletik-Wettkämpfe in der 4 x 100-m-Staffel. Als zweite Läuferin lief Ingrid Mickler-Becker auf der Gegengeraden das Rennen ihres Lebens. Mit Vorsprung übergab sie den Staffelstab an Annegret Richter, die diesen Vorsprung in der Kurve hielt und in Führung liegend den Stab an die Schlussläuferin Heide Rosendahl übergab. Heide Rosendahl wehrte den Angriff der Doppel-Olympiasiegerin Renate Stecher als Schlussläuferin der DDR-Staffel ab und führte die bundesdeutsche Staffel in der Weltrekordzeit von 42,81 Sek. zum Sieg. Ingrid Mickler-Becker gewann somit noch einmal eine olympische Goldmedaille.

Ingrid Mickler-Becker wurde 1968 und 1971 Sportlerin des Jahres. Nach ihrer Karriere war Ingrid Mickler-Becker als Gymnasiallehrerin in Rheinland-Pfalz tätig. Mehrere Jahre verbrachte sie mit ihrem Ehemann, einem Diplom-Ingenieur, in den USA. Ab 1990 war sie für 18 Monate für die CDU Staatssekretärin im Sozialministerium von Rheinland-Pfalz, schied dann aber nach einem Machtwechsel aus dem Amt.

Malaika Mihambo

Malaika Mihambo wurde am 3. Februar 1994 in Heidelberg geboren. Sie begann im Alter von acht Jahren mit der Leichtathletik. Sie spezialisierte sich auf den Sprint und Weitsprung. Sie startet für den TSV Oftersheim in der LG Kurpfalz. 2013 wurde Malaika Mihambo in Rieti U 20-Europameisterin. 2014 sprang sie bei der Team-Europameisterschaft in Braunschweig 6,90 m, mit denen sie den Wettbewerb gewann. Bei den wenige Wochen später stattfindenden Europameisterschaften in Zürich scheiterte sie knapp an einer Medaille. Bei gleicher Weite mit der Russin Darja Klischina verfehlte sie die Bronzemedaille, weil die Russin den besseren zweiten Sprung hatte. 2015 gewann sie in Tallin den U23-Europameister-Titel.

Bei den Weltmeisterschaften 2015 in Peking belegte Malaika Mihambo den sechsten Platz. Ein Jahr später verlief der Weitsprung-Wettkampf bei den Europameisterschaften in Amsterdam etwas glücklicher als zwei Jahre zuvor in Zürich. Sie gewann die Bronzemedaille. Wenig später bei den Olympischen Spielen in Rio de Janeiro steigerte sie ihre Bestleistung auf 6,95 m, womit sie den vierten Platz belegte. 2018 bei den Heim-Europameisterschaften in Berlin gewann sie mit 6,70 m den Titel. Ihr bestes Jahr kam 2019. Beim Diamond-League-Meeting in Rom gelang ihr mit 7,07 m der erste Sprung über sieben Meter. In Berlin verbesserte sie diese Leistung bei den Deutschen Meisterschaften auf 7,16 m.

Bei den Weltmeisterschaften in Doha missrieten ihr die ersten beiden Versuche, wodurch die Gefahr bestand, dass sie nicht den Endkampf erreichen könnte. Dann gelang ihr im dritten Versuch ein Sprung auf 7,30 m und der Gewinn des Weltmeister-Titels. Nur Heike Drechsler war jemals in Deutschland weiter gesprungen. Am Ende des Jahres wählten die Sportjournalisten Malaika Mihambo zur Sportlerin des Jahres.

2020 stellte sie beim ISTAF Indoor-Meeting in Berlin mit 7,07 m eine neue persönliche Hallenbestleistung auf. Beim Sportfest in Dessau gelang ihr trotz verkürzten Anlaufs wiederum ein Satz auf 7,07 m. Auch 2020 wurde sie zur Sportlerin des Jahres gewählt. Bei den Hallen-Europameisterschaften 2021 im polnischen Torun hatte sie nach einer Anlaufverlängerung Probleme beim Anlauf und wurde als haushohe Favoritin nur Zweite. Ein weiteres Highlight ihrer Karriere folgte bei den Olympischen Spielen in Tokio. Im olympischen Weitsprung-Finale lag Malaika Mihambo mit 6,95 m vor dem letzten Versuch auf dem dritten Platz. Sie verbesserte sich im letzten Versuch auf 7,00 m und zog an den mit 6,97 m weitengleichen Konkurrentinnen Brittney Reese aus den USA und der Nigerianerin Ese Brume vorbei zum Olympia-Gold. Ende des Jahres wählten sie die Sportjournalisten mit großem Vorsprung zum dritten Mal hintereinander zur Sportlerin des Jahres. Es überrascht nicht, dass sie auch zur Leichtathletin des Jahres 2021 gekürt wurde.

Dietmar Mögenburg

Dietmar Mögenburg wurde am 15. August 1961 in Leverkusen geboren. Er startete für den TuS 1862 Leverkusen-Rheindorf, Bayer Leverkusen, ASV Köln, USC Mainz, OSC Berlin und den TV Wattenscheid. Als 17-Jähriger stieg Dietmar Mögenburg kometenhaft in die Hochsprung-Weltelite auf. Am 9. Juni 1979 verbesserte er gemeinsam mit Carlo Thränhardt und Gerd Nagel den deutschen Hochsprung-Rekord über 2,27 m auf 2,30 m. Beim Europacup in Turin steigerte er die deutsche Bestleistung zwei Monate später auf 2,32 m. In diesem ersten großen Jahr wurde er auch U 20-Europameister.

1980 wurde Dietmar Mögenburg in Sindelfingen mit 2,31 m Hallen-Europameister. Im selben Jahr erlebte er aber auch seine erste große Enttäuschung als Spitzensportler. Wegen des Boykotts der Olympischen Spiele in Moskau durch das Nationale Olympische Komitee konnte er nicht an den Spielen teilnehmen. Der größte internationale Wettkampf fand ohne ihn statt. Elf Tage nach dieser Entscheidung stellte Dietmar Mögenburg am 26. Mai 1980 in Rehlingen mit 2,35 m den Weltrekord des Polen Jaczek Wszola ein. Dieser Weltrekord wurde allerdings in Moskau vom DDR-Springer Gerd Wessig auf 2,36 m verbessert.

1982 wurde Dietmar Mögenburg in Mailand mit 2,34 m erneut Hallen-Europameister. Im Sommer gewann er dann in Athen mit 2,30 m den Europameister-Titel. Weil er sich bei diesem Wettkampf so nervenstark präsentierte, erwarb er sich den Ruf einer „coolen Socke". Bei den 1. Leichtathletik-Weltmeisterschaften 1983 in Helsinki wurde er Vierter. Sein großes Jahr kam 1984. Erneut wurde er in Göteborg Hallen-Europameister. Am 10. Juni 1984 stellte er den Europarekord in Eberstadt mit 2,36 m ein. Bei der gleichen Veranstaltung sprang der Chinese Zhu Jianhua mit 2,39 m Weltrekord. In ihm erwuchs Dietmar Mögenburg im Streben um den Olympiasieg ein gefährlicher Konkurrent.

In Los Angeles wurde Dietmar Mögenburg seinem Ruf als „coole Socke" wieder gerecht. Er sprang bis zur Höhe von

2,35 m alle Höhen im 1. Versuch. Während für den Chinesen 2,33 m zu hoch waren und er noch den Schweden Patrick Sjöberg vorbeiziehen lassen musste, gewann Dietmar Mögenburg die Goldmedaille.

Am 25. Februar 1985 verbesserte Dietmar Mögenburg in Köln den Hallenweltrekord auf 2,39 m. 1986 holte er wieder den Europameister-Titel in der Halle. Bei den Freiluft-Europameisterschaften in Stuttgart 1986 wurde Dietmar Mögenburg mit enttäuschenden 2,28 m hinter seinem Freund Carlo Thränhardt Vierter. Bei seinem zweiten Platz bei den Hallen-Europameisterschaften 1988 in Budapest sprang Dietmar Mögenburg mit 2,37 m seine zweitbeste Höhe. Das ließ auch für die Olympischen Spiele in Seoul weitere Höhenflüge erwarten. Dort hingen für ihn die Trauben aber zu hoch. Der Russe Awdejenko gewann mit einer Höhe von 2,38 m, einer Höhe, die Dietmar Mögenburg im Freien noch nie gesprungen war. Mit 2,34 m wurde Dietmar Mögenburg Sechster.

Bei den Hallen-Weltmeisterschaften 1989 in Budapest belegte er hinter dem neuen Star der Szene Javier Sotomayor aus Kuba mit 2,35 m den zweiten Platz und wurde in den Den Haag auch Hallen-Europameister.

1994 beendete Dietmar Mögenburg seine Karriere. Ihm wurde der Rudolf-Harbig-Gedächtnispreis verliehen. Dietmar Mögenburg lebt mit seiner norwegischen Frau in einem Vorort von Oslo und ist als Sport-Promoter tätig. Sein Sohn Jonas ist Weitspringer, seine Tochter Katarina Hochspringerin.

Thomas Munkelt

Thomas Munkelt wurde am 3. August 1952 in dem zur Stadt Borna gehörenden Wyhratal-Zedtlitz geboren. Er besuchte die erweiterte Oberschule in Borna. Mit dem Sport begann er als Fußballspieler bei der BSG Aktivist Großzössen, wurde dann Leichtathlet beim SC DHfK Leipzig.

1975 gewann Thomas Munkelt in Nizza beim Europacup den 110-m-Hürdenlauf und war Mitglied der siegreichen 4 x 100-m-Staffel der DDR. 1976 erreichte er bei den Olympischen Spielen in Montreal den Endlauf und wurde dort Fünfter. 1977 wurde Thomas Munkelt in San Sebastian mit neuem Weltrekord von 7,62 Sek. Hallen-Europameister über 60 m Hürden. Im Sommer gewann er die 110 m Hürden beim Europacup in Helsinki und beim Weltcup in Düsseldorf. 1978 wurde Thomas Munkelt in Mailand Hallen-Europameister. Bei den Freiluft-Europameisterschaften 1978 in Prag gewann Thomas Munkelt den 110 m Hürdenlauf mit einer Hundertstelsekunde Vorsprung vor dem Polen Jan Pusty und zwei Hundertstelsekunden vor dem Finnen Arto Bryggare, dem späteren Ehemann von Heike Drechsler. 1979 wurde Thomas Munkelt in Wien mit dem neuen Weltrekord von 7,59 Sek. zum dritten Mal hintereinander Hallen-Europameister über 60 m Hürden.

Den Höhepunkt seiner Karriere erlebte er bei den Olympischen Spielen 1980 in Moskau. In Abwesenheit der starken US-Hürdensprinter wurde Thomas Munkelt mit einer Hundertstelsekunde Vorsprung vor dem Kubaner Alejandro Casanas Olympiasieger über 110 m Hürden. Er war auch Mitglied der 4 x 100-m-Staffel der DDR, die auf den fünften Platz lief. 1982 verteidigte er in Athen seinen Europameister-Titel von Prag. Mit der 4 x 100-m-Staffel der DDR gewann er die Silbermedaille. 1983 wurde Thomas Munkelt in Budapest mit neuem Weltrekord von 7,48 Sek. zum vierten Mal hintereinander Hallen-Europameister über 60 m Hürden. Nach der Ankündigung der Sportführung der DDR, sich dem Boykott der Olympischen Spiele von 1984 durch die Sowjetunion anzuschließen, beendete Thomas Munkelt seine Karriere. Er wurde insgesamt achtmal DDR-Meister über 110 m Hürden.

Thomas Munkelt studierte Zahnmedizin und arbeitete als Zahnarzt in Kitzscher bei Leipzig.

Steffi Nerius

Stephanie „Steffi" Nerius wurde am 1. Juli 1972 in Bergen auf Rügen geboren. Sie spielte zunächst Volleyball bei Dynamo Saßnitz. Weil sie für den Volleyball zu klein war, schickte man sie zur Leichtathletik. Über ihre Mutter, selbst eine ehemalige Speerwerferin, kam sie zum Speerwurf. Bis 1986 startete sie für die SG Empor Saßnitz, von 1987 bis 1991 für den SC Empor Rostock und von diesem Zeitpunkt an für Bayer Leverkusen.

Ihren Durchbruch zur Weltspitze schaffte Steffi Nerius bei den Olympischen Spielen 2000 in Sydney, wo sie mit 64,84 m den vierten Platz belegte. Bei den Europameisterschaften 2002 in München wurde sie mit 64,09 m hinter der Griechin Mirela Manjani Zweite. Bei den Weltmeisterschaften 2003 in Paris wurde sie Dritte. Dies gab ihr die Hoffnung, dass es für sie bei den Olympischen Spielen 2004 in Athen zu einer Medaille reichen könnte. Die Hoffnung trog sie nicht. Mit 65,82 m gewann sie hinter der Kubanerin Osleidys Menendez die Silbermedaille. Bei den Weltmeisterschaften 2005 in Helsinki hingen die Trauben besonders hoch. Die neue Weltmeisterin Osleydis Menendez stellte mit 71,70 m einen neuen Weltrekord auf, die Zweite, die Deutsche Christina Obergföll, warf mit 70,03 m einen neuen Europarekord. Steffi Nerius aber sicherte sich mit 65,96 m die Bronzemedaille.

Bei den Europameisterschaften 2006 in Göteborg stand Steffi Nerius, die Zuverlässigkeit in Person, endlich mal ganz oben auf dem Podest. Mit 65,82 m gewann sie vor der Tschechin Barbora Spotakova die Goldmedaille. Ein Jahr später stand sie bei den Weltmeisterschaften in Osaka erneut auf dem Treppchen. Hinter Barbora Spotakova und Christina Obergföll wurde sie Dritte. Ein Jahr später reichte es in Peking bei den Olympischen Spielen nicht zu einer Medaille. Steffi Nerius wurde wie in Sydney Vierte. Abschluss und Höhepunkt ihrer Karriere wurden die Weltmeisterschaften 2009 in Berlin. Steffi Nerius gewann mit 67,30 m vor Barbora Spotakova den Weltmeister-Titel. Danach beendete sie ihre Karriere. Die Sportjournalisten würdigten diese Leistung mit der Wahl zur Sportlerin des Jahres.

Steffi Nerius wurde mit dem Rudolf-Harbig-Gedächtnispreis ausgezeichnet. Sie ist Dipl.-Sportlehrerin und arbeitet bei Bayer Leverkusen in der Behindertensportabteilung, u.a. trainiert sie den Paralympics-Sieger Markus Rehm.

Wolfgang Nordwig

Wolfgang Nordwig wurde am 27. August 1943 in Siegmar-Schönau in Sachsen geboren. Er absolvierte bei Carl Zeiss Jena eine Ausbildung zum Feinmechaniker. Das Abitur machte er in einer Abendschule nach und studierte per Fernstudium an der TU Dresden. 1957 begann Wolfgang Nordwig mit der Leichtathletik, wurde Stabhochspringer und startete für den SC Motor Jena. Am 14. August 1966 sprang er in Warschau mit 5,23 m Europarekord. Im selben Jahr wurde er in Budapest mit 5,10 m Europameister.

Bei den Olympischen Spielen 1968 in Mexiko City kam es zu einem spannenden Dreikampf zwischen dem Amerikaner Bob Seagren, dem bundesdeutschen Springer Claus Schiprowski und Wolfgang Nordwig. Alle drei Springer überquerten die Höhe von 5,40 m, was für Claus Schiprowski und Wolfgang Nordwig Europarekord bedeutete. Bob Seagren gewann wegen der geringsten Zahl von Fehlversuchen die Goldmedaille, Claus Schiprowski Silber. Wolfgang Nordwig hatte 5,45 m bereits übersprungen, riss dann infolge einer Unachtsamkeit doch noch die Latte und musste sich mit der Bronzemedaille begnügen. Bei den Europameisterschaften 1969 in Athen verteidigte Wolfgang Nordwig mit 5,30 m seinen Titel.

Am 21. Februar 1970 stellte Wolfgang Nordwig in Cosford mit 5,27 m einen neuen Europarekord in der Halle auf. Am 17. Juni 1970 ließ er in Berlin mit 5,45 m einen neuen Weltrekord folgen. Dieser Weltrekord hatte nur kurz Bestand. Am 3. September 1970 überquerte Wolfgang Nordwig bei der Universiade in Turin 5,46 m. Das Jahr 1971 läutete er am 14. März 1971 in Sofia mit einem neuen Hallenweltrekord von 5,40 ein. Bei den Europameisterschaften 1971 in Helsinki gewann Wolfgang Nordwig mit 5,35 m zum dritten Mal den Titel. Sein größter Erfolg sollte aber im nächsten Jahr bei den Olympischen Spielen in München kommen.

1972 wurden in den Vereinigten Staaten Kohlefaserstäbe entwickelt, mit denen die Stäbe eine höhere Biegsamkeit bekamen und so größere Höhen ermöglichten. Bob Seagren und der in den USA lebende Schwede Kjell Isakson verbesserten den Weltrekord vor den Olympischen Spielen mit den neuen Stäben viermal bis auf 5,63 m. Weil die europäischen Stabhochspringer keine Gelegenheit hatten, ausreichend mit den neuen Stäben zu trainieren und deshalb Protest gegen den Einsatz der Stäbe einlegten, verbot die IAAF die Verwendung der neuen Stäbe. Da Bob Seagren wiederum längere Zeit mit den alten Stäben nicht mehr gesprungen war, nutzte Wolfgang Nordwig diesen Vorteil und gewann mit 5,50 m die Goldmedaille. Im selben Jahr wurde Wolfgang Nordwig zum DDR-Sportler des Jahres gewählt und beendete seine Karriere.

Wolfgang Nordwig wurde Dipl.-Physiker und promovierte zum Dr. Ing. Er wurde Forschungsdirektor im VEB Carl Zeiss Jena. Nach der Wiedervereinigung wurde Wolfgang Nordwig Geschäftsführer eines Reiseveranstalters. Er verbringt seinen Ruhestand in Schleiz im Saale-Orla-Kreis in Thüringen.

Harald Norpoth

Harald Norpoth wurde am 22. August 1942 in Telgte im Kreis Warendorf geboren. Er startete für die DJK SSG Telgte, Preußen Münster und die LG Ratio Münster und spezialisierte sich auf die Mittel- und Langstrecke. 1961 verbesserte er zweimal den Junioren-Weltrekord über 1.500 m. Am 20. September 1962 stellte er in Warschau mit 3:41,2 Min. einen neuen bundesdeutschen Rekord über 1.500 m auf. Am 4. Juli 1964 lief Harald Norpoth einen neuen bundesdeutschen Rekord über 5.000 m. Er qualifizierte sich über diese Strecke für die Olympischen Spiele in Tokio.

Im strömenden Regen von Tokio lieferte Harald Norpoth sein Meisterstück ab. Hinter dem Olympiasieger Bob Schul aus den USA gewann er die Silbermedaille und verdrängte den französischen Laufstar Michel Jazy aus den Medaillenrängen. Als im Sommer 1965 auf den Langstrecken vor allem durch Michel Jazy und den Australier Ron Clarke die Weltrekorde pulverisiert wurden, blies auch Harald Norpoth zur Rekordjagd. Am 5. Juli verbesserte er in Karlsruhe den bundesdeutschen Rekord über 3.000 m auf 7:55,2 Min und am 17. Juli in Berlin mit 13:42,8 Min. den bundesdeutschen Rekord über 5.000 m. Im selben Jahr gewann er beim Europacup in Stuttgart den 5.000-m-Lauf. Auch im folgenden Jahr setzte er Maßstäbe. Am 19. Mai verbesserte er in Hamburg den bundesdeutschen Rekord über eine Meile auf 3:58,8 Min. Einen Monat später lief er in Köln mit 13:24,8 Min. einen neuen Europarekord über 5.000 m. Die 3 x 1.000-m-Vereinsstaffel von Preußen Münster in der Besetzung Franz-Josef Kemper, Wolf Jochen Schulte Hillen und Harald Norpoth lief am 17. Juli 1966 mit 7:01,2 Min. einen deutschen Rekord, der heute noch Bestand hat. Bei den Europameisterschaften 1966 in Budapest revanchierte sich Michel Jazy für die Niederlage in Tokio. Im Endspurt verwies er Harald Norpoth dieses Mal auf den zweiten Platz. Dieser guten Platzierung fügte Harald Norpoth die Bronzemedaille über 1.500 m hinzu. Das Jahr schloss Harald Norpoth am 10. September in Hagen mit einem Weltrekord über 2.000 m (4:57,8 Min.) ab.

Am 6. Juni 1967 verbesserte Harald Norpoth in Münster den Europarekord über 3.000 m auf 7:45,1 Min. Auch in diesem Jahr war er beim Europacup in Kiew über 5.000 m erfolgreich. Am 13. Juni 1968 lief eine deutsche Staffel in Fulda in der Besetzung Bodo Tümmler, Walter Adams, Harald Norpoth und Franz-Josef Kemper mit 7:14,6 Min. einen Weltrekord über 4 x 880 y.

In Mexiko City startete Harald Norpoth über 1.500 m und 5.000 m. Im 5.000-m-Lauf musste er geplagt von Seitenstichen aufgeben. Über 1.500 m ergriff der Kenianer Kipchoge Keino die Flucht nach vorn. Nur Jim Ryun, Bodo Tümmler und Harald Norpoth vermochten ihm zu folgen. Auf der sehr schnellen letzten Runde fiel Harald Norpoth hinter Kipchoge Keino, Jim Ryun und Bodo Tümmler auf den vierten Platz zurück. 1969 bei den Europameisterschaften in Athen boykottierten die bundesdeutschen Athleten die Meisterschaften aus Solidarität mit dem ehemaligen DDR-Mittelstreckler Jürgen May, der bei den Europameisterschaften nicht starten durfte, weil er bei seiner Flucht in die Bundesrepublik zwar nicht die Nationalität, aber den Verband gewechselt hatte. Harald Norpoth war einer der Initiatoren dieses Boykotts. 1970 gewann Harald Norpoth beim Europacup in Stockholm zum dritten Mal hintereinander den 5.000-m-Lauf. Bei den Europameisterschaften 1971 in Helsinki wurde Harald Norpoth über 5.000 m Dritter.

Bei den Olympischen Spielen in München ging Harald Norpoth noch einmal über 5.000 m an den Start. Das ständig schneller werdende Rennen war nicht auf Harald Norpoth, der für seine langen Spurts bekannt war, zugeschnitten. Die Tempobolzer Viren und Prefontaine gaben den Takt vor. Dennoch belegte er einen guten sechsten Platz. Eigentlich wollte Harald Norpoth nach den Olympischen Spielen seine Karriere ausklingen lassen. Doch er brachte sich 1973 noch einmal in eine gute Form und stellte beim Leichtathletik-Länderkampf Deutschland-USA bei seinem Sieg über Steve Prefontaine mit 13:20,6 Min. einen neuen deutschen Rekord über 5.000 m auf. Auch beim Europacup in Edinburgh sammelte er als Dritter über diese Strecke noch einmal wichtige Punkte für die deutsche Mannschaft.

Nach dieser Saison beendete er seine Karriere. Er wurde insgesamt 18 mal deutscher Meister. 1970 wurde er mit dem Rudolf-Harbig-Gedächtnispreis und 1991 mit dem Verdienstorden des Landes Nordrhein-Westfalen ausgezeichnet. Der gelernte Betriebswirt Harald Norpoth studierte Sport und arbeitete als Dipl.-Sportlehrer an der Sportschule der Bundeswehr in Warendorf. Seine Liebe gehörte neben der Leichtathletik dem Fußball. Harald Norpoth besaß die Fußballlehrerlizenz für die Bundesliga.

Christina Obergföll

Christina Obergföll wurde am 22. August 1981 in Lahr im Schwarzwald, der Stadt, in der Tilly Fleischer in ihren letzten Lebensjahrzehnten wohnte, geboren. Sie wuchs in Mahlberg im Ortenaukreis auf und startete für den TuS Mahlberg. 1997 wechselte sie zur LG Offenburg und trainierte unter Werner Daniels.

2005 schlug sie wie ein Urknall in die Leichtathletik-Szene ein. Gleich im 1. Versuch schleuderte sie bei den Weltmeisterschaften in Helsinki den Speer auf 70,03 m, womit sie einen neuen Europarekord aufstellte. Selbst der erfahrene Sportjournalist Gustav Schwenk war sprachlos. Die Kubanerin Osleidys Menendez musste mit 71,70 m einen neuen Weltrekord aufstellen, um Christina Obergföll den Weltmeister-Titel zu entreißen. Beim Europacup in München verbesserte Christina Obergföll ihren Europarekord am 23. Juni 2007 auf 70,20 m. Bei den Weltmeisterschaften 2007 in Osaka belegte sie hinter der Tschechin Barbora Spotakowa mit 66,46 m erneut den Silberrang.

Im Olympiajahr 2008 erzielte Christina Obergföll am 31. August 2008 in Elstal mit 69,81 m Saisonbestleistung und fuhr als eine der Favoritinnen zu den Olympischen Spielen nach Peking. Hier belegte sie hinter der mit 71,42 m einen neuen Europarekord werfenden Barbora Spotakova und der Russin Maria Abakumowa mit 66,13 m den dritten Platz und gewann für die deutschen Leichtathleten die einzige Medaille. Weil sich später herausstellte, dass Maria Abakumowa während der Spiele gedopt war, erhielt Christina Obergföll nachträglich die Silbermedaille.

Bei der Heim-Weltmeisterschaft in Berlin 2009 belegte sie den vierten Rang, konnte sich aber mit Steffi Nerius, die den Titel gewann, mitfreuen. Bei den Europameisterschaften 2010 in Barcelona wollte ihr wieder der Titelgewinn nicht gelingen. Dieses Mal versperrte ihr ihre Landsfrau Linda Stahl den Weg zum Titel. 2011 gewann sie die Speerwurf-Wertung der Diamond-League-Meetings. Bei den im gleichen Jahr stattfindenden Weltmeisterschaften in Daegu gewann sie zwar eine Medaille, es war aber nicht die begehrte goldene, sondern die Bronzemedaille.

Im Jahr 2012 schien sie ihren Ruf als ewige Zweite bestätigen zu wollen. Sie gewann bei den Europameisterschaften in Helsinki ebenso die Silbermedaille wie bei den Olympischen Spielen in London. Bei den Europameisterschaften stand ihr die Ukrainerin Wira Rebryk mit einem Glückswurf im Weg, in London hatte wieder einmal Barbora Spotakova die Nase vorn.

Auch 2013 gewann Christina Obergföll die Speerwurf-Wertung der Diamond-League-Meetings. Auch bei den Weltmeisterschaften 2013 in Moskau war sie eine der Favoritinnen. Ihr Trainer und Lebensgefährte Boris Henry versprach ihr als zusätzliche Motivation, dass er bei einem Sieg am Tag der Hochzeit den Namen Obergföll annehmen werde. Prompt platzte bei Christina Obergföll der Knoten. Mit 69,05 m gewann sie den Weltmeister-Titel. Endlich hatte sie die begehrte Goldmedaille in ihren Händen. In diesem Jahr wählten sie die deutschen Sportjournalisten zur Sportlerin des Jahres.

Nach ihrem größten sportlichen Erfolg heiratete Christina Obergföll den Speerwurf-Bundestrainer Boris Henry und bekam einen Sohn. Nach der Babypause startete sie noch einmal bei den Weltmeisterschaften 2015 in Peking, wo sie beim Sieg ihrer Landsfrau Katharina Molitor Vierte wurde. Mit einem Sieg beim ISTAF in Berlin beendete Christina Obergföll am 3. September 2016 ihre Karriere. 2017 wurde sie mit dem Rudolf-Harbig-Gedächtnispreis ausgezeichnet. 2021 erhielt sie den Verdienstorden des Landes Baden-Württemberg.

Otto Peltzer

Otto Paul Eberhard Peltzer wurde am 8. März 1900 auf Gut Ellernbrook in Drage im Landkreis Harburg als Sohn des Gutsbesitzers Paul Peltzer geboren. Otto Peltzer hatte einen Bruder und zwei Schwestern. Er erkrankte in jungen Jahren an Kinderlähmung, was bei ihm Rheumatismus auslöste. Das Abitur legte er als Jahrgangsbester an der Stettiner Bismarck-Oberrealschule ab. Er studierte in Jena, München und Berlin Rechtswissenschaften. Nach seinem Studium verdiente Otto Peltzer Geld als Mitgründer und Redakteur der Jugendzeitschrift „Reichswacht". Trotz seiner homosexuellen Neigungen war Otto Peltzer mit Gerda May verlobt.

Seine Läuferkarriere begann 1920. Er schloss sich dem SC Preußen Stettin an. 1922 wurde Otto Peltzer Deutscher Meister im 1.500-m-Lauf. Am 6. August 1922 lief er in München mit 1:05,7 Min. deutschen Rekord über 500 m, den er 1925 auf 1:05,3 Min. verbesserte. Am 3. Juli 1923 lief er in Göteborg mit 3:59,4 Min. die 1.500 m als erster Deutscher unter vier Minuten. Seine Hoffnungen auf eine Olympia-Teilnahme 1924 in Paris zerschlugen sich, weil den Deutschen der Start bei den Spielen verwehrt wurde. Dass er dort eine Chance gehabt hätte, zeigte er beim Länderkampf gegen die Schweiz in Düsseldorf unmittelbar nach den Spielen, als er sowohl den Silbermedaillengewinner über 800 m Paul Martin als auch den Silbermedaillengewinner über 1.500 m Willy Schärer besiegte.

Otto Peltzer sonderte sich bei Wettkämpfen stets vom Team ab. Er bekam daher von seinen Mannschaftskameraden den Spitznamen „Otto der Seltsame". 1925 promovierte Otto Peltzer zum Thema „Das Verhältnis der Sozialpolitik zur Rassenhygiene". Er vertrat hierin die Ansicht, dass „Asoziale" und „schwer entartete" Personen, wie es in der damaligen Sprache hieß, von der übrigen Gesellschaft getrennt und in Arbeitskolonien eingesetzt werden sollten.

Am 17. Juli 1925 verbesserte Otto Peltzer in Stockholm den deutschen Rekord über 800 m auf 1:52,8 Min. Sein großes Jahr kam 1926. Am 6. Juni lief er in Budapest mit 1:03,6 Min. einen neuen Weltrekord über 500 m. Am 29. Juli verbesserte er in Kopenhagen den deutschen Rekord über 2.000 m auf 5:32,3 Min. Einen Monat später stellte er bei den englischen Meisterschaften in London bei seinem Sieg über den Olympiasieger Douglas Lowe mit 1:51,6 min. einen neuen Weltrekord über 880 y auf. Am 11. September 1926 besiegte er in Berlin die Lauflegende Paavo Nurmi und verbesserte mit 3:51,0 Min. den Weltrekord über 1.500 m. Bei den Deutschen Meisterschaften in Leipzig wurde er über 400 m, 400 m Hürden, 1.500 m und mit der 3 x 1.000-m-Staffel Erster. Bei diesen Deutschen Meisterschaften lief er über 400 m Hürden mit 54,9 Sek. als erster Deutscher unter 55 Sekunden. Am 18. September 1927 stellte er in Paris mit 2:25,8 min. einen neuen Weltrekord über 1.000 m auf.

Nach einem Mittelfußbruch, den er beim Handball erlitten hatte, reiste er mit erheblichem Trainingsrückstand zu den Olympischen Spielen 1928 in Amsterdam an. Er schied dort im Vorlauf über 1.500 m und im Halbfinale über 800 m aus. Bei den Olympischen Spielen 1932 in Los Angeles war Otto Peltzer Mitglied der 4 x 400-m-Staffel, die trotz eines neuen deutschen Rekords nur den vierten Platz belegte.

Am 1. Mai 1933 trat Otto Peltzer in die NSDAP und die SS ein. Er war Vortragsredner beim SS-Rasse- und Siedlungshauptamt. Wegen seiner sexuellen Neigungen wurde Otto Peltzer als „Volksschädling“ eingestuft und aus der SS ausgeschlossen. Am 16. März 1935 wurde er wegen angeblicher Sittlichkeitsverbrechen vom Landgericht Berlin zu einer Freiheitsstrafe von einem Jahr und sechs Monaten verurteilt, die er in der berüchtigten Haftanstalt Plötzensee verbüßte. Während der Haftzeit wurde ihm von der Universität München der Doktortitel entzogen, was auch im Nachkriegsdeutschland nicht korrigiert wurde. Ende August 1938 floh Otto Peltzer nach Schweden. 1940 wurde ihm die deutsche Staatsbürgerschaft entzogen. Im Februar 1941 wurde er von den Schweden aufgefordert, das Land zu verlassen.

Nach Deutschland zurückgekehrt, kam er zur „politischen Umerziehung" ins KZ Mauthausen. Dort überlebte er eine Operation des berüchtigten KZ-Arztes Aribert Heim. Anschließend musste er im Nebenlager Ebensee im Steinbruch arbeiten. Nach der Befreiung durch die Amerikaner verbrachte er mehrere Monate im Krankenhaus. Dort erfuhr er auch vom Tod seiner Familie beim Einmarsch der Russen in Köselitz in Sachsen-Anhalt.

Im Dezember 1949 übernahm Otto Peltzer eine Trainerstelle beim größten westdeutschen Verein, dem CSV Krefeld, was einen Sturm der Entrüstung entfachte. Peltzer wurde vom CSV Krefeld gekündigt. Ab Juli 1959 war Otto Peltzer in Indien als Trainer tätig. Er erhielt ein Monatsgehalt von 533 Rupien und hauste über Jahre hinweg in einem Bretterverschlag im Nationalstadion von Delhi.

Im Herbst 1967 erlitt Otto Peltzer einen Herzanfall. Er kehrte deshalb im Dezember 1967 nach Deutschland zurück. Er lebte in Eutin und trainierte wieder Leichtathleten. Am 11. August 1970 erlag Otto Peltzer bei einem Sportfest im zu Eutin gehörenden Waldeck einem Herzinfarkt.

Lina Radke-Batschauer

Karoline „Lina" Batschauer wurde als Tochter eines Schlossers am 18. Oktober 1908 in Karlsruhe geboren. 1917 siedelte die Familie von Karlsruhe nach Baden-Baden über. 1925 begann sie mit der Leichtathletik und startete für den SC Baden-Baden und den Karlsruher FV. Bei den Deutschen Meisterschaften in Breslau stellte sie am 7. August 1927 mit 2:23,8 Min. eine neue Weltbestzeit auf. Im September 1927 heiratete sie Georg Radke, führte jetzt den Namen Radke-Batschauer und siedelte mit ihrem Mann nach Breslau über. Von nun an startete sie für den VfB Breslau.

Am 1. Juli 1928 verbesserte sie die Weltbestzeit über 800 m in Brieg auf 2:19,6 Min. und qualifizierte sich damit für die Olympischen Spiele in Amsterdam. Im 1. Vorlauf stellte die Deutsche Marie Dollinger den ersten offiziellen Weltrekord über 800 m auf (Lina Radke-Batschauers Zeit von Brieg war noch nicht als Weltrekord anerkannt). Sie gewann ihren Vorlauf ebenso wie Lina Radke-Batschauer. Am 2. August fand der Endlauf statt. Dieser Tag sollte in die Geschichte der Leichtathletik eingehen.

Die Japanerin Kinue Hitomi ging nach vorn und sorgte für das Tempo. Marie Dollinger und Lina Radke-Batschauer schlossen bei 200 m zu ihr auf. Dann übernahm die Schwedin Inga Gentzel die Führungsarbeit. Lina Radke-Batschauer blieb ihr auf den Fersen und zog 300 m vor dem Ziel ihren Spurt an. Lina Radke-Batschauer hielt diesen Spurt durch. Während die Schwedin zurückfiel, holte die Japanerin noch einmal auf. Sie hatte auf der Zielgeraden das höchste Tempo, konnte Lina Radke-Batschauer aber nicht mehr einholen. Lina Radke-Batschauer gewann die Goldmedaille in der neuen Weltrekordzeit von 2:16,8 Min. Das war die erste Goldmedaille für die deutschen Leichtathleten seit Einführung der Spiele 1896.

Nach den Olympischen Spielen wurde der 800-m-Lauf wieder aus dem Olympischen Programm gestrichen und erst 1960 wieder eingefügt. Bei den Weltfestspielen der Frauen in London 1934 wurde Lina Radke-Batschauer Dritte über 800 m. Als auch feststand, dass keine Frauen-Weltspiele mehr stattfinden würden, beendete Lina Radke-Batschauer ihre Karriere und arbeitete fortan als Trainerin.

Im Oktober 1945 wurde sie als Deutsche aus Breslau ausgewiesen. Sie floh über Sömmerda in Thüringen nach Torgau in Sachsen-Anhalt. Auf der Flucht verlor sie ihre Goldmedaille. Sie wurde ihr 1956 vom Nationalen Olympischen Komitee der DDR erneut verliehen. Kurz vor dem Mauerbau zog das Ehepaar Radke in Linas Heimat Karlsruhe. Dort starb sie am 14. Februar 1983.

Annegret Richter

Annegret Richter wurde am 13. Oktober 1950 als Annegret Irrgang in Dortmund geboren. Sie startete für den TV 1913 Brechten, die LG Brechten-Brambauer und den OSC Thier Dortmund.

1971 lief sie in Berlin und Kiel mit 6,41 Sek. und 6,33 Sek. zweimal Weltrekord über 50 m. Bei den Hallen-Europameisterschaften in Sofia gewann sie über 60 m die Bronzemedaille. Erfolgreicher war sie bei den Freiluft-Europameisterschaften in Helsinki. Mit Elfgard Schittenhelm, Inge Helten und Ingrid Mickler-Becker gewann sie mit neuem Europarekord von 43,3 Sek. den Titel. 1972 erreichte sie bei den Hallen-Europameisterschaften in Grenoble über 60 m die Silbermedaille. Bei den Olympischen Spielen in München kam sie in den Endlauf über 100 m und wurde Fünfte. Am letzten Tag der Leichtathletik-Wettkämpfe sorgte sie mit Christiane Krause, Ingrid Mickler-Becker und Heide Rosendahl für ein Glanzlicht. Die deutsche Sprintstaffel

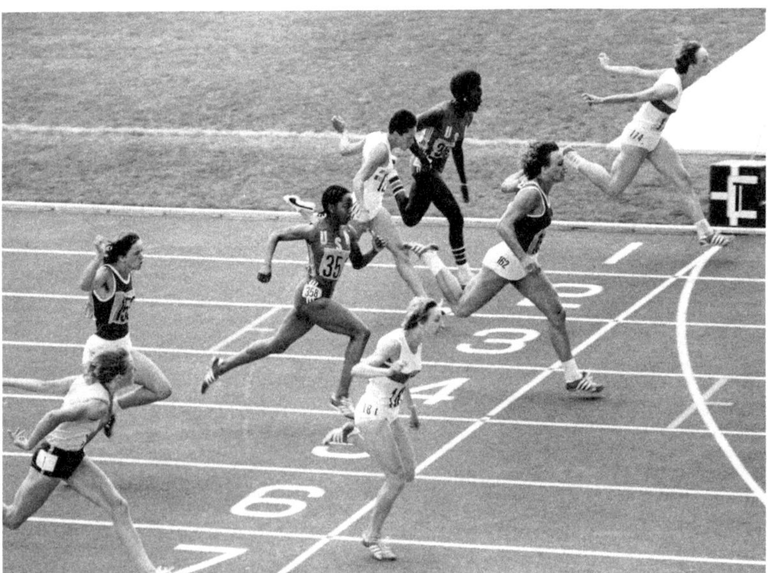

Annegret Richter gewinnt in Montreal die Goldmedaille über 100 m

gewann mit Annegret Richter als 2. Kurvenläuferin in Weltrekordzeit die Goldmedaille über 4 x 100 Meter.

Im folgenden Winter siegte sie bei den Hallen-Europameisterschaften in Rotterdam über 60 m und mit der Sprintstaffel. Mit der 4 x 200-m-Staffel stellte sie am 18. Februar 1973 in Berlin mit 1:35,7 Min. einen neuen Weltrekord auf. Den DLV Rekord über 100 m verbesserte sie mit 11,24 Sek. Bei den Europameisterschaften 1974 in Rom lief die deutsche Sprintstaffel in der Besetzung Schittenhelm, Kroniger, Richter und Helten hinter der Weltrekord laufenden DDR-Staffel auf den 2. Platz.

Im Winter 1975 stellte Annegret Richter am 8. Februar in Dortmund mit handgestoppten 7,1 Sek. über 60 m einen neuen Weltrekord auf. Es folgte eine Woche später in Stuttgart mit elektronischer Zeitmessung mit 7,34 Sek. ein neuer Weltrekord über 60 m. Die deutsche 4 x 200-m-Staffel verbesserte ihren eigenen Weltrekord am 18. Februar in Berlin auf 1:35,15 Min.

Annegret Richters großes Jahr kam 1976. Ihren 1974 aufgestellten deutschen Rekord über 100 m verbesserte sie auf 11,21 Sek., sie wurde allerdings wenig später von der mit 11,04 Sek. Weltrekord laufenden Inge Helten abgelöst. Bei den Olympischen Spielen in Montreal präsentierte sich Annegret Richter in Topform. Im Halbfinale über 100 m stellte sie mit 11,01 Sek. einen neuen Weltrekord auf. Im Finale war sie mit 11,08 Sek. zwar etwas langsamer. Es reichte jedoch, um die Goldmedaille vor Renate Stecher und Inge Helten zu gewinnen. Über 200 m genügte allerdings auch der deutsche Rekord von 22,39 Sek. nicht, um die DDR-Läuferin Bärbel Wöckel vom 1. Platz zu verdrängen. Immerhin gewann sie die Silbermedaille. In der 4 x 100-m-Staffel übergab die glänzende Kurvenläuferin Annegret Richter mit deutlichem Vorsprung den Staffelstab an Annegret Kroniger, die den Vorsprung gegen die wie entfesselt laufende Bärbel Wöckel nicht verteidigen konnte. Annegret Richter, Inge Helten, Elvira Poßekel und Annegret Kroniger gewannen die Silbermedaille in neuer bundesdeutscher Rekordzeit von 42,59 Sek. Damit war die Staffel schneller als die Gold-Staffel von München.

1977 beendete Annegret Richter ihre Karriere, nachdem Marlies Göhr 10,88 Sek. über 100 m gelaufen war und Annegret Richter somit nicht mehr als erste Frau der Welt unter 11 Sekunden laufen konnte. In diesem Jahr wurde ihr der Rudolf-Harbig-Gedächtnispreis verliehen. 1979 startete sie ein kurzes Comeback. Als bekannt wurde, dass die deutschen Sportler die Olympischen Spiele in Moskau boykottieren würden, beendete sie endgültig ihre Karriere.

Annegret Richter ist seit 1971 mit dem ehemaligen Hürdensprinter Manfred Richter verheiratet. Sie arbeitete bis 1985 als Verwaltungsangestellte bei der Stadt Dortmund und wechselte dann zur Firma Adidas.

Lars Riedel

Lars Peter Riedel wurde am 28. Juni 1967 in Zwickau geboren. Er wuchs in Thurm bei Zwickau auf. Lars Riedel begann früh mit dem Leistungssport, wurde Diskuswerfer und startete für die BSG Motor Thurm und den Chemnitzer SC. Nach der Wiedervereinigung verlor sein Trainer seine Stelle. Deshalb trainierte Lars Riedel in dieser Zeit wenig. Als er den Trainer Karl-Heinz Steinmetz kennenlernte, setzte er seine Karriere fort und wechselte zum USC Mainz. Ab 1998 startete Lars Riedel für den LAC Erdgas Chemnitz.

Bei den Weltmeisterschaften 1991 in Tokio gewann Lars Riedel mit 66,20 m den Titel. Als Weltmeister fuhr er zu den Olympischen Spielen nach Barcelona. Dort schied er jedoch überraschend in der Qualifikation aus. Bei den Heimweltmeisterschaften 1993 in Stuttgart aber war er topfit und verteidigte seinen Weltmeister-Titel mit 67,72 m. Bei den Europameisterschaften 1994 in Helsinki hatte sich Lars Riedel bereits für das Finale qualifiziert, trat dann jedoch wegen einer Rückenverletzung nicht an. Dafür entschädigte er sich bei den Weltmeisterschaften 1995 in Göteborg mit seinem dritten Weltmeister-Titel.

Damit avancierte er erneut zum Favoriten auf die Olympische Goldmedaille.

Bei den Olympischen Spielen 1996 in Atlanta wurde der Diskuswettbewerb zur Zitterpartie. Die ersten beiden Versuche von Lars Riedel waren ungültig. Drohte dem dreifachen Weltmeister ein ähnliches Debakel wie in Barcelona? Im 3. Versuch flog die Scheibe auf 65,40 m. Damit erreichte Lars Riedel den Endkampf. Das Stadion war schon in gleißendes Flutlicht getaucht, da gelang Lars Riedel im 5. Versuch ein optimaler Wurf. Als der Diskus in den Abendhimmel von Atlanta flog, wusste Lars Riedel, dass ihm ein guter Versuch gelungen war. Erst bei 69,40 m schlug der Diskus auf den Rasen auf. Lars Riedel übernahm die Führung. Von der Last des Gewinnenmüssens befreit, warf er im 6. Versuch noch einmal über 69 Meter und gewann die ersehnte Goldmedaille.

1997 setzte er seine Serie bei den Weltmeisterschaften fort. In Athen gewann er mit 68,54 m erneut den Titel. 1998 in Budapest vervollständigte er seine Titelsammlung und wurde Europameister. Bei den Weltmeisterschaften in Sevilla riss 1999 seine Siegesserie. Obwohl er 68,09 m weit warf, wurde er vom Amerikaner Anthony Washington und Jürgen Schult geschlagen. Dieses Mal musste er sich mit der Bronzemedaille begnügen.

Bei den Olympischen Spielen in Sydney traf Lars Riedel auf den litauischen Diskushünen Virgilius Alekna, der in den 2000er-Jahren der wohl beste Diskuswerfer der Welt war. Virgilius Alekna gewann mit 69,30 m die Goldmedaille. Lars Riedel sicherte sich mit 68,50 m die Silbermedaille. Bei den Weltmeisterschaften 2001 in Edmonton drehte Lars Riedel den Spieß um. Obwohl Virgilius Alekna den Diskus noch 10 Zentimeter weiter warf als in Sydney, besiegte ihn Lars Riedel um 32 Zentimeter und gewann seinen fünften Weltmeister-Titel.

In den folgenden Jahren hatte Lars Riedel mit Verletzungsproblemen, vor allem im Rückenbereich, zu kämpfen. 2004 qualifizierte er sich für die Olympischen Spiele in Athen, hatte aber auch dort mit Verletzungsproblemen zu tun. Er hatte sich zwar für den Endkampf qualifiziert, trat dort aber wegen einer Verletzung im Oberschenkelbereich nicht mehr an und wurde

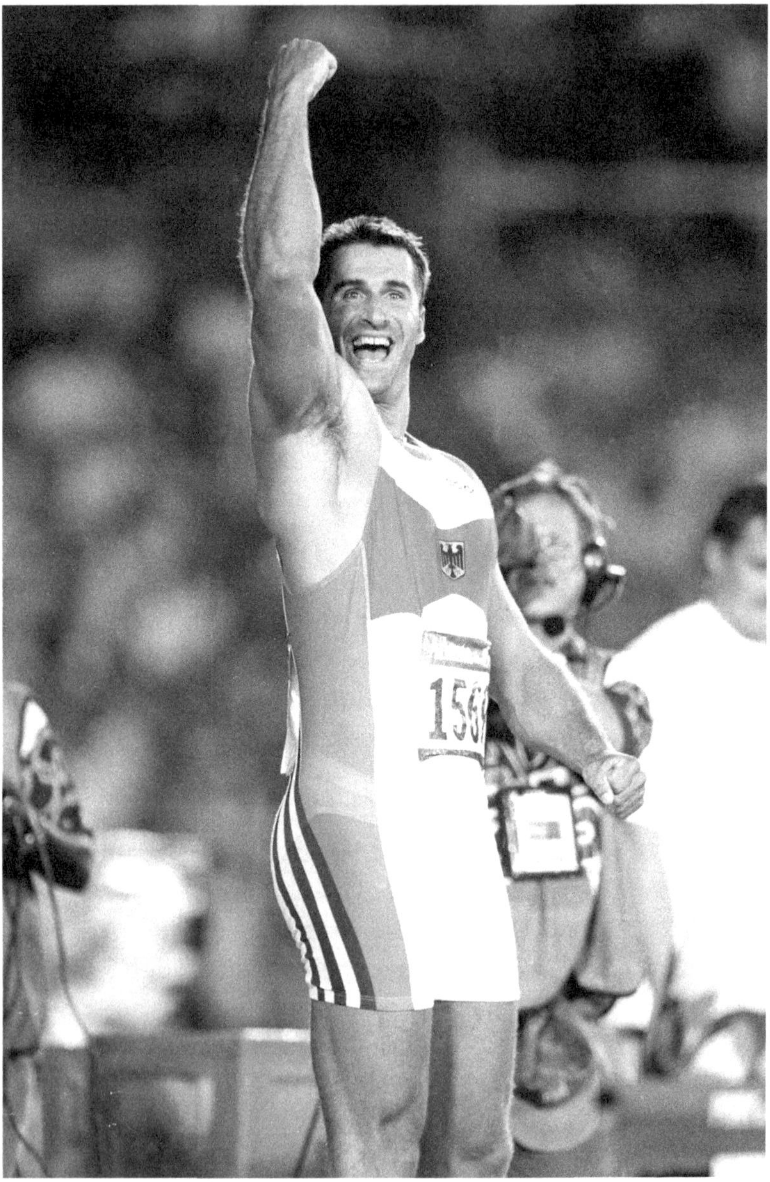

Lars Riedel nach seinem Sieg bei den Olympischen Spielen in Atlanta 1996

humpelnd aus dem Stadion geführt. Am 1. Dezember 2006 wechselte er zum TuS 1897 Saulheim, um sich noch einmal für Weltmeisterschaften und Olympische Spiele zu qualifizieren. Seine Rückenprobleme ließen jedoch ein Comeback nicht zu. Deshalb beendete er am 1. Juli 2008 seine Karriere.

Lars Riedel war elfmal deutscher Meister, gewann fünfmal beim Europacup den Diskuswurf. 2003 wurde er mit dem Rudolf-Harbig-Gedächtnispreis ausgezeichnet. Er arbeitet heute als Angestellter bei einer Krankenkasse.

Karl-Hans Riehm

Karl-Hans Riehm wurde am 31. Mai 1951 in Konz im Kreis Trier-Saarburg als Sohn eines Schreinermeisters geboren. Schon als Jugendlicher spezialisierte er sich auf den Hammerwurf. Er startete für den TV 1863 Germania Trier und den TV Wattenscheid. 1972 nahm er erstmals an Olympischen Spielen teil und belegte dort den 10. Platz. Beim Pfingstsportfest in Rehlingen schrieb Karl-Hans Riehm am 19. Mai 1975 Leichtathletik-Geschichte. Mit jedem seiner sechs Würfe übertraf er den Weltrekord des Russen Alexej Spridinow von 76,66 m. Karl-Hans Riehm verbesserte bei diesem Wettkampf den Weltrekord über 76,70 m und 77,98 m auf 78,50 m.

Bei den Olympischen Spielen in Montreal 1976 wurde Karl-Hans Riehm Vierter. Zur Bronzemedaille fehlten ihm nur zwei Zentimeter. Diese Bronzemedaille gewann er 1978 bei den Europameisterschaften in Prag mit 77,02 m. Den Europameister Juri Sedych und Karl-Hans Riehm trennten lediglich 26 Zentimeter. Einen Monat vor den Europameisterschaften hatte Karl-Hans Riehm den Weltrekord bei einem Sportfest in Heidenheim an der Brenz auf 80,32 m verbessert. An den Olympischen Spielen in Moskau konnte Karl-Hans Riehm wegen des Boykotts der Olympischen Spiele durch das bundesdeutsche NOK nicht teilnehmen. Während in Moskau die Olympischen Spiele stattfanden, warf er in Rhede den Hammer auf die neue deutsche Rekordweite von 80,80 m. Der Weltrekord war inzwischen an die Sowjetunion gegangen.

Wegen einer Verletzung konnte Karl-Hans Riehm nicht an den Europameisterschaften 1982 in Athen teilnehmen. So gingen alle Medaillen an die sowjetischen Hammerwerfer. Bei den Olympischen Spielen 1984 in Los Angeles gewann er hinter dem Finnen Juha Tiainen mit 10 Zentimetern Rückstand die Silbermedaille. Auch hier zeigte sich einmal mehr, dass Karl-Hans Riehm bei Großereignissen oft nur wenige Zentimeter zu noch größeren Erfolgen fehlten. Nach den Olympischen Spielen ließ er seine Karriere ausklingen.

Karl-Hans Riehm ist Innenarchitekt und Schreinermeister und führte bis 2012 den Schreinereibetrieb seines Vaters in Konz. Er wurde 10 mal deutscher Meister, Eurocup- und Weltcupsieger. Er wurde mit dem Rudolf-Harbig-Gedächtnispreis und der Sportplakette des Landes NRW ausgezeichnet. Sein Sohn Michael war ebenfalls Hammerwerfer.

Thomas Röhler

Thomas Röhler wurde am 30. September 1991 in Jena geboren. Er besuchte das Sportgymnasium in Jena und nahm nach dem Abitur an der Universität Jena ein Sport- und Wirtschaftsstudium auf. 2016 machte er den Bachelor-Abschluss. Über eine Arbeitsgemeinschaft in der Schule kam er mit der Leichtathletik in Berührung. Er trat dem LC Jena bei und betätigte sich zunächst im Sprung und Mehrkampf. 2009 kam er zum Speerwurf. Nachdem er 2012 und 2013 deutscher Speerwurfmeister geworden war, feierte er seinen ersten internationalen Erfolg bei den U 23-Europameisterschaften in Tampere, wo er den dritten Platz belegte. 2014 und 2015 wurde er erneut deutscher Speerwurfmeister.

Bei den Leichtathletik-Weltmeisterschaften 2015 in Peking wurde Thomas Röhler mit 87,41 m Vierter. Seine große Stunde schlug bei den Olympischen Spielen in Rio de Janeiro. Nachdem er länger hinter dem kenianischen Weltmeister Julius Yego auf dem 2. Platz gelegen hatte, gelang ihm im fünften Versuch ein Wurf über die 90-m-Marke. Erst nach 90,30 m bohrte sich der Speer in den Rasen. Da keiner mehr kontern konnte, war Thomas Röhler Olympiasieger. Beim Diamond League-Meeting in Doha warf er am 5. Mai 2017 mit 93,90 m einen neuen deutschen Rekord. Dieser Rekord hielt nur etwas mehr als zwei Monate. Dann übertraf ihn Johannes Vetter am 11. Juli bei einem Sportfest in Luzern mit einem Wurf auf 94,40 m. Es verwundert nicht, dass die beiden deutschen Speerwerfer als Favoriten zu den Weltmeisterschaften nach London fuhren.

Leider stach nur der Trumpf Vetter. Während Johannes Vetter über den Weltmeister-Titel jubeln durfte, wurde Thomas Röhler unglücklicher Vierter. Obwohl er den Speer 88,26 m weit warf, wurde er noch vom Tschechen Petr Frydrych um sechs Zentimeter vom dritten Platz verdrängt. Bei den Europameisterschaften 2018 in Berlin drehte Thomas Röhler den Spieß um. Dieses Mal war er nicht zu schlagen und gewann mit 89,47 m den Titel vor seinem Landsmann Andreas Hofmann. Johannes Vetter wurde dieses Mal Fünfter. Bei den Weltmeisterschaften 2019 in Doha schied Thomas Röhler in der Qualifikation aus. 2021 plagte ihn eine hartnäckige Rückenverletzung, die auch dazu führte, dass er im Interesse seiner weiteren Karriere auf die Teilnahme an den Olympischen Spielen in Tokio verzichtete.

Heide Rosendahl

Heide Rosendahl wurde am 14. Februar 1947 in Hückeswagen geboren. Sie startete zunächst für den TSV Schwarz Weiß Radevormwald, später für den TuS 04 Leverkusen. Die vielseitig begabte Heide Rosendahl gewann bei den Europameisterschaften 1966 als 19-Jährige mit 4765 P. die Silbermedaille im Fünfkampf, nur 22 Punkte hinter der Europameisterin, der Russin Tichomirowa.

Endgültig in den Blickpunkt der Öffentlichkeit geriet sie, als sie im Olympiajahr 1968 im Fünfkampf mehr als 5000 P. erreichte und den deutschen Fünfkampf-Rekord auf 5129 P. verbesserte. Mit dieser Leistung galt sie als Topfavoritin für die Goldmedaille bei den Olympischen Spielen. Später sollte sich zeigen, dass diese Leistung tatsächlich für die Goldmedaille gereicht hätte. Beim Aufwärmen für die erste Disziplin, den 80-m-Hürdenlauf, zog sie sich jedoch eine Zerrung zu und konnte nicht an den Start gehen. Im Weitsprung landete sie mit 6,40 m auf dem achten Platz. In der Qualifikation war sie 6,54 m weit gesprungen. Am 10. und 11. Mai 1969 verbesserte sie in Leverkusen mit 5155 P. den Weltrekord im Fünfkampf und im Weitsprung den deutschen Rekord auf 6,64 m.

1970 steigerte Heide Rosendahl mit 23,1 Sek. den deutschen Rekord über 200 m, dem sie drei deutsche Rekorde über 100 m Hürden folgen ließ. Nachdem sie 1970 den deutschen Weitsprung-Rekord auf 6,72 m verbessert hatte, gelang ihr bei der Universiade in Turin ein Paukenschlag. Sie sprang am 3. September 1970 mit 6,84 m Weltrekord und wurde Universiade-Siegerin. Den deutschen Rekord im Fünfkampf steigerte sie auf 5399 P. Das Jahr 1970 schloss sie am 4. Dezember mit einem neuen Hallenweltrekord über 60 m Hürden ab. Zwei Wochen später wählten sie die deutschen Sportjournalisten zur Sportlerin des Jahres.

Nahtlos daran schlossen sich im folgenden Winter Weltrekorde über 50 m Hürden an. Bei den Hallen-Europameisterschaften in Sofia gewann Heide Rosendahl den Titel im Weitsprung. Nachdem sie in einem hochklassigen Wettbewerb bei den Europameisterschaften in Helsinki Dritte im Weitsprung geworden war, gewann sie im Fünfkampf mit 5299 P. die Goldmedaille.

Das erfolgreichste Jahr stand Heide Rosendahl noch bevor: das Olympiajahr 1972. Heide Rosendahl ging im Weitsprung und im Fünfkampf an den Start. Im Weitsprung begann sie mit einem Sprung auf 6,78 m, nur sechs Zentimeter hinter ihrem

Weltrekord. Obwohl sie eine makellose Serie sprang, konnte sie sich nicht mehr steigern. Die Bulgarin Diana Jorgowa kam im 4. Versuch bis auf einen Zentimeter an Rosendahls Weite heran. Auch wenn sie bis zum Schluss zittern musste, gewann Heide Rosendahl die Goldmedaille. Den Fünfkampf begann Heide Rosendahl mit einer Zeit von 13,34 Sek. über 100 m Hürden. Das waren nur sechs Hundertstelsekunden über ihrem deutschen Rekord von 13,28 Sek. Im Kugelstoßen fiel sie mit 13,86 m deutlich zurück und auch im Hochsprung ging es nicht höher als 1,65 m. Nach dem 1. Tag lag sie mit 301 Punkten Rückstand auf dem 5. Platz. Den 2. Tag begann sie mit einem Sprung auf 6,83 m,

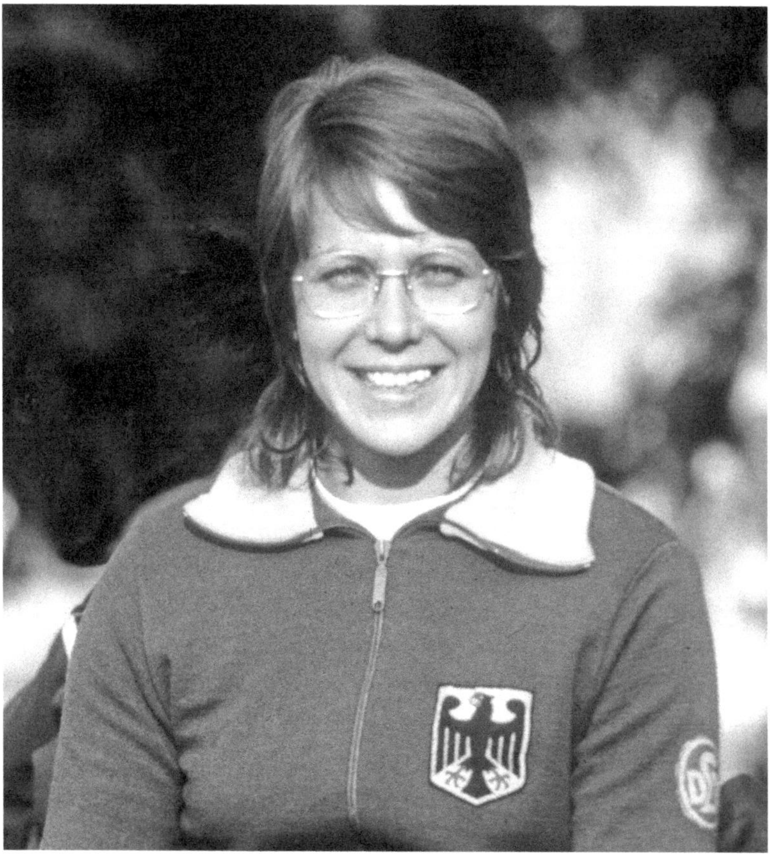

Heide Rosendahl im Nationaldress 1971

einen Zentimeter hinter ihrem Weltrekord, und im abschließenden 200-m-Lauf lief sie mit 22,96 Sek. einen neuen deutschen Rekord. Am Ende stellte sie mit 4791 P. nach der neuen Punktwertung einen neuen deutschen Fünfkampf-Rekord auf und gewann die Silbermedaille mit nur 10 Punkten Rückstand auf die Britin Mary Peters. Es sollte für Heide Rosendahl aber noch besser kommen. Sie wurde in der 4 x 100-m-Staffel als Schlussläuferin eingesetzt und lief gegen die Doppel-Olympiasiegerin Renate Stecher das Rennen ihres Lebens. Am Ende standen ein Olympiasieg und ein neuer Weltrekord. Mit zwei Gold- und einer Silbermedaille war Heide Rosendahl eine der erfolgreichsten Olympionikinnen der Spiele 1972. Dies honorierten die deutschen Sportjournalisten am Ende des Jahres mit der erneuten Wahl zur Sportlerin des Jahres.

1973 beendete Heide Rosendahl ihre Karriere. In diesem Jahr wurde ihr der Rudolf-Harbig-Gedächtnispreis verliehen. Heike Rosendahl heiratete den Basketballspieler John Ecker und bekam zwei Söhne. Ihr Sohn Danny war ein erfolgreicher Stabhochspringer mit einer Bestleistung von 6,00 m. Heide Rosendahl arbeitete bis zu ihrem Ruhestand als Diplom-Sportlehrerin.

Christian Schenk

Christian Schenk wurde am 9. Februar 1965 in Rostock als Sohn eines Arztes geboren. Er wuchs in Kühlungsborn und Stralsund auf. Christian Schenk begann als Turner und wechselte zur Leichtathletik, als er fürs Turnen zu groß wurde. Mit 12 Jahren kam er zur Kinder- und Jugendsportschule nach Rostock und wurde zum Zehnkämpfer ausgebildet. Er startete für den SC Empor Rostock und den USC Mainz. Bei den Junioren-Europameisterschaften 1983 gewann er im Zehnkampf die Silbermedaille. 1987 wurde Christian Schenk bei den Weltmeisterschaften in Rom Fünfter im Zehnkampf.

Höhepunkt seines Sportlerlebens war der Olympiasieg im Zehnkampf bei den Olympischen Spielen in Seoul mit 8488 P., wobei er besonders im Hochsprung mit einer Höhe von 2,27 m im Straddle-Stil beeindruckte. Nie ist ein Zehnkämpfer höher gesprungen. Bei den Europameisterschaften 1990 in Split belegte Christian Schenk mit 8433 P. den dritten Platz. Auch bei diesem Zehnkampf sprang er 2,22 m hoch. Bei den Weltmeisterschaften 1991 in Tokio belegte er ebenfalls den dritten Platz. An den Olympischen Spielen in Barcelona konnte er wegen einer beim Qualifikationswettkampf erlittenen Verletzung nicht teilnehmen. Ein Jahr später bei den Heimweltmeisterschaften in Stuttgart wurde er Vierter. Dabei stellte er mit 8500 P. eine persönliche Bestleistung auf. 1994 beendete Christian Schenk seine Karriere.

Christian Schenk studierte Publizistik an der Universität Mainz und arbeitete danach als Sportreporter beim ZDF. 1996 gründete Christian Schenk eine Agentur für Sport- und Gesundheitsmarketing. In der DDR wurde er mit dem Vaterländischen Verdienstorden in Gold ausgezeichnet.

Zum Thema Doping schrieb Christian Schenk in seiner 2018 erschienenen Autobiographie „Riss: Mein Leben zwischen Hymne und Hölle“:

„Ich habe gedopt und ich wusste, dass ich dope.“ (S. 154) Mir war klar, dass man, sobald man wie ich als A-Kader eingestuft wurde, was Nationalmannschaft bedeutete, sogenannte unterstützende Mittel erhielt, die helfen sollten, die enorme Trainingsbelastung zu meistern und seine Leistungen zu steigern.“ (S. 155)

Trotz dieses Geständnisses durfte Christian Schenk seine in Seoul gewonnene Goldmedaille behalten.

Harald Schmid

Harald Schmid wurde am 29. September 1957 in Hanau geboren. Er kam schon als Jugendlicher zur Leichtathletik und begeisterte sich für den 400 m Hürdenlauf. Er startete für den TV Gelnhausen. Während seiner ganzen Karriere war Harald Schmid Autodidakt. Er hatte keinen Trainer, verstand es aber immer wieder, sich zum Saisonhöhepunkt in Form zu bringen.

Am 7. Juli 1976 lief Harald Schmid in Lüdenscheid mit 49,61 Sek. Junioren-Weltrekord über 400 m Hürden und qualifizierte sich bereits als 18-Jähriger für die Olympischen Spiele 1976 in Montreal. Während er über 400 m Hürden im Zwischenlauf disqualifiziert wurde, gewann er mit Martin Weppler, Franz-Peter Hofmeister und Bernd Herrmann die Bronzemedaille über 4 x 400 m. 1977 verbesserte er beim Leichtathletik-Weltcup in Düsseldorf im Duell mit Edwin Moses und Volker Beck den bundesdeutschen Rekord auf 48,85 Sek.

Am 13. Mai 1978 lief Harald Schmid mit 61,22 Sek. in Göttingen einen neuen Weltrekord über die selten gelaufene 500-m-Strecke. Kurz vor den Europameisterschaften in Prag lief er in Köln mit 48,43 Sek. einen neuen deutschen Rekord über 400 m Hürden und wurde in Prag Europameister über diese Strecke. Mit der Staffel gewann er den Titel über 4 x 400 m. Am 4. August 1979 ließ er beim Europacup in Turin mit einem besonderen Coup aufhorchen. Innerhalb einer Stunde gewann er in neuer Europarekordzeit von 47,85 Sek. den 400 m Hürdenlauf und in 45,31 Sek. auch den 400-m-Lauf. Damit sicherte er der DLV-Mannschaft zwei Siege. Mit dem Europarekord verbesserte er den elf Jahre alten Rekord des britischen Olympiasiegers Dave Hemery. Durch diese Glanztat erlangte Harald Schmid Heldenstatus. Bei der Universiade in Mexiko City wurde er über 400 m Studentenweltmeister. Am Ende des Jahres wählten ihn die Sportjournalisten zum Sportler des Jahres. 1980 wurde er Opfer des Olympiaboykotts der bundesdeutschen Mannschaft. Er verbesserte in diesem Jahr den deutschen Rekord über

600 m auf 1:16,12 Min. 1981 erkrankte Harald Schmid an Hepatitis und fiel fast das ganze Jahr aus.

1982 setzte Harald Schmid seine Erfolge bei Europameisterschaften fort. Auch in Athen wurde er mit einem neuen Europarekord von 47,48 Sek. Europameister über 400 m Hürden.

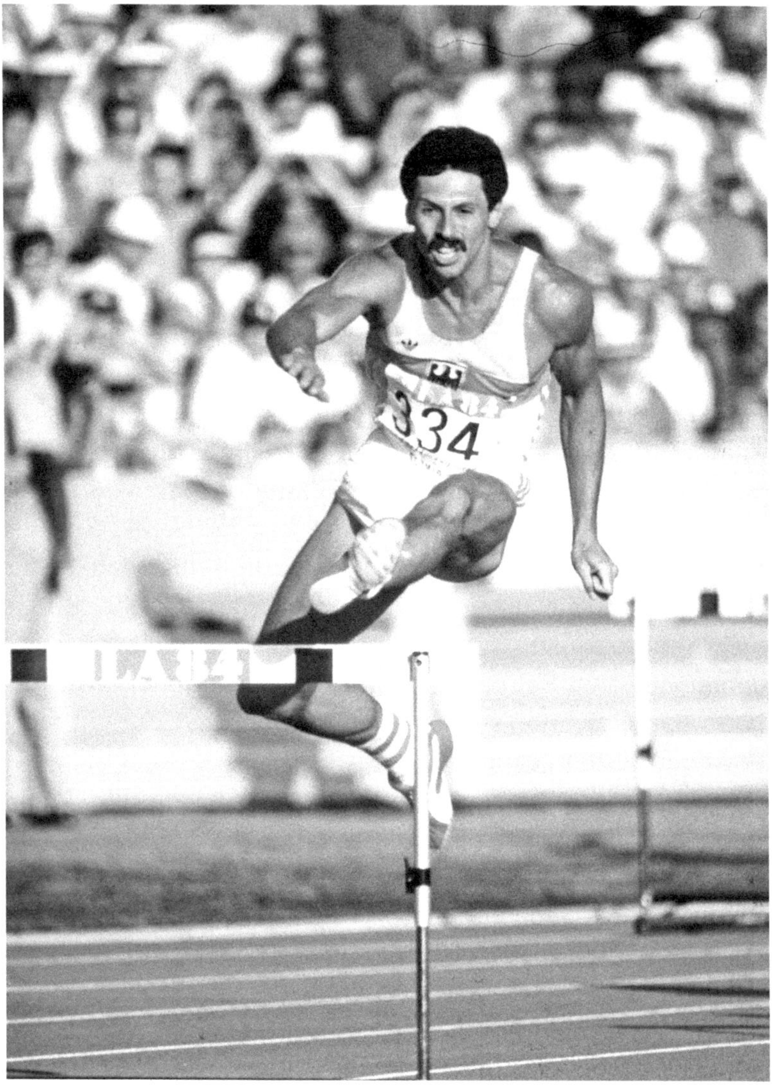

Harald Schmid bei den Olympischen Spielen in Los Angeles

Mit der 4 x 400-m-Staffel wiederholte er den Triumph von Prag. Allerdings war er der einzige Läufer der Prager Staffel. Die neuen Läufer waren Erwin Skamrahl, Thomas Giessing und Hartmut Weber. Bei den Weltmeisterschaften 1983 in Helsinki gewann Harald Schmid hinter Edwin Moses die Silbermedaille und wurde auch Vizeweltmeister mit der 4 x 400-m-Staffel. Bei den Olympischen Spielen 1984 erwies sich Harald Schmid einmal mehr als Medaillengarant. Er gewann hinter Edwin Moses und Danny Harris die Bronzemedaille.

Bei den Heim-Europameisterschaften 1986 in Stuttgart gewann Harald Schmid zum dritten Mal hintereinander den Titel über 400 m Hürden. Mit der 4 x 400-m-Staffel reichte es dieses Mal nicht zum Titelgewinn. Immerhin gewann die Staffel hinter Großbritannien die Silbermedaille. Das spektakulärste 400 m Hürden-Rennen stand Harald Schmid noch bevor. Bei den Weltmeisterschaften 1987 in Rom stürmten Edwin Moses, Danny Harris und Harald Schmid gleichauf über die Ziellinie. Die Zeitmessung und die Auswertung des Zielfotos ergab den Sieg von Edwin Moses in 47,46 Sek., den zweiten Platz von Danny Harris in 47,48 Sek. und die gleiche Zeit für Harald Schmid, womit er seinen Europarekord einstellte. Im selben Jahr stellte er mit 1:44,83 Min. eine neue persönliche Bestzeit über 800 m auf. In diesem Jahr wurde er noch einmal zum Sportler des Jahres gewählt. Bei den Olympischen Spielen 1988 in Seoul hatte Harald Schmid seinen Zenit überschritten. Zudem hatte er wegen einer Infektion Trainingsrückstand. Zwar erreichte er noch einmal das Finale, wurde da aber nur Siebter. 1990 beendete Harald Schmid seine großartige Karriere.

Er wurde 12-mal deutscher Meister und 1987 mit dem Rudolf-Harbig-Gedächtnispreis ausgezeichnet. Harald Schmid heiratete die polnische Hürdenläuferin Elzbieta Rabsztyn. Er studierte Sport. Das Studium schloss er als Dipl.-Sportlehrer mit Promotion ab. Er arbeitete zeitweise als Sportlehrer am Gymnasium in Gelnhausen. 1999 wurde Harald Schmid in die IAAF-Athleten-Kommission berufen. Er betreibt heute eine

PR-Agentur und das Institut für Gesundheitsförderung „Galenos“. Harald Schmid war zweifellos einer der herausragenden deutschen Leichtathleten, auch wenn er keine Goldmedaille bei Olympischen Spielen oder Weltmeisterschaften errungen hat, weil ihm in Edwin Moses ein noch größerer Athlet im Weg stand.

Wolfgang Schmidt

Wolfgang Schmidt wurde am 16. Januar 1954 in Ost-Berlin als Sohn des Diskustrainers Ernst Schmidt geboren. Er startete ab 1968 für den SC Dynamo Berlin. 1973 wurde Wolfgang Schmidt in Duisburg Junioren-Europameister im Diskuswurf und Zweiter im Kugelstoßen.

Am 21. Mai 1976 verbesserte er in Köln den Europarekord im Diskuswurf auf 68,60 m. Bei den Olympischen Spielen 1976 in Montreal gewann Wolfgang Schmidt mit 66,22 m hinter dem überragenden Amerikaner Mac Wilkins die Silbermedaille. Im Vorfeld der Europameisterschaften 1978 in Prag stellte Wolfgang Schmidt am 9. August in Ost-Berlin mit 71,16 m einen neuen Weltrekord im Diskuswurf auf. Die Goldmedaille bei den Europameisterschaften schien für ihn reserviert. Er brauchte sie sich nur noch abzuholen, was er dann auch tat. Zusätzlich zu diesem Titel holte er mit 20,30 m die Bronzemedaille im Kugelstoßen. 1979 gewann Wolfgang Schmidt sowohl den Weltcup als auch den Titel bei der Universiade.

1980 bei den Olympischen Spielen in Moskau zog sich Wolfgang Schmidt beim Diskuswurf den Zorn der Funktionäre zu: Wolfgang Schmidt lag auf dem vierten Platz, als Pfiffe der Zuschauer seine Konzentration für den letzten Versuch störten. Er berührte beim Abwurf den Diskusring, wodurch der Wurf ungültig wurde. Mit geballter Faust lief Wolfgang Schmidt auf die Ränge zu, aus denen die Pfiffe kamen.

1981 reifte in ihm der Gedanke, seine Karriere in der Bundesrepublik fortzusetzen. Wolfgang Schmidt, der als Mitglied eines

Polizeisportclubs und Leutnant der Volkspolizei vom Ministerium für Staatssicherheit überwacht wurde, fiel auf eine fingierte Organisation seiner Flucht herein und man nahm ihn wegen Kontakten zu Athleten aus kapitalistischen Ländern fest. Wegen illegalen Grenzübertritts wurde er im Herbst 1982 zu einer Freiheitsstrafe von einem Jahr sechs Monaten verurteilt. Ein Jahr später entließ man ihn und stellte ihn als Trainer bei der SG Dynamo Adlershof, einem Sportverein des Wachregiments der Staatssicherheit, ein. Wolfgang Schmidt stellte einen Ausreiseantrag, dem 1987 entsprochen wurde. Am 2. November 1987 durfte er in die Bundesrepublik übersiedeln und schloss sich dem SV Kickers Stuttgart an. Für eine Nominierung für die Olympischen Spiele 1988 in Seoul aber war es zu spät.

1988 beim einzigen Leichtathletik-Länderkampf zwischen der Bundesrepublik und der DDR in Düsseldorf kam es zu einer unschönen Szene. Wolfgang Schmidt wollte dem Sieger Jürgen Schult gratulieren. Der verweigerte jedoch den Handschlag, was die Zuschauer mit wütenden Pfiffen quittierten. Jürgen Schult behauptete später, eine entsprechende Anweisung der Delegationsleitung erhalten zu haben. Bei den Europameisterschaften 1990 in Split belegte Wolfgang Schmidt hinter dem Sieger Jürgen Schult und dem Niederländer Eric de Bruin den dritten Platz. Bei den Weltmeisterschaften 1991 in Tokio wurde er Vierter. Weil er nicht an den Ausscheidungswettkämpfen für die Olympischen Spiele 1992 in Barcelona teilnahm, wurde er nicht für die Olympiamannschaft nominiert. Danach beendete er seine Karriere.

Wolfgang Schmidt lebt heute in der Nähe von San Francisco und ist als Börsenmakler und Unternehmensberater tätig.

Thomas Schönlebe

Thomas Schönlebe wurde am 6. August 1965 in Frauenstein in Sachsen geboren. Er spezialisierte sich früh auf die lange Sprintstrecke. Er startete für den SC Karl-Marx-Stadt (heute Chemnitz) und nach der Wiedervereinigung für LAC Erdgas Chemnitz. 1983 wurde Thomas Schönlebe Junioren-Europameister. Im selben Jahr kam er bei den Weltmeisterschaften in Helsinki in den Endlauf und belegte dort den sechsten Platz. Bei den Hallen-Weltmeisterschaften 1985 in Paris gewann er den Titel über 400 m. Dabei stellte er mit 45,60 Sek. einen neuen Hallenweltrekord auf.

Bei den Europameisterschaften in Stuttgart wurde Thomas Schönlebe hinter dem Briten Roger Black Zweiter. Dabei stellte er mit 44,63 Sek. einen neuen DDR-Rekord auf. Ein Jahr später bei den Weltmeisterschaften in Rom schlug seine große Stunde. Mit dem neuen Europarekord von 44,33 Sek. gewann er den Weltmeister-Titel. Dieser Rekord hat heute noch Bestand. Am 5. Februar 1988 stellte Thomas Schönlebe mit 45,05 Sek. in Sindelfingen einen neuen Hallenweltrekord auf. Diese Zeit hat heute noch als Europarekord Bestand. Bei den Olympischen Spielen 1988 in Seoul schied Thomas Schönlebe trotz einer Zeit von 44,90 Sek. im Halbfinale aus. Mit der 4 x 400-m-Staffel der DDR wurde er hinter der bundesdeutschen Staffel Vierter.

Bei den Europameisterschaften 1990 in Split musste er sich erneut Roger Black geschlagen geben und wurde wie in Stuttgart Zweiter. Mit der 4 x 400-m-Staffel wurde er bei seinem letzten Start für die DDR erneut von der bundesdeutschen Staffel besiegt. Die DDR-Staffel wurde Dritter. Nach der Wiedervereinigung liefen die stärksten deutschen 400-m-Läufer aus der ehemaligen DDR und der Bundesrepublik in einer Staffel und gewannen bei den Hallenweltmeisterschaften 1991 in Sevilla den Titel. Nach diesem Zeitpunkt genügten die Leistungen von Thomas Schönlebe nicht mehr, um Medaillen bei internationalen Großereignissen gewinnen zu können. Nach den Olympischen Spielen in Atlanta beendete er seine Karriere.

Nach seiner Karriere arbeitete Thomas Schönlebe als Bankkaufmann. Er ist heute Geschäftsführer des Sportclubs LAC Erdgas Chemnitz.

Jürgen Schult

Jürgen Schult wurde am 11. Mai 1960 in Neuhaus im Landkreis Hagenow geboren. Zunächst spielte er Fußball und betrieb Radsport bei der SSG Traktor Neuhaus. 1974 kam er in die Kinder- und Jugendsportschule in Schwerin, startete fortan für den SC Traktor Schwerin und wurde Diskuswerfer. Nach der Wiedervereinigung startete er für den Schweriner SC und den SC Riesa.

Sein erster bedeutender Erfolg war der fünfte Platz bei den Weltmeisterschaften 1983 in Helsinki mit 64,92 m. Ein Jahr später durfte er wegen des Boykotts der Ostblockstaaten nicht bei den Olympischen Spielen in Los Angeles starten. Am 6. Juni 1986 stellte er in Neubrandenburg mit 74,08 m einen neuen Weltrekord auf, der heute noch Bestand hat. Damit war er der Favorit für den Titel bei den Europameisterschaften in Stuttgart. Doch entgegen allen Erwartungen landete er nur auf einem enttäuschenden siebten Platz. Erfolgreicher war Jürgen Schult ein Jahr später bei den Weltmeisterschaften in Rom. Dort gewann er mit 68,74 m den Titel.

Auch zu den Olympischen Spielen in Seoul fuhr Jürgen Schult als Favorit und wurde dieses Mal seiner Favoritenrolle gerecht. Mit 68,82 m gewann er die Goldmedaille vor Roman Ubartas, dem für die Sowjetunion startenden Litauer, und Rolf Danneberg. Jürgen Schult war der letzte Olympiasieger der DDR. Beim letzten Start für die DDR bei den Europameisterschaften 1990 in Split holte er sich mit 64,58 m den Titel. 1992 gewann Jürgen Schult bei den Olympischen Spielen in Barcelona die Silbermedaille hinter Roman Ubartas. Roman Ubartas gelang damit die Revanche für die Niederlage in Seoul.

Bei den Weltmeisterschaften 1993 in Stuttgart und den Europameisterschaften 1994 in Helsinki wurde Jürgen Schult jeweils Dritter. In Atlanta belegte Jürgen Schult 1996 bei den Olympischen Spielen beim Sieg von Lars Riedel den sechsten Platz. 1997 bei den Weltmeisterschaften in Athen wurde er wie in Stuttgart und Helsinki Dritter. Dass beim Diskuswurf das Alter keine große Rolle spielt, hatten schon einige Diskuswerfer, etwa Al Oerter, bewiesen. Jürgen Schult bewies das ebenfalls. Er gewann 1998 bei der EM in Budapest und 1999 bei der WM in Sevilla noch einmal jeweils eine Silbermedaille, in Sevilla mit einer Weite von 68,18 m. Bei den Olympischen Spielen in Sydney belegte er als 40-Jähriger noch einmal einen achten Platz und beendete dann seine Karriere.

Jürgen Schult studierte Sport an der DHfK Leipzig und schloss das Studium als Dipl.-Sportlehrer ab. Er war von 2001 bis 2018 Bundestrainer für den Diskuswurf. Seit 2018 ist er zuständig für die Leichtathletik-Ausbildung an der Bundespolizeisportschule in Kienbaum. Er wurde in der DDR mit dem Vaterländischen Verdienstorden in Gold ausgezeichnet.

Nils Schumann

Nils Schumann wurde am 20. Mai 1978 als Sohn eines Sportlehrers in Bad Frankenhausen im Kyffhäuserkreis geboren. Er begann schon mit sechs Jahren mit der Leichtathletik. Nils Schumann startete für den SV Kyffhäuser Frankenhausen, den ESC Erfurt, den Erfurter LAC, den SV Creaton Großengottern, die LG Nike Berlin, den SC Magdeburg und die LG Eintracht Frankfurt, wobei die letzten drei Vereine Teil einer Odyssee waren, die hier nicht geschildert werden soll. Nach dem Abitur begann er 1996 eine Ausbildung bei einer Bank, die er abbrach, um sich ganz auf das Laufen zu konzentrieren. Er spezialisierte sich auf die Mittelstrecken.

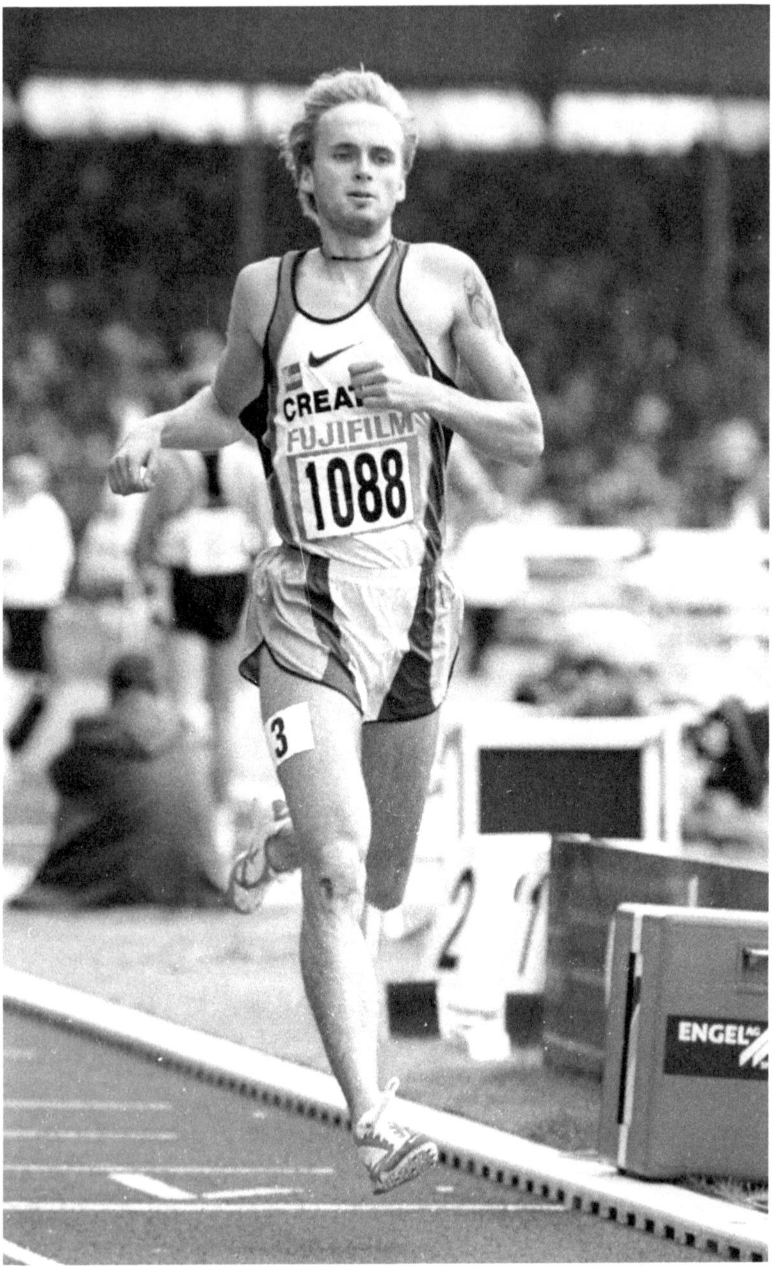

Nils Schumann bei den Deutschen Meisterschaften in Braunschweig, Juli 2000

1997 wurde Nils Schumann Junioren-Europameister über 800 m. Bei den Hallen-Europameisterschaften in Valencia gewann er den Titel über 800 m. Dabei besiegte er u.a. den Olympiasieger von Atlanta Vebjörn Rodal aus Norwegen. Der Titelgewinn gelang ihm im selben Jahr auch im Freien bei den Europameisterschaften in Budapest. Bei den Hallen-Europameisterschaften 2000 in Gent belegte er hinter dem für seinen gefürchteten Spurt bekannten 18-jährigen Russen Juri Borsakowski den zweiten Platz.

In die Herzen der Leichtathletik-Fans lief sich Nils Schumann bei den Olympischen Spielen 2000 in Sydney. Mit seinem Sieg im Halbfinale zeigte Nils Schumann, dass ihn sein Trainer Dieter Hermann zum richtigen Zeitpunkt in Form gebracht hatte. Nachdem er bisher für seine Spurtstärke bekannt war, bewies er jetzt, dass er auch in schnellen Rennen mithalten konnte. Das Finale war für ihn maßgeschneidert. Juri Borsakowski hatte zu viel Kraft verbraucht, um sich vom letzten Platz nach 400 m nach vorn zu kämpfen. Er konnte seinen gefürchteten Spurt nicht ansetzen. Wilson Kipketer hatte den richtigen Zeitpunkt für den Spurt verpasst. Auch dem Schweizer André Bucher fehlte auf der Zielgeraden die Spurtkraft. Nils Schumann aber war hellwach, als sich ihm die Möglichkeit bot, ungehindert seinen Spurt zu ziehen. Er gewann die Goldmedaille vor Wilson Kipketer. Am Ende des Jahres wählten ihn die Sportjournalisten zum Sportler des Jahres.

Bei den Weltmeisterschaften 2001 in Edmonton wurde Nils Schumann Fünfter. In München traf Nils Schumann bei den Europameisterschaften 2002 wieder auf den Weltrekordler Wilson Kipketer und den Weltmeister André Bucher, die Revanche für die Niederlage in Sydney nahmen und Nils Schumann besiegten. Hinter ihnen wurde Nils Schumann Dritter.

Nach seiner Karriere machte sich Nils Schumann selbstständig und arbeitet heute als Personal-Trainer.

Christina Schwanitz

Christina Schwanitz wurde am 24. Dezember 1985 in Dresden geboren. Sie entschied sich früh für das Kugelstoßen und ging zum LV 90 Erzgebirge zu Trainer Sven Lang. Schon in der Jugend konnte sie beachtliche Erfolge verbuchen. Bei den U 20-Weltmeisterschaften 2004 im italienischen Grosseto wurde sie Dritte, ein Jahr später bei den U 23-Europameisterschaften in Erfurt Zweite. Damit qualifizierte sich die 19-Jährige für die Weltmeisterschaften 2005 in Helsinki, bei denen sie den neunten Platz belegte. In den folgenden Jahren waren die Leistungen von Christina Schwanitz, auch verletzungsbedingt, durchwachsen. Erst 2011 gelang ihr der Durchbruch. Bei den Hallen-Europameisterschaften in Paris gewann sie mit 18,65 m die Silbermedaille. Zwei Jahre später packte sie in Göteborg noch einen drauf und gewann den Titel. Im selben Jahr wurde sie bei den Weltmeisterschaften in Moskau mit 20,41 m Zweite. Auf dieser Erfolgswelle ritt Christina Schwanitz weiter. Sie gewann 2014 bei den Hallen-Weltmeisterschaften im polnischen Zopot mit 19,94 m die Silbermedaille und vergoldete diese Medaille bei den Europameisterschaften in Zürich.

Den Höhepunkt ihrer Karriere erlebte Christina Schwanitz bei den Weltmeisterschaften 2015 in Peking, wo sie mit 20,37 m den Titel gewann. Am Jahresende wurde sie zur Sportlerin des Jahres gewählt. Auf dem Niveau von Peking stieß sie auch bei den Europameisterschaften 2016 in Amsterdam, wo sie mit 20,17 m Erste wurde. Leider konnte sie diese Leistung bei den Olympischen Spielen in Rio de Janeiro nicht zeigen. 20,17 m hätten in Rio de Janeiro zur Bronzemedaille gereicht. Sie kam jedoch nur auf 19,03 m und wurde Sechste.

Nach den Olympischen Spielen legte Christina Schwanitz eine Babypause ein. 2018 stieg sie wieder ins Wettkampfgeschehen ein. Bei den Europameisterschaften in Berlin gewann sie die Silbermedaille. Bei den Weltmeisterschaften 2019 in Doha machte sie mit dem Gewinn der Bronzemedaille den Medaillensatz bei

Weltmeisterschaften komplett. Im polnischen Torun gewann sie bei den Hallen-Europameisterschaften 2021 die Bronzemedaille. Nach einem im Vorfeld der Olympischen Spiele erlittenen Bandscheibenvorfall kam Christina Schwanitz nicht mehr rechtzeitig in Form und schied bei den Olympischen Spielen in Tokio bereits in der Qualifikation aus.

Nach den Deutschen Hallenmeisterschaften in Leipzig beendete sie im Februar 2022 ihre Karriere.

Christina Schwanitz ist ausgebildete Verwaltungswirtin und ist bei der Bundeswehr in der Sportausbildung angestellt.

Ilona Slupianek

Ilona Slupianek wurde als Ilona Schoknecht am 24. September 1956 in Demmin geboren. Sie wurde Kugelstoßerin und startete für den SC Dynamo Berlin und den OSC Berlin. 1973 wurde Ilona Schoknecht als 16-Jährige in Duisburg mit neuem Juniorenweltrekord von 17,05 m Junioren-Europameisterin. Bei den Olympischen Spielen 1976 in Montreal belegte sie mit 20,54 m den fünften Platz. Am 16. Juni 1977 verbesserte sie den Weltrekord in Potsdam auf 21,79 m. Beim Europacup in Helsinki 1977 wurde Ilona Schoknecht positiv auf Nandrolon getestet und ein Jahr gesperrt. In diesem Jahr heiratete sie und führte fortan den Namen Slupianek. 1978 kehrte sie ins Wettkampfgeschehen zurück. Zwei Wochen vor den Europameisterschaften in Prag überwand sie am 15. August 1978 in Berlin mit 22,06 m die 22-m-Grenze. In Prag holte sie sich den Titel mit einem Vorsprung von 55 cm vor der Tschechoslowakin Helena Fibingerova.

Im Olympiajahr 1980 steigerte sie den Weltrekord zweimal auf schließlich 22,45 m. Bei den Olympischen Spielen war sie der Konkurrenz haushoch überlegen und gewann mit 22,41 m die Goldmedaille. Die zweitplatzierte Russin Swetlana Kratschewskaja lag 99 cm zurück. Die Siegesweite von Moskau ist heute noch olympischer Rekord. Zwei Jahre später gewann Ilona Slupianek erneut den Europameistertitel. Bei den Weltmeisterschaften 1983 in Helsinki wurde sie mit 20,70 m Dritte. An den Olympischen Spielen in Los Angeles konnte sie 1984 wegen des Boykotts durch die Ostblock-Länder nicht teilnehmen. In diesem Jahr heiratete sie den Kugelstoßer Hartmut Briesenick. Bei den Hallen-Weltmeisterschaften 1987 in Indianapolis gewann Ilona Briesenick die Silbermedaille. Als sie die Qualifikation für die Olympischen Spiele in Seoul verpasste, beendete sie ihre Karriere.

Ilona Slupianek ließ sich von Hartmut Briesenick scheiden und ist wieder verheiratet. Sie heißt jetzt Longo und ist Erzieherin. Von 1976 bis 1986 war sie Abgeordnete der DDR-Volkskammer für die FDJ. Sie wurde mit dem Vaterländischen Verdienstorden in Gold, Silber und Bronze ausgezeichnet.

Renate Stecher

Renate Stecher wurde am 12. Mai 1950 als Renate Meißner im zur Verwaltungsgemeinde Torgau gehörenden Süptitz in Nordsachsen geboren. Sie begann mit dem Sport bei Chemie Torgau und spezialisierte sich auf den Sprint. Später ging sie nach Jena und startete für den SC Motor Jena. Nur Heike Drechsler hat wie Renate Stecher 17 Weltrekorde aufgestellt. Diese Rekordleistungen werden nicht im Einzelnen aufgeführt.

Bei den Europameisterschaften 1969 in Athen wurde Renate Meißner Zweite über 200 m und gewann mit der 4 x 100-m-Staffel der DDR den Europameister-Titel. Im Dezember 1970 heiratete sie den Sprinter Gerd Stecher. Ihr Stern ging bei den Europameisterschaften 1971 in Helsinki auf, wo sie beide Sprintstrecken gewann. Mit der 4 x 100-m-Staffel der DDR gewann sie zudem hinter der Staffel der Bundesrepublik die Silbermedaille. Was sie da noch nicht ahnen konnte: Genau dies sollte sich ein Jahr später wiederholen.

Bei den Olympischen Spielen in München war Renate Stecher die überragende Sprinterin. Sie gewann den 100-m-Lauf in elektronischer Weltrekordzeit von 11,07 Sek. und wurde auch über 200 m Olympiasiegerin. Dabei stellte sie mit 22,40 Sek. den Weltrekord der Chinesin Chi Chen ein. Bei einer derartigen Überlegenheit zweifelte niemand daran, dass sie mit der favorisierten Staffel der DDR ihre dritte Goldmedaille gewinnen würde. Aber es kam anders. Beim letzten Wechsel lag die bundesdeutsche Staffel einen Meter vor der DDR-Staffel. Das schien für Renate Stecher angesichts der bisher gezeigten Klasse eine machbare Aufgabe. Aber Heide Rosendahl konnte den Vorsprung der bundesdeutschen Staffel bis ins Ziel verteidigen. Für die DDR-Staffel blieb wie in Helsinki nur die Silbermedaille.

Am 7. Juni 1973 lief Renate Stecher bei einem Sportfest im tschechischen Ostrava mit 10,9 Sek. als erste Frau der Welt handgestoppt 100 m unter 11 Sekunden. 1974 bei den Europameisterschaften in Rom musste sie sich über beide Sprintstrecken der Polin Irina Szewinska geschlagen geben, gewann mit der 4 x 100-m-Staffel jedoch den Titel. Ein letzter großer Höhepunkt waren für sie die Olympischen Spiele 1976 in Montreal. Renate Stecher nahm noch einmal drei Medaillen mit nach Hause. Über 100 m musste sie sich Annegret Richter beugen und gewann die Silbermedaille. Über 200 m standen drei deutsche Frauen auf dem Siegerpodest. Bärbel Wöckel gewann die Goldmedaille vor Annegret Richter und Renate Stecher. Den goldenen Abschluss ihrer Karriere gab es für Renate Stecher mit der 4 x 100-m-Staffel. In einem dramatischen Finale schlug die DDR-Staffel die bundesdeutsche Staffel um vier Hundertstelsekunden. Renate Stecher gewann hier ihre dritte olympische Goldmedaille, die ihr in München noch verwehrt geblieben war. Am Ende des Jahres beendete sie ihre Karriere.

Renate Stecher wurde neunmal DDR-Meisterin, viermal Halleneuropameisterin und fünfmal Europacup-Siegerin im Sprint. Sie wurde mit dem Vaterländischen Verdienstorden in Gold, Silber und Bronze ausgezeichnet. Nach Beendigung ihrer Karriere studierte Renate Stecher Sportwissenschaften in Jena und arbeitete anschließend als Sportlehrerin im Hochschuldienst. Nach der Wiedervereinigung wurde diese Stelle aufgelöst. Sie fand eine Anstellung beim Studentenwerk und bei der Anti-Doping-Kommission des DLV. Renate Stecher war eine der herausragenden Athletinnen der deutschen Leichtathletik-Geschichte.

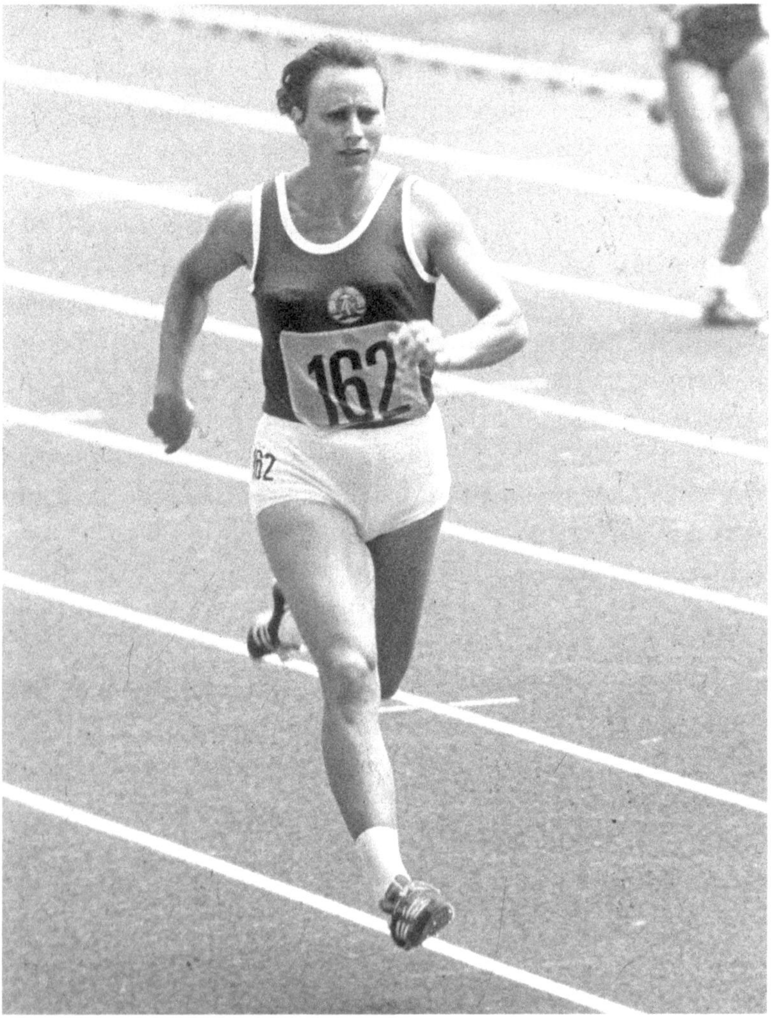

Renate Stecher im Trikot der DDR-Nationalmannschaft bei den Olympischen Spielen 1976

Gerhard Stöck

Gerhard Stöck wurde am 28. Juli 1910 in Kaiserswalde im Kreis Wirsitz in Niederschlesien als Sohn eines Fleischers geboren. Er wuchs in Schönlanke in Westpreußen auf. Gerhard Stöck studierte Philologie an den Universitäten Königsberg, Halle, Greifswald und Berlin. In der Leichtathletik war er ein starker Werfer und Zehnkämpfer. Er startete für den SSC Berlin und den Hamburger SV. 1933 trat Gerhard Stöck in die SA und 1937 in die NSDAP ein. 1935 verbesserte er zweimal den Weltrekord im Fünfkampf. Am 28. August 1935 stellte Gerhard Stöck in Helsinki mit 73,96 m einen deutschen Rekord im Speerwurf auf, der bis 1954 Bestand hatte. Im selben Jahr wurde er in Budapest Studentenweltmeister im Speerwurf und Fünfkampf.

Bei den Olympischen Spielen 1936 war er im Kugelstoßen, Speerwurf und Zehnkampf gemeldet. Gerhard Stöck gewann hinter dem Deutschen Hans Woellke und dem Finnen Bärlund im Kugelstoßen die Bronzemedaille. Größere Chancen räumte man ihm im Speerwurf ein, obwohl der Finne Matti Järvinen im Juni 1936 den Weltrekord auf 77,23 m verbessert hatte. Järvinen litt allerdings an den Folgen einer Rückenverletzung. Gerhard Stöck lag bis zum 5. Versuch auf dem fünften Platz, erwischte dann aber günstigen Wind und ließ den Speer auf 71,84 m segeln, womit er die Goldmedaille gewann. Im Zehnkampf trat Gerhard Stöck wegen einer Knieverletzung nicht an. Bei den Europameisterschaften 1938 in Paris gewann er vor dem Olympiasieger Woellke die Silbermedaille im Kugelstoßen. In dieser Disziplin wurde er ein Jahr später auch Studentenweltmeister.

1937 und 1938 arbeitete Gerhard Stöck als Gymnasiallehrer für Sport, Geologie, Erdkunde und Biologie. 1942 wurde er Oberregierungsrat im Reichsministerium für Wissenschaft, Erziehung und Volksbildung. Nach dem Krieg siedelte Gerhard Stöck nach Hamburg über. Von 1946 bis 1950 war er Dozent für Leibesübungen an der Universität Hamburg. Ab 1950 leitete er bis 1975 das Sportamt der Stadt Hamburg. 1956 und 1960 war

Gerhard Stöck Chef de Mission der gesamtdeutschen Olympiamannschaft. Seine Tochter Jutta war in den 60er-Jahren eine bekannte Sprinterin. Gerhard Stöck starb am 29. März 1985 in Hamburg.

David Storl

David Storl wurde am 27. Juli 1990 in Rochlitz im Landkreis Mittelsachsen geboren. Er wuchs im Seelitzer Ortsteil Döhlen auf und besuchte das Sportgymnasium in Chemnitz. Er begann mit der Leichtathletik als Mehrkämpfer beim VfA Rochlitzer Berg. Nach dem Tod seines Mehrkampftrainers im Jahre 2006 spezialisierte er sich auf das Kugelstoßen. David Storl wechselte zum LV 90 Erzgebirge, um unter Sven Lang zu trainieren.

Bei den U 18-Weltmeisterschaften 2007 im tschechischen Ostrava gewann er mit 21,40 m die Goldmedaille. Ein Jahr später wurde er im polnischen Bydgoszcz mit 21,08 m U 20-Weltmeister. 2009 verbesserte David Storl dreimal den Junioren-Weltrekord mit der 6-kg-Kugel auf zuletzt 22,73 m. Wenig später wurde er mit 22,40 m Junioren-Europameister. Bei den Europameisterschaften 2010 in Barcelona belegte der 20-Jährige den vierten Platz. Nach dieser kleinen Medaillenunterbrechung setzte sich die Erfolgsserie von David Storl fort. Nachdem er bei den U 23-Europameisterschaften 2011 in Ostrava gewonnen hatte, gelang ihm bei den Weltmeisterschaften im koreanischen Daegu im selben Jahr der große Coup. Mit 21,76 m wurde er vor dem Kanadier Dylan Armstrong und den Amerikanern Christian Cantwell und Reese Hoffa Weltmeister. Im Verlauf des Wettkampfes steigerte David Storl seine Bestleistung um 73 Zentimeter. Mit dieser Leistung musste man ihn auch bei den Olympischen Spielen 2012 in London auf der Rechnung haben.

Vor den Olympischen Spielen fanden in Istanbul die Hallen-Weltmeisterschaften statt, wo er mit 21,88 m Silber gewann, und in Helsinki die Europameisterschaften, wo David Storl mit

21,58 m nicht zu schlagen war. Bei den Olympischen Spielen 2012 in London stieß David Storl im 1. Versuch die Kugel auf 21,84 m, eine neue persönliche Bestleistung im Freien. Diese Bestleistung hielt aber nur wenige Minuten. Dann verbesserte er sie im 2. Versuch auf 21,86 m. Der polnische Olympiasieger von 2008 Tomasz Majewski konterte im 3. Versuch mit einer Weite von 21,87 m, der er im 6. Versuch einen Stoß auf 21,89 m folgen ließ. Nach dem 3. Versuch schaffte David Storl keinen gültigen Versuch mehr. Vielleicht wollte er es zu sehr „mit der Brechstange". Viel mehr als den Gewinn einer olympischen Silbermedaille mit einer Verbesserung der persönlichen Bestleistung kann man aber nicht erwarten.

Ein Jahr später wiederholte David Storl in Moskau seinen Triumph von Daegu und wurde mit 21,73 m erneut Weltmeister. Bei den Hallen-Weltmeisterschaften 2014 gewann er in Zopot wie in Istanbul die Silbermedaille. In beiden Fällen wurde er von dem amerikanischen Drehstoßtechniker Ryan Whiting besiegt. 2014 war er bei den Europameisterschaften in Zürich ebenso wenig zu schlagen wie bei den Hallen-Europameisterschaften 2015 in Prag. In Peking verdrängte ihn bei den Weltmeisterschaften 2015 erneut ein amerikanischer Drehstoßtechniker von der obersten Stufe des Siegerpodestes. Der Amerikaner Joe Kovacs siegte mit 19 Zentimetern Vorsprung vor David Storl. Kurz vor den Weltmeisterschaften hatte sich David Storl beim Diamond League-Meeting in Lausanne auf 22,20 m verbessert. Diese Leistung hätte in Peking zum Sieg gereicht. Allmählich aber musste David Storl erkennen, dass der Vormarsch der Drehstoßtechniker nicht mehr zu stoppen war.

Zwar konnte er bei den Europameisterschaften 2016 den Angriff der Drehstoßtechniker noch einmal abwenden und Europameister werden.

Bei den Olympischen Spielen 2016 in Rio de Janeiro belegten die Drehstoßtechniker Ryan Crouser, Joe Kovacs und Tom Walsh aber schon die ersten drei Plätze. David Storl wurde nur Siebter. Auch jüngere Kugelstoßer wie der Pole Konrad Buckowiecki und der Neuseeländer Jacko Gill sind Drehstoßtechniker. Zusätzlich zu dieser Entwicklung plagten David Storl in den letzten Jahren immer wieder Verletzungen, vor allem am Rücken. 2017 versuchte er mit einem Trainerwechsel noch einmal einen Neuanfang. Er wechselte zum SC DHfK Leipzig zu Trainer Wilko Schaa. In den folgenden beiden Jahren konnte David Storl noch einmal Erfolge erzielen. Bei den Hallen-Weltmeisterschaften 2018 in Birmingham gewann er ebenso die Silbermedaille wie bei den Hallen-Europameisterschaften 2019 in Glasgow. In Berlin wurde er 2018 noch einmal Dritter der Europameisterschaften. Danach wurde es etwas stiller um David Storl. 2021 gelang es ihm nicht mehr, sich für die Olympischen Spiele in Tokio zu qualifizieren.

Christa Stubnick

Christa Stubnick wurde am 12. Dezember 1933 als Christa Seliger in Gardelegen im Kreis Stendal geboren. Sie startete im Sprint und Weitsprung zunächst für Lok Stendal, wechselte später zu Dynamo Potsdam und Dynamo Berlin. Ostern 1954 heiratete sie den Schwergewichtsboxer Erich Stubnick.

Am 7. August 1954 stellte sie in Budapest den 19 Jahre alten Europarekord der Polin Stanislawa Walaziewicz über 200 m mit 23,6 Sek. ein. Am 30. Mai 1955 schrieb sie Leichtathletik-Geschichte: In Erfurt verbesserte sie zunächst den deutschen Rekord über 100 m auf 11,6 Sek. Wenig später trat sie über die in Mitteleuropa selten gelaufene 220 y-Strecke an und verbesserte den Weltrekord der Australierin Marjorie Jackson auf 23,8 Sek. Am 30. Juni 1956 steigerte sie in Berlin den Europarekord über 100 m auf 11,5 Sek. Am 9. September stellte sie über 200 m mit 23,5 Sek. einen neuen Europarekord auf. Drei Wochen später egalisierte sie ihren eigenen Europarekord über 100 m. In diesem Jahr wurde sie auch DDR-Meisterin im Weitsprung. Als zweifache Europarekordlerin fuhr sie als eine der

Favoritinnen zu den Olympischen Spielen nach Melbourne. Die deutsche 4 x 100-m-Staffel fuhr sogar als Topfavorit nach Australien. Das Quartett mit Erika Fisch, Christa Stubnick, Gisela Köhler und Barbara Meyer lief am 30. September 1956 in Dresden mit 45,1 Sek. Weltrekord.

Christa Stubnick hatte im Finale des 100-m-Laufes in Melbourne einen schlechten Start. Das nutzte die 18-jährige Australierin Betty Cuthbert, beschleunigte zwischen 10 m und 40 m enorm und ließ der am Schluss heranfliegenden Christa Stubnick keine Chance. Immerhin schaffte es Christa Stubnick, die zweite Australierin abzufangen und sich die Silbermedaille zu sichern.

Im 200-m-Lauf wurde Christa Stubnick die Außenbahn zugelost. Betty Cuthbert auf Bahn 5 ging die ersten 100 m schnell an, schloss zu Christa Stubnick auf und bog als Erste auf die Zielgerade ein. Christa Stubnick versuchte verzweifelt, den Abstand gegen die wie entfesselt laufende Betty Cuthbert zu verringern. Ohne Erfolg. Betty Cuthbert gewann mit drei Zehntelsekunden Vorsprung ihre zweite Goldmedaille, Christa Stubnick ihre zweite Silbermedaille. Im Vorlauf der 4 x 100-m-Staffel liefen die Deutschen wie die australische Staffel mit 44,9 Sek. Weltrekord. Im Finale wechselten sie mit Christa Stubnick als 2. Läuferin jedoch so schlecht, dass sie keine Chance hatten, in den Kampf um die Medaillen einzugreifen, und abgeschlagen Letzte wurden.

Bei den Europameisterschaften 1958 in Stockholm wurde Christa Stubnick über 100 m hinter der Britin Heather Young und der Russin Vera Krepkina Dritte. Im 200-m-Lauf verletzte sich Christa Stubnick an der Achillessehne und wurde nur humpelnd Letzte.

1967 ließ sie sich von Erich Stubnick scheiden. 1971 beendete die 12-malige DDR-Meisterin ihre Karriere. Nach ihrer Karriere leitete Christa Stubnick, inzwischen verheiratete Fischer, im Rang einer Majorin in Magdeburg die Volkspolizei-Meldestelle. Von 1973 bis 1990 war sie Mitglied des Olympischen Komitees der DDR. Nach der Wiedervereinigung wurde es ruhig um die einstige Sprintkönigin. Sie starb am 13. Mai 2021 im Alter von 87 Jahren.

Ulf Timmermann

Ulf Timmermann wurde am 1. November 1962 in Ost-Berlin geboren. Er begann als Ruderer und fand dann den Weg zur Leichtathletik. Er wurde Kugelstoßer und startete für den Berliner TSC. Seinen ersten großen Erfolg feierte er, als er bei den Weltmeisterschaften in Helsinki 1983 hinter dem Polen Sarul mit 21,16 m die Silbermedaille gewann. Am 2. Februar 1985 steigerte Ulf Timmermann in Senftenberg den Europarekord in der Halle zweimal auf 21,76 m und 21,87 m. Zwei Wochen später verbesserte er ebenfalls in Senftenberg den Hallenweltrekord auf 22,15 m und gewann anschließend bei den Hallen-Europameisterschaften in Piräus mit 21,44 m die Silbermedaille. Am 22. September 1985 verbesserte er in Berlin den Weltrekord auf 22,62 m. Bei den Europameisterschaften in Stuttgart 1986 gewann er mit 21,84 m hinter dem Schweizer Werner Günthör erneut die Silbermedaille.

1987 bei den Hallen-Weltmeisterschaften in Indianapolis wurde Ulf Timmermann mit 22,24 m Weltmeister. Zuvor hatte er bereits in Lievin/Frankreich den Europameister-Titel mit 22,19 m gewonnen. 1988 kam sein großes Jahr. Am 22. Mai verbesserte Timmermann in Chania/Griechenland den Weltrekord auf 23,06 m. Diese Weite ist heute noch gültiger Europarekord. Nur die Amerikaner Ryan Crouser und Randy Barnes stießen jemals weiter als Ulf Timmermann. Bei den Olympischen Spielen in Seoul krönte er seine Laufbahn mit dem Gewinn der Goldmedaille.

Bei den Hallen-Europameisterschaften 1989 in Den Haag und den Hallen-Weltmeisterschaften im gleichen Jahr in Budapest gewann Ulf Timmermann jeweils die Goldmedaille. Nachdem er bei den Hallen-Europameisterschaften 1990 in Glasgow die Silbermedaille gewonnen hatte, wurde er in Split beim letzten großen Wettkampf für die DDR Europameister. Danach beendete er seine Karriere.

Der gelernte Bautischler brach ein Maschinenbau-Studium ebenso ab wie ein Studium der Ökonomie. Zeitweise betrieb er eine Gaststätte. Nach einer Ausbildung als Steuerfachangestellter arbeitete er eine Zeit lang als selbstständiger Unternehmensberater. Heute ist er Geschäftsführer einer Großbäckerei. Er wurde in der DDR zweimal mit dem Vaterländischen Verdienstorden in Gold ausgezeichnet.

Bodo Tümmler

Bodo Tümmler wurde am 8. Dezember 1943 in Thorn/Westpreußen geboren. Nachdem die Familie aus Preußen geflüchtet war, ließ sie sich in Berlin nieder. Bodo Tümmler spezialisierte sich auf den Mittelstreckenlauf und startete für den SC Charlottenburg Berlin. Er studierte Biologie und Sport auf Lehramt. 1965 gewann er bei der Universiade in Budapest den Titel über 1.500 m. Am 7. Juli 1965 stellte er mit 3:39,5 Min. einen bundesdeutschen Rekord über 1.500 m auf, den er ein Jahr später auf 3:39,1 Min. verbesserte. Bei den Europameisterschaften 1966 in Budapest wurde Bodo Tümmler über 800 m hinter dem Ostdeutschen Manfred Matuschewski und Franz-Josef Kemper Dritter. Über 1.500 m gewann er vor dem Franzosen Michel Jazy und Harald Norpoth die Goldmedaille. Dabei beeindruckte er mit einer Schlussrunde von 52,7 Sek. 1967 wurde Bodo Tümmler erneut Studentenweltmeister über 1.500 m und beim Europacup in Kiew Zweiter über diese Strecke.

Wie schon bei Harald Norpoth geschildert, gehörte Bodo Tümmler zu einer deutschen Staffel, die 1968 einen Weltrekord über 4 x 880 y lief. 1968 war Bodo Tümmlers bestes Jahr. Am 2. Juli lief er in Stockholm mit 3:54,7 Min. einen neuen bundesdeutschen Rekord über eine Meile. Eine Woche später verbesserte er in Köln mit 3:36,5 Min. den bundesdeutschen Rekord über 1.500 m. Am 22. August steigerte er in Karlskrona/Schweden seinen eigenen Meilenrekord auf 3:53,8 Min. Den Höhepunkt seiner Laufbahn erlebte Bodo Tümmler bei den Olympischen Spielen in Mexiko City. Über 1.500 m musste er sich lediglich dem Olympiasieger Kipchoge Keino und dem Weltrekordler Jim Ryun geschlagen geben und gewann die Bronzemedaille. 1969 lief Bodo Tümmler mit Walter Adams, Jürgen May und Harald Norpoth mit 16:09,6 Min. einen Europarekord über 4 x 1 Meile.

Wegen langwieriger Knieprobleme konnte Bodo Tümmler lange nicht trainieren. Er konnte deshalb an frühere Triumphe nicht mehr anknüpfen. 1972 schied er bei den Olympischen Spielen im Halbfinale aus. 1973 lief er die Marathonstrecke in 2:34:73 Std. Dann beendete er seine Laufbahn.

Bodo Tümmler arbeitete als Gymnasiallehrer und war bis zu seiner Pensionierung Studiendirektor am Schadow-Gymnasium in Berlin-Zehlendorf. Bodo Tümmler leitete viele Jahre beim Berlin-Marathon die Verpflegungsstelle „Am Wilden Eber". Der Spruch „Ab hier die Sau rauslassen", der in der Marathonwelt ein Begriff ist, stammt von ihm.

Johannes Vetter

Johannes Vetter wurde am 26. März 1993 in Dresden geboren. Er besuchte das Sportgymnasium in Dresden und startete für den Dresdner SC. 2014 übersiedelte er nach Offenburg zu Bundestrainer Boris Obergföll. Er startete zunächst für den SV Saar 05 Saarbrücken und inzwischen für die LG Offenburg. In das Bewusstsein der Öffentlichkeit trat er 2015, als er bei den Weltmeisterschaften in Peking den siebten Platz belegte. Bei den Olympischen Spielen 2016 in Rio de Janeiro wurde er mit sechs Zentimetern Rückstand auf die Bronzemedaille Vierter.

2017 wurde sein bisher erfolgreichstes Jahr. Am 11. Juli stellte er in Luzern mit 94,40 m einen neuen deutschen Rekord auf. Bei den Weltmeisterschaften in London war er nicht zu schlagen. Bereits in der Qualifikation warf er den Speer auf 91,20 m. Auch im Endkampf zeigte er gleich im 1. Versuch mit 89,89 m, „wo Barthel den Most holt“, und wurde Weltmeister. 2018 siegte Johannes Vetter beim Winterwurf-Europacup in Leiria/Portugal mit 92,70 m. Nach Verletzungsproblemen im Jahr 2019 war er bei den Weltmeisterschaften in Doha nicht auf der Höhe seines Leistungsvermögens und wurde mit 85,37 m Dritter. Am 6. September 2020 stellte er beim Kamila Skolimowska Memorial in Chorzow (dt. Königshütte) mit 97,76 m einen neuen deutschen Rekord auf. Dies ist weltweit die zweitbeste Leistung nach dem Weltrekord von Jan Zelezny mit 98,48 m. Im Jahr 2021 warf er den Speer beim Team-Europacup in Chorzow auf 96,29 m und wurde damit der heiße Favorit auf die Goldmedaille bei den Olympischen Spielen in Tokio. Dort war jedoch der Bodenbelag des Anlaufs zu weich, so dass Johannes Vetter beim Stemmschritt Schwierigkeiten hatte. Er konnte daher die Kraft aus dem Anlauf nicht umsetzen. Mit enttäuschenden 82,58 m schied er nach dem Vorkampf im olympischen Finale aus. Trotz dieser Enttäuschung wurde Johannes Vetter wegen seiner überragenden Saison zum Leichtathleten des Jahres 2021 gewählt.

Johannes Vetter sitzt für die Freien Wähler im Gemeinderat von Offenburg.

Torsten Voss

Torsten Voss wurde am 24. März 1963 in Güstrow geboren. Er spezialisierte sich früh auf den Mehrkampf und startete für den SC Traktor Schwerin, den Schweriner SC und LAV Bayer Uerdingen Dormagen. Bei den Junioren-Europameisterschaften 1981 in Utrecht gewann er die Goldmedaille im Zehnkampf. 1982 stellte er mit 8387 P. einen Juniorenweltrekord auf, der 35 Jahre Bestand hatte, bis ihn Niklas Kaul im Jahr 2017 auslöschte.

1985 gewann Torsten Voss in Krefeld den Mehrkampf-Europacup. Ein Jahr später belegte er bei den Europameisterschaften in Stuttgart hinter Daley Thompson, Jürgen Hingsen und Siggi Wentz mit 8450 P. den vierten Platz. 1987 vollbrachte er eine Leistung, die ihn weithin bekannt machte. Er wurde in Rom mit 8680 P. Weltmeister im Zehnkampf vor Siggi Wentz. Im selben Jahr wurde er zum DDR-Sportler des Jahres gewählt. Bei den Olympischen Spielen 1988 in Seoul gewann Torsten Voss hinter Christian Schenk die Silbermedaille.

Nach der Wiedervereinigung ging Torsten Voss zum Werkschutz der Firma Bayer in Krefeld-Uerdingen. Später wurde er bei Bayer Betriebsfeuerwehrmann. Sportlich wechselte er zum Bobsport. Er wurde Anschieber bei den Bobpiloten Wolfgang Hoppe, Harald Czudaj und Dirk Wiese. Er gewann bei Weltmeisterschaften drei Medaillen, eine silberne und zwei Bronzemedaillen. 1998 wurde er im Viererbob von Harald Czudaj Europameister und 2001 noch einmal im Viererbob von Matthias Benesch.

2009 beendete Torsten Voss seine Karriere und gründete mit seinem Partner Christian Schneider das Athletik-Training-Konzept pa-training (personal athletic training), mit dem er Spitzensportler aus verschiedenen Sportarten betreut. In der DDR wurde Torsten Voss mit dem Vaterländischen Verdienstorden in Silber ausgezeichnet.

Hans-Joachim Walde

Hans-Joachim Walde wurde am 28. Juni 1942 in Gläsersdorf in Niederschlesien geboren. Er war Zehnkämpfer und startete für den USC Mainz. Er war der zuverlässige Athlet im Schatten der Großen. 1964 konzentrierte sich die Aufmerksamkeit der Zuschauer auf das Duell zwischen dem Deutschen Willi Holdorf und dem Sowjetrussen Rein Aun, 1968 zwischen dem Amerikaner Bill Toomey und dem Deutschen Kurt Bendlin. Bei beiden Olympischen Spielen gewann Hans-Joachim Walde eine Medaille, ohne dass man so recht Notiz davon nahm.

Bei den Olympischen Spielen 1964 in Tokio lag Hans-Joachim Walde nach dem 1. Tag des Zehnkampfes auf dem 2. Platz, nur 18 Punkte hinter seinem Landsmann Willi Holdorf. Auch nach neun Disziplinen lagen die beiden Deutschen in Front. Es war aber bekannt, dass Rein Aun ein sehr guter 1.500-m-Läufer und in der Lage war, den Abstand zu den Deutschen nicht nur zu verkürzen, sondern sie auch zu überflügeln. Tatsächlich war Rein Aun 12 Sekunden schneller als Willi Holdorf und fast 15 Sekunden schneller als Hans-Joachim Walde. Das reichte nicht, um Willi Holdorf die Goldmedaille abzunehmen, aber um Hans-Joachim Walde abzufangen. Dieser gewann immerhin die Bronzemedaille.

Für die Europameisterschaften 1966 in Budapest konnte sich Hans-Joachim Walde nicht qualifizieren. Dafür war er bei den Olympischen Spielen in Mexiko City wieder am Start. Ein Jahr vor den Spielen hatte der Deutsche Kurt Bendlin mit 8319 P. einen neuen Weltrekord aufgestellt. Das Interesse der Deutschen war demgemäß auf Kurt Bendlin gerichtet. Würde er den starken Amerikaner Bill Toomey schlagen können? Und Hans-Joachim Walde? Er verrichtete wie in Tokio solide Arbeit. Nach dem 1. Tag lag Bill Toomey vor allem wegen eines herausragenden 400-m-Laufs von 45,6 Sek. in Führung vor dem ostdeutschen Athleten Joachim Kirst und Hans-Joachim Walde. Kurt Bendlin lag auf dem sechsten Platz. Am 2. Tag lag Bill Toomey vor dem abschließenden 1.500-m-Lauf vor den drei Deutschen. Von den vier in Führung liegenden Zehnkämpfern lief Bill Toomey am Schnellsten und gewann die Goldmedaille, Hans-Joachim Walde war mehr als 11 Sekunden schneller als Kurt Bendlin und 22 Sekunden schneller als Joachim Kirst. Hans-Joachim Walde gewann die Silbermedaille vor Kurt Bendlin.

Am 7. März 1970 stellte Hans-Joachim Walde bei einem Mehrkampf in der Halle mit 5429 P. einen Weltrekord im Siebenkampf auf. Bei den Europameisterschaften 1971 in Helsinki erwies sich Hans-Joachim Walde als gewohnt zuverlässig und gewann die Bronzemedaille. Bei den Olympischen Spielen 1972 in München gab Hans-Joachim Walde nach der 4. Disziplin verletzt auf.

Nach den Olympischen Spielen in München beendete Hans-Joachim Walde seine Karriere. Er schloss sein Medizinstudium ab und promovierte zum Dr. med. Hans-Joachim Walde war Chefarzt des Bereichs Sportmedizin im Nordwest-Krankenhaus in Sanderbusch/Friesland. Er starb am 18. April 2013.

Hartmut Weber

Hartmut Weber wurde am 17. Oktober 1960 in Kamen geboren. Er war schon im Jugendbereich ein guter Leichtathlet und spezialisierte sich auf die lange Sprintstrecke. Er startete für den VfL Kamen und den OSC Dortmund. Bei den Junioren-Europameisterschaften 1979 im polnischen Bydgoszcz wurde er Junioren-Europameister über 400 m und gewann auch mit der 4 x 400-m-Staffel die Goldmedaille. Im selben Jahr war er Mitglied der 4 x 400-m-Staffel, die beim Europacup in Turin in Weltjahresbestzeit siegte. Im Jahr 1980 war er Mitglied der 4 x 400-m-Staffel, die im Vorfeld der Olympischen Spiele eine Weltjahresbestzeit aufstellte. Wegen des bereits mehrfach erwähnten Olympiaboykotts ging er in Moskau aber nicht an den Start.

Am 7. Februar 1981 stellte Hartmut Weber in Sindelfingen mit 45,96 Sek. einen neuen Hallen-Weltrekord auf. Im selben Jahr gewann er beim Eurocup in Zagreb den 400-m-Lauf. Am 4. Juni 1982 lief er in Dormagen mit 32,45 Sek. einen neuen DLV-Rekord über 300 m. Dieses Jahr sollte sein erfolgreichstes werden. Bei den Europameisterschaften in Athen gewann Hartmut Weber in 44,72 Sek. überlegen den Titel über 400 m. In der 4 x 400-m-Staffel siegte die bundesdeutsche Staffel in der Besetzung Erwin Skamrahl, Harald Schmid, Thomas Gießing und Hartmut Weber in neuer deutscher Rekordzeit von 3:00,51 Min. knapp vor Großbritannien.

Am 7. Mai 1983 verbesserte Hartmut Weber in Nußloch mit 60,35 Sek. den Weltrekord von Harald Schmid über 500 m.

Beim Europacup in London gewann er den 400-m-Lauf. Bei den Weltmeisterschaften in Helsinki im selben Jahr wurde er im 400-m-Lauf Fünfter, wobei ihn die Zeit von 45,49 Sek. enttäuscht haben dürfte. In der 4 x 400-m-Staffel war er wieder der Alte. Mit Erwin Skamrahl, Harald Schmid und Jörg Vaihinger gewann Hartmut Weber die Silbermedaille. 1984 war Hartmut Weber für die Olympischen Spiele qualifiziert, musste jedoch wegen einer Verletzung vorzeitig aus Los Angeles abreisen. 1986 beendete er seine Karriere.

Hartmut Weber ist Dipl.-Verwaltungswirt. Er war 14 Jahre lang Referatsleiter Finanzen, Personal und Verwaltung beim Deutschen Handballbund. Seit dem 1. Januar 2017 ist Hartmut Weber Abteilungsleiter Finanzen der Kirchenkreisverwaltung Nordfriesland. Seit Ende November 2020 ist er Präsident des Schleswig-Holsteinischen Leichtathletik-Verbandes.

Ronald Weigel

Ronald Weigel wurde am 8. August 1959 in Hildburghausen in Thüringen geboren. Er begann in seiner Heimatstadt mit der Leichtathletik. Sein Trainer bei der ASG Hildburghausen entdeckte sein Talent für das Gehen. Später wechselte er zum ASK Vorwärts Potsdam und war als Mitglied des Armeesportclubs Hauptmann der NVA. Nach der Wende startete er für den OSC Potsdam Luftschiffhafen. Erstmals nahm Ronald Weigel bei den Weltmeisterschaften 1983 in Helsinki an einer internationalen Meisterschaft teil. Zur Überraschung aller gewann er den Titel über 50 km. Die Olympischen Spiele 1984 verpasste er wegen des Boykotts der DDR. Am 25. Mai 1986 gelang ihm mit 3:38:17 eine neue Europabestzeit im 50 km Gehen. Bei den Europameisterschaften in Stuttgart wurde Ronald Weigel wegen unsauberen Gehens disqualifiziert. Bei den Weltmeisterschaften 1987 in Rom war Ronald Weigel erfolgreicher. Hinter seinem Landsmann Hartwig Gauder wurde er über 50 km Vizeweltmeister.

Am 1. Februar 1987 stellte er in Wien mit 18:44,97 Min. eine Weltbestzeit im 5-km-Bahngehen auf.

Bei den Olympischen Spielen in Seoul gewann Ronald Weigel sowohl im 20-km-Gehen als auch im 50-km-Gehen die Silbermedaille. Nachdem er noch am 26. Mai 1990 eine Europabestzeit im 20 km Bahngehen aufgestellt hatte, enttäuschte er bei den Europameisterschaften 1990 in Split. Er belegte nur den 9. Platz. Bei den Weltmeisterschaften 1991 in Tokio gab er auf. Erfolgreich war er bei den Olympischen Spielen in Barcelona. Er gewann über 50 km die Bronzemedaille. Das war sein letzter großer Coup. 1996 beendete Ronald Weigel seine Karriere. Zuletzt startete er für den LAC Halensee Berlin.

Ronald Weigel räumte nach der Wiedervereinigung seine Zusammenarbeit mit dem Ministerium für Staatssicherheit ein und wurde deshalb aus der Sportfördergruppe der Bundeswehr entlassen. 1997 nahm Ronald Weigel eine Stelle als australischer Nationaltrainer an. Er trainierte dort den Bronzemedaillengewinner von Athen über 20 km Nathan Deakes. 2002 kehrte er nach Deutschland zurück und wurde Bundestrainer der Geher. Seit 2010 ist er als Bundestrainer auch für die Marathonläufer zuständig. Ronald Weigel wurde in der DDR mit dem Vaterländischen Verdienstorden in Gold und mit dem Stern der Völkerfreundschaft in Silber ausgezeichnet.

Siggi Wentz

Siegfried „Siggi" Wentz wurde am 7. März 1960 in Röthenbach a.d. Pegnitz geboren. Er wuchs in Lorch auf und begann mit 13 Jahren mit der Leichtathletik. Er startete für die LG Staufen und den USC Mainz. Siggi Wentz spezialisierte sich auf den Zehnkampf. 1978 wurde er Deutscher Jugendmeister im Fünf- und Zehnkampf. 1979 gewann er bei den Junioren-Europameisterschaften in Bydgoscz den Titel im Zehnkampf. 1983 bei den Weltmeisterschaften in Helsinki wurde er Dritter im Zehnkampf.

In diesem Jahr erzielte er in Bernhausen mit 8762 P. seine persönliche Bestleistung.

Bei den Olympischen Spielen 1984 in Los Angeles boten drei deutsche Zehnkämpfer dem großen Favoriten Daley Thompson die Stirn: Jürgen Hingsen, Guido Kratschmer und Siggi Wentz. Daley Thompson setzte sich durch, Siggi Wentz gewann hinter Jürgen Hingsen die Bronzemedaille. Diese Reihenfolge wiederholte sich bei den Europameisterschaften in Stuttgart. Wieder waren drei Deutsche die härtesten Gegner von Daley Thompson. Nur war dieses Mal der dritte Deutsche nicht Guido Kratschmer, sondern Thorsten Voss aus der DDR.

In diesem Jahr stellte Siggi Wentz in der Halle in Dortmund mit 6163 P. einen Weltrekord im Siebenkampf auf. Als Daley Thompson nicht mehr dabei war, rutschte Siggi Wentz einen Platz vor. Bei den Weltmeisterschaften 1987 in Rom gewann Siggi Wentz hinter Torsten Voss die Silbermedaille. Im selben Jahr wurde er in Zagreb Studentenweltmeister. 1990 beendete Siggi Wentz seine Karriere.

Er studierte in Mainz Medizin und wurde Facharzt für Orthopädie. Seit dem Jahr 2000 ist er Chefarzt der Schlüsselbad-Klinik in Bad Peterstal-Griesbach im Schwarzwald.

Marianne Werner

Marianne Werner wurde am 4. Januar 1924 in Dülmen-Coesfeld als Marianne Schulze-Entrup geboren. Sie war gelernte Krankengymnastin und spezialisierte sich als Leichtathletin auf das Kugelstoßen und den Diskuswurf. Sie startete zunächst für die TG Münster, danach für Preußen Münster. Sie wurde trainiert von Erich Werner, den sie Anfang der fünfziger-Jahre des vorigen Jahrhunderts ehelichte. 1952 wechselte sie zum SSV 04 Wuppertal und schließlich zum SC Greven 09.

Bei den Olympischen Spielen in Helsinki gewann Marianne Werner hinter der Weltrekord stoßenden Russin Galina Sybina mit 14,57 m die Silbermedaille im Kugelstoßen. Im Diskuswurf belegte sie den 9. Platz. 1954 verbesserte Marianne Werner den deutschen Rekord im Kugelstoßen über 14,75 m auf 14,86 m. Bei den Europameisterschaften 1954 in Bern war Marianne Werner außer Form und belegte mit für sie enttäuschenden 13,93 m den 5. Platz. 1955 verbesserte sie dreimal den deutschen Kugelstoß-Rekord auf schließlich 15,06 m. Sie war die erste Deutsche, die die Kugel über 15,00 m stieß. 1956 steigerte sie den deutschen Rekord fünfmal bis auf 15,67 m.

Bei den Olympischen Spielen in Melbourne gewann Marianne Werner mit 15,61 m die Bronzemedaille. Damit sprengte sie das favorisierte russische Trio. Gegen die Olympiasiegerin Tamara Tyschkewitsch und die Silbermedaillengewinnerin Galina Sybina, die über 16,50 m stießen, war sie ohne Chance. Die dritte Russin Sinaida Dojnikowa aber distanzierte sie um sieben Zentimeter. 1958 verbesserte sie den deutschen Kugelstoßrekord über 15,68 m auf 15,84 m. Bei den Europameisterschaften 1958 in Stockholm kam Marianne Werners große Stunde. Mit 15,74 m besiegte sie die Olympiasiegerin Tamara Tyschkewitsch und den neuen Stern am Kugelstoßhimmel Tamara Press und gewann überraschend die Goldmedaille. Im selben Jahr wählten sie die Sportjournalisten zur Sportlerin des Jahres. Insgesamt wurde sie sechsmal deutsche Meisterin im Kugelstoßen und fünfmal im Diskuswurf. 1959 wurde ihr der Rudolf-Harbig-Gedächtnispreis verliehen. In diesem Jahr beendete sie ihre Karriere und schloss auch ihr Studium als Dipl.-Sportlehrerin ab.

1961 veröffentlichte sie mit ihrem Ehemann ein Fachbuch zur „Methodik der Wurfdisziplinen für Schule und Verein". 1978 wurde Marianne Werner Dozentin am Sportwissenschaftlichen Institut der Universität Dortmund. Dieses Institut verlieh ihr auch den Titel einer Honorarprofessorin.

Thomas Wessinghage

Thomas Wessinghage wurde am 22. Februar 1952 in Hagen geboren. Er startete als Leichtathlet für den USC Mainz, den TV Haiger, TuS 04 Leverkusen und den ASV Köln. 1972 wurde er Europameister mit der deutschen Mittelstreckenstaffel bei den Hallen-Europameisterschaften in Grenoble. Im selben Jahr nahm er an den Olympischen Spielen in München über 1.500 m teil, schied aber im Halbfinale aus. 1973 wiederholte er mit der Mittelstrecken-Staffel in Rotterdam den Triumph von Grenoble. 1974 wurde er bei den Hallen-Europameisterschaften in Göteborg Vizeeuropameister über 1.500 m. Bei den Europameisterschaften 1974 in Rom belegte Thomas Wessinghage hinter dem DDR-Läufer Klaus-Peter Justus und dem Dänen Tom Hansen den dritten Platz.

Bei den Hallen-Europameisterschaften 1975 in Kattowitz wurde Thomas Wessinghage Europameister über 1.500 m. Im selben Jahr gewann er beim Europacup in Nizza die 1.500 m. Außerdem wurde er in Rom Studentenweltmeister auf seiner Spezialstrecke. Mit 3:36,37 Min. lief er deutschen Rekord über 1.500 m. Ein Jahr später wurde er in der Halle Vizeeuropameister über 1.500 m. Bei den Olympischen Spielen 1976 in Montreal scheiterte er wieder im Halbfinale. Am 17. August 1977 stellte Thomas Wessinghage mit Harald Hudak, Michael Lederer und Karl Fleschen in Köln mit 14:38,8 Min. einen Weltrekord über 4 x 1.500 m auf. Im selben Jahr schloss er sein Medizinstudium ab.

Bei den Hallen-Europameisterschaften 1978 in Mailand wurde er Vizeeuropameister über 1.500 m. Im Sommer konnte er bei den Europameisterschaften in Prag nicht an den Erfolg anknüpfen und wurde unglücklicher Vierter. Die Serie seiner Hallenerfolge setzte sich aber 1979 fort. Er gewann in Wien die Silbermedaille über 1.500 m. Beim Weltcup in Montreal gewann er den 1.500-m-Lauf. 1980 wurde er in Sindelfingen Hallen-Europameister über 1.500 m Dabei stellte er mit 3:37,54 Min. einen neuen Hallen-Europarekord auf. Er musste dann aber enttäuscht zur Kenntnis nehmen, dass wegen des Boykotts der Olympischen Spiele in Moskau ein Olympia-Start nicht in Betracht kam. Er verbesserte im Olympiajahr den deutschen Rekord über 3:33,16 Min. auf 3:31,58 Min. Dieser Rekord hat heute noch Bestand.

Neun Jahre nach seinem ersten Titel wurde Thomas Wessinghage 1981 am Schauplatz seines ersten Triumphes erneut Hallen-Europameister. 1982 feierte er den größten Triumph seiner Laufbahn. Bei den Europameisterschaften in Athen startete er nicht in seiner Spezialdisziplin, sondern über 5.000 m und gewann nach einer taktischen Meisterleistung den Titel. Dabei legte er die letzte Runde in 54 Sekunden zurück. 10 Tage vor den Europameisterschaften verbesserte er in Ingelheim den Europarekord über 2.000 m auf 4:52,20 Min. 1983 wurde Thomas Wessinghage in Budapest zum sechsten Mal Hallen-Europameister über 1.500 m. Bei den Weltmeisterschaften im selben Jahr in Helsinki wurde er Sechster über 5.000 m. Beim Europacup in London gewann er über 5.000 m. 1984 gewann er die Bronzemedaille über 1.500 m in der Halle. Er nahm aber verletzungsbedingt nicht an den Olympischen Spielen in Los Angeles teil. Damit verpasste er zum zweiten Mal nach 1980 einen Start bei den Olympischen Spielen. 1985 gewann er in Piräus mit Silber über 3.000 m seine elfte Medaille bei Hallen-Europameisterschaften. 1987 beendete Thomas Wessinghage seine Karriere, was ihn allerdings nicht davon abhielt, mehrfach am Berlin-Marathonlauf teilzunehmen. Seine Marathonbestzeit beträgt 2:24:26 Stunden.

Von 1996 bis 2002 war Thomas Wessinghage ärztlicher Direktor und Chefarzt der Rehaklinik Saarschleife in Mettlach-Orscholz. Seit 2008 war er ärztlicher Direktor und Geschäftsführer von drei Kliniken der Medical Park AG in Bad Wiessee. Er war Professor an der Deutschen Hochschule für Prävention und Gesundheitsmanagement. 1981 wurde er Leichtathlet des Jahres. 1985 erhielt er den Rudolf-Harbig-Gedächtnispreis. Er war zeitweise mit der Mittelstreckenläuferin Ellen Tittel verheiratet. Er ist Autor und Fachmann für Gesundheitsthemen und war beim Fernsehen Marathon-Experte.

Liesel Westermann

Liesel Westermann wurde am 2. November 1944 in Sulingen im Landkreis Diepholz geboren. Sie interessierte sich früh für den Diskuswurf. Liesel Westermann startete für den TuS Sulingen, Hannover 96 und den TuS 04 Leverkusen. Nach dem Abitur studierte sie Sport in Göttingen. Am 24. August 1963 warf sie in London mit 51,70 m Juniorenweltrekord. Es gelang der 19-Jährigen jedoch nicht, sich für die Olympischen Spiele in Tokio zu qualifizieren, weil die DDR zwei bessere Werferinnen für die gesamtdeutsche Mannschaft stellte und ihre bundesdeutsche Konkurrentin Kriemhild Limberg für Liesel Westermann noch zu stark war. Bei den Europameisterschaften 1966 in Budapest gewann Liesel Westermann mit neuem bundesdeutschem Rekord von 57,38 m die Silbermedaille. Mit ihr und den DDR-Werferinnen Christa Spielberg und Anita Hentschel standen drei deutsche Werferinnen auf dem „Treppchen".

Im Februar 1967 schloss Liesel Westermann das Studium als Dipl.-Sportlehrerin ab. Obwohl sie weiterhin für Hannover 96 startete, schloss sie sich der Trainingsgruppe von Gerd Osenberg in Leverkusen an. Im Laufe des Jahres 1967 verbesserte Liesel Westermann achtmal den bundesdeutschen Rekord auf zuletzt 59,30 m. Am 2. September 1967 wurde sie in Tokio Studentenweltmeisterin. Am 14. Oktober brach Liesel Westermann zu einer dreiwöchigen Südamerikareise mit Starts in Peru, Chile, Argentinien und Brasilien auf. Im Rahmen dieser Reise warf sie am 5. November in Sao Paulo als erste Frau der Welt den Diskus über 60 Meter. Nach 61,26 m schlug der Diskus auf dem Rasen auf. Am Ende des Jahres wurde sie zur Sportlerin des Jahres gewählt. Sie galt jetzt als Favoritin für die Olympischen Spiele 1968 in Mexiko City.

Im Juli 1968 warf Liesel Westermann in Werdohl mit 62,54 m einen neuen Weltrekord. Bei den Olympischen Spielen ging die Rumänin Lia Manoliu im 1. Versuch bei trockenen Bedingungen mit 58,28 m in Führung, ehe ein Tropenregen einsetzte, der

Liesel Westermann bei allen Versuchen aus einem nassen Ring werfen ließ. Unter diesen irregulären Bedingungen blieb Liesel Westermann wie alle anderen Werferinnen unter ihren Möglichkeiten und schaffte nur 57,76 m, was aber immerhin die Silbermedaille bedeutete. Die Bronzemedaillengewinnerin warf nicht einmal 55 Meter.

Nachdem Liesel Westermann die Europameisterschaften in Athen wegen der Solidaritätsaktion der bundesdeutschen Leichtathleten für Jürgen May verpasst hatte, warf sie am 28. September 1969 in Hamburg beim Länderkampf gegen Großbritannien mit 63,96 m einen neuen Weltrekord. Sie blieb im ganzen Jahr ungeschlagen. Dabei warf sie reihenweise über 60 Meter. Aus der Ferne musste sie mitansehen, wie der Titel bei den Europameisterschaften mit 59,28 m gewonnen wurde. Ihre Leistungen im Jahr 1969 belohnten die deutschen Sportjournalisten mit ihrer erneuten Wahl zur Sportlerin des Jahres.

Bei den Europameisterschaften 1971 in Helsinki lag Liesel Westermann bis zum letzten Versuch an der Spitze. Dann entriss ihr die für die Sowjetunion startende Ukrainerin Faina Melnik mit einem Wurf auf die neue Weltrekordweite von 64,22 m den Titel.

Im Vorfeld der Olympischen Spiele von München verbesserte Liesel Westermann beim Züricher Abendsportfest den deutschen Rekord auf 64,96 m und zeigte, dass sie für die Olympischen Spiele gerüstet war. Ihr erster Wurf bohrte sich jenseits der 65-m-Marke in den Rasen. Sie verlor allerdings leicht das Gleichgewicht und berührte kurz die Einfassung des Wurfrings. Der Versuch wurde deshalb ungültig gegeben. Liesel Westermann verlor die Konzentration. Anstelle des 2. Platzes, den der erste Versuch bedeutet hätte, wurde sie mit 62,18 m nur Fünfte.

1977 beendete Liesel Westermann ihre Karriere. Sie war zehnmal deutsche Meisterin im Diskuswurf und einmal im Kugelstoßen. 1964 war sie Mitglied der 4 x 100-m-Staffel von Hannover 96, die deutscher Meister wurde. 1978 heiratete sie Leif Oskar Peter Krieg und führt seitdem den Doppelnamen Westermann-Krieg. Sie war jahrelang als Gymnasiallehrerin in verschiedenen Städten tätig. 2003 wurde sie im Range einer Ministerialrätin Referentin für Schulsport und Gesundheitserziehung im Kultusministerium von Niedersachsen. Seit 2009 lebt sie im Ruhestand.

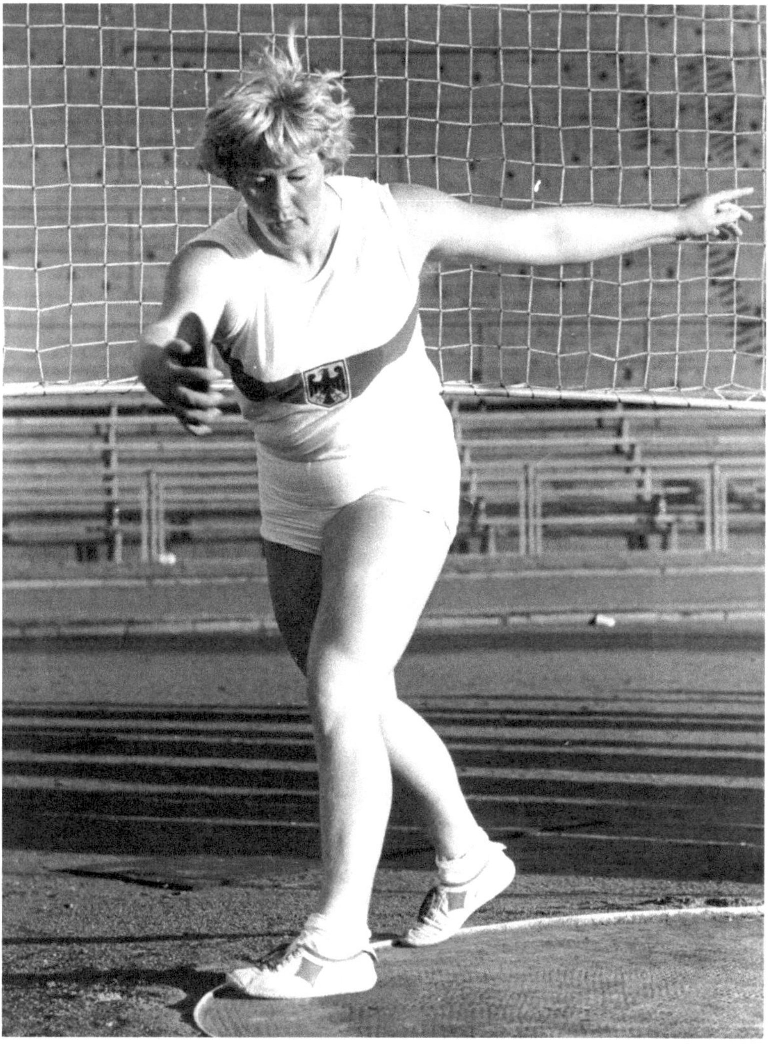

Liesel Westermann im Nationaltrikot, Länderkampf gegen England, September 1967

Rita Wilden

Rita Wilden wurde am 9. Oktober 1947 als Rita Jahn in Leipzig geboren. 1955 siedelte die Familie Jahn in die Bundesrepublik über und ließ sich in Alsdorf bei Aachen nieder. Mit 15 Jahren begann Rita Jahn mit der Leichtathletik. Sie trat der Leichtathletik-Abteilung von Alemania Aachen bei. Dort entdeckte man ihre Fähigkeiten als Sprinterin. Mit 16 wurde sie deutsche Jugendmeisterin im 100-m-Lauf. 1968 nahm sie an den Olympischen Spielen in Mexiko City teil, kam dort aber nicht in den Endlauf. Mit der 4 x 100-m-Staffel belegte sie den 6. Platz. Bei den Europameisterschaften 1969 in Athen, an denen die deutschen Leichtathleten nur in den Staffelläufen teilnahmen, wurde sie mit der 4 x 100-m-Staffel in der Besetzung Jutta Stöck, Bärbel Hähnle, Rita Jahn und Ingrid Becker Zweite.

1970 wechselte sie zum TuS 04 Leverkusen, der später in den Verein Bayer 04 Leverkusen aufging, um bei dem Erfolgstrainer Gerd Osenberg zu trainieren. Der erkannte, dass Rita Jahn, die inzwischen geheiratet hatte und jetzt Wilden hieß, über die lange Sprintstrecke das größere Potential hatte. 1971 lief sie mit 23,1 Sek. einen neuen deutschen Rekord über 200 m. Bei den Europameisterschaften in Helsinki musste sie jedoch feststellen, dass ihr auf dieser Strecke weitere Konkurrentinnen, etwa Renate Stecher, erwachsen waren. Sie folgte deshalb dem Rat ihres Trainers und wechselte auf die 400-m-Strecke. 1972 verbesserte sie zweimal den Weltrekord über 200 m in der Halle. Im Vorfeld der Olympischen Spiele lief Rita Wilden mit 51,85 Sek. einen neuen bundesdeutschen Rekord über 400 m.

Bei den Olympischen Spielen in München steigerte sie diesen Rekord im Zwischenlauf auf 51,76 Sek. und machte sich mit dieser Zeit zur heißen Medaillenkandidatin. Im Endlauf lief sie mit 51,21 Sek. erneut einen bundesdeutschen Rekord und gewann hinter Monika Zehrt aus der DDR die Silbermedaille. Das Sahnehäubchen auf diesem Kuchen war die Bronzemedaille mit der 4 x 400-m-Staffel. 1973 lief Rita Wilden zweimal einen bundesdeutschen Rekord über 300 m. Bei den Europameisterschaften 1974 in Rom gewann Rita Wilden mit einem neuen bundesdeutschen Rekord von 50,88 Sek. die Bronzemedaille über 400 m. Mit der 4 x 400-m-Staffel reichte es nur zu einem fünften Platz. 1975 verbesserte Rita Wilden in der Halle die Weltrekorde über 200 m und 300 m. Auch mit der deutschen 4 x 200-m-Staffel stellte sie einen neuen Hallenweltrekord auf. Im folgenden Sommer lief sie in Dortmund mit 34,6 Sek einen Weltrekord über 300 m. Bei den Olympischen Spielen 1976 in Montreal schied Rita Wilden über 400 m im Halbfinale aus, schaffte mit der 4 x 400-m-Staffel aber noch einmal einen fünften Platz. Danach beendete sie ihre Karriere.

Rita Wilden wurde mit dem Rudolf-Harbig-Gedächtnispreis und der Sportplakette des Landes NRW ausgezeichnet.

Bärbel Wöckel

Bärbel Wöckel wurde als Bärbel Eckert am 21. März 1955 in Leipzig geboren. Sie startete für die TSG Schkeuditz, den SC DHfK Leipzig und SC Motor Jena. Bereits als Jugendliche war sie eine starke Sprinterin. 1973 und 1974 stellte sie Juniorenweltrekorde über 100 m und 100 m Hürden auf. 1974 bei den Europameisterschaften in Rom gewann die 19-jährige Bärbel Eckert als Mitglied der 4 x 100-m-Staffel der DDR den Titel.

Bei den Olympischen Spielen 1976 in Montreal trat Bärbel Eckert durch spektakuläre Duelle mit bundesdeutschen Sprinterinnen in den Blickpunkt der Öffentlichkeit. Über 200 m gewann sie mit zwei Hundertstelsekunden Vorsprung vor Annegret Richter die Goldmedaille. Die 4 x 100-m-Staffel der DDR führte sie durch einen großartigen Schlussspurt mit vier Hundertstelsekunden Vorsprung vor der bundesdeutschen Staffel zur Goldmedaille, obwohl die bundesdeutsche Läuferin Annegret Kroniger schon uneinholbar enteilt schien. An den Europameisterschaften 1978 in Prag nahm sie nicht teil. 1979 heiratete sie Klaus Dieter Wöckel.

Bei den Olympischen Spielen 1980 in Moskau gewann sie erneut die Goldmedaille über 200 m und auch mit der 4 x 100-m-Staffel der DDR war sie erfolgreich. Zusammen mit Romy Müller, Ingrid Auerswald und Marlies Göhr lief sie in neuer Weltrekordzeit von 41,60 Sek. zur Goldmedaille. Bei den Europameisterschaften 1982 in Athen gewann sie hinter Marlies Göhr die Silbermedaille über 100 m. Über 200 m war sie ebenso wenig zu schlagen wie mit der 4 x 100-m-Staffel, die mit Gesine Walther, Sabine Rieger, Marlies Göhr und Bärbel Wöckel zum Titel lief.

1985 beendete Bärbel Wöckel ihre Karriere. Sie war mit vier Goldmedaillen die erfolgreichste Olympionikin der deutschen Leichtathletik. In der DDR erhielt sie den Vaterländischen Verdienstorden in Gold, Silber und Bronze. Sie absolvierte in der DDR ein Pädagogik-Studium und arbeitete als Grundschullehrerin. 1990 trat sie in die Dienste des Deutschen Leichtathletik-Verbandes. Bis zum Eintritt in den Ruhestand 2018 leitete sie das Referat Jugend im DLV.

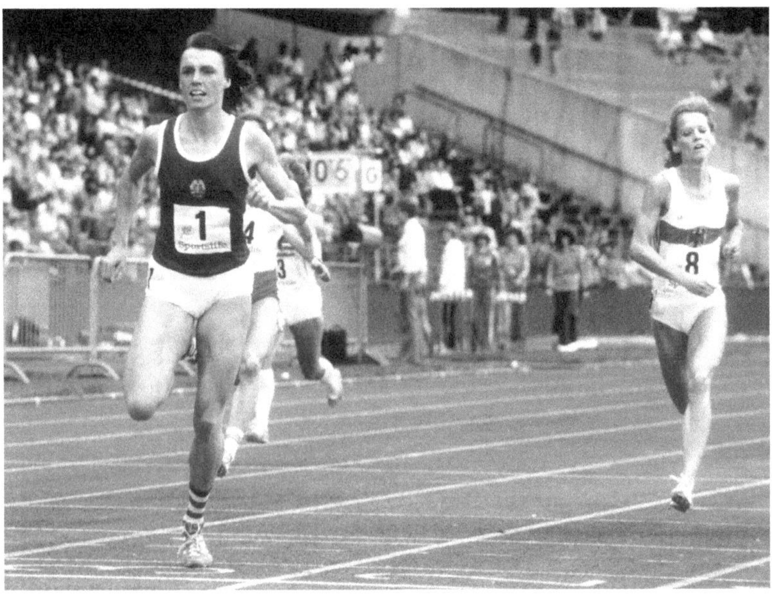

Bärbel Wöckel überquert als Siegerin die Ziellinie, 1981

Klaus Wolfermann

Klaus Wolfermann wurde am 31. März 1946 in Altdorf bei Nürnberg als Sohn eines Schmieds geboren. Weil sein Vater Turner war, turnte auch Klaus Wolfermann und spielte außerdem Handball beim TV Altdorf. Während seiner Lehre als Werkzeugmacher bei Siemens in Nürnberg trat er dem SV Siemens Nürnberg bei und entdeckte dort sein Talent für den Speerwurf. Er machte auf dem zweiten Bildungsweg Abitur und studierte an der Bayerischen Sportakademie in München. Klaus Wolfermann wurde Sportlehrer beim SV Gendorf und setzte weiter auf die Karte „Speerwurf".

1968 nahm er an den Olympischen Spielen in Mexiko City teil, schied dort jedoch in der Qualifikation aus. 1970 verbesserte Klaus Wolfermann dreimal den bundesdeutschen Speerwurf-Rekord. In Topform brachte sich Klaus Wolfermann im Vorfeld der Olympischen Spiele von München. Am 24. Juni 1972 steigerte er in Augsburg den bundesdeutschen Rekord auf 86,80 m. Dem ließ er eine Woche später einen Wurf auf 87,20 m folgen. Wiederum eine Woche später zeigte Janis Lusis, damals der beste Speerwerfer der Welt, Klaus Wolfermann, wo in München die Glocken hängen würden. Er verbesserte am 6. Juli 1972 in Stockholm den Weltrekord auf 93,80 m.

In München ging Janis Lusis im 1. Versuch mit einem Wurf auf 88,88 m in Führung. Klaus Wolfermann antwortete im 4. Versuch mit einem Wurf auf die bundesdeutsche Rekordweite von 88,40 m. Im 5. Versuch setzte Klaus Wolfermann noch einmal alles auf eine Karte und ließ den Speer bis auf die neue Rekordweite von 90,48 m segeln. Im letzten Versuch wollte Janis Lusis noch einmal kontern. Sein Speer bohrte sich aber bei 90,46 m in den Rasen. Klaus Wolfermann wurde mit zwei Zentimetern Vorsprung Olympiasieger. Fast entschuldigend ging er auf Janis Lusis zu und umarmte ihn. Aus dieser Geste entstand eine lebenslange Freundschaft. Lusis erklärte einmal: „Ich habe um zwei Zentimeter die Goldmedaille verpasst, aber einen Freund fürs Leben gefunden." Am Ende des Jahres wählten die Sportjournalisten Klaus Wolfermann zum Sportler des Jahres. Er wurde außerdem zu Europas Sportler des Jahres gekürt.

Am 5. Mai 1973 stellte Klaus Wolfermann bei einem Sportfest in Leverkusen mit 94,08 m einen neuen Speerwurf-Weltrekord auf. Im selben Jahr gewann er beim Europacup in Edinburgh den Speerwurf mit 90,68 m. Auch in diesem Jahr wurde er wieder Sportler des Jahres. An den Olympischen Spielen in Montreal konnte er wegen einer Armverletzung nicht teilnehmen. 1978 beendete er seine Karriere.

Klaus Wolfermann war sechsmal deutscher Speerwurfmeister. Er war auch als Bremser im Bobsport aktiv. Er besitzt eine Sportvermarktungsagentur und lebt in Oberbayern. 1978 wurde er mit dem Rudolf-Harbig-Gedächtnispreis ausgezeichnet. Im Jahr 2000 wurde Klaus Wolfermann zum deutschen Speerwerfer des Jahrhunderts gekürt.

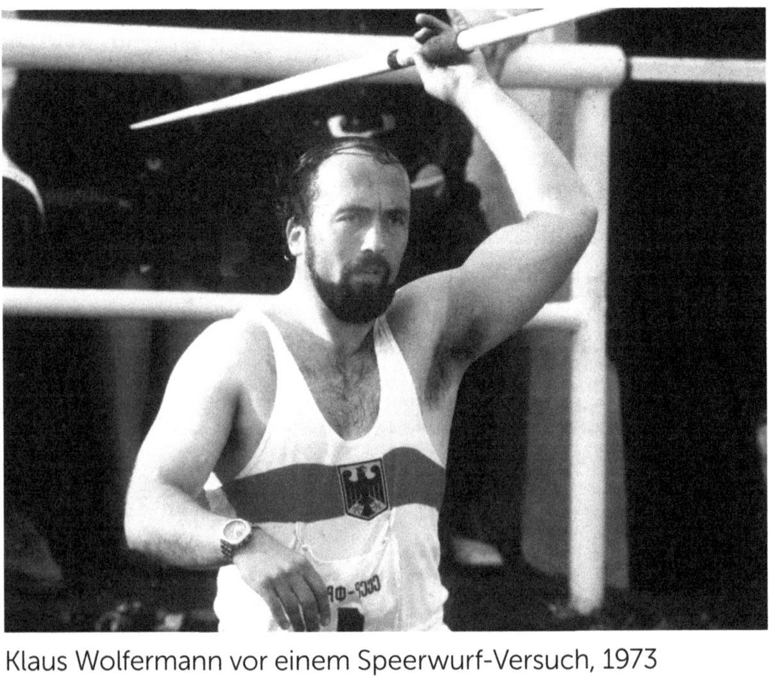

Klaus Wolfermann vor einem Speerwurf-Versuch, 1973

Willi Wülbeck

Wilhelm „Willi" Wülbeck wurde am 18. Dezember 1954 in Oberhausen geboren. Er kam als Jugendlicher zur Leichtathletik, spezialisierte sich auf den Mittelstreckenlauf und startete für den SC Rot Weiß Oberhausen, die SG Osterfeld Oberhausen und den TV Wattenscheid. Seinen ersten Erfolg feierte er 1973 bei den Junioren-Europameisterschaften in Duisburg. Über 800 m gewann er die Silbermedaille. Ein Jahr später wurde der 19-jährige Wülbeck Achter bei den Europameisterschaften in Rom. In dieser Zeit entwickelte sich Willi Wülbeck zum Publikumsliebling. Bei seinen Rennen wurde er von langgezogenen Willi-Rufen begleitet.

Bei den Olympischen Spielen 1976 in Montreal belegte Willi Wülbeck in 1:45,26 Min. den vierten Platz. 1979 stellte er mit 1:44,65 Min. einen neuen bundesdeutschen Rekord über 800 m auf. Am 1. Juli 1980 lief er in Oslo mit 2:14,65 Min als erster Deutscher die 1.000-m-Strecke unter 2:15 Min. und bewies damit, dass er bei den im selben Monat beginnenden Olympischen Spielen in Form gewesen wäre. Bei den Europameisterschaften 1982 in Athen spielte er beim sensationellen Sieg von Hans-Peter Ferner über Sebastian Coe als Achter nur eine untergeordnete Rolle.

1983 kam das Jahr, das Willi Wülbecks Popularität weiter steigen ließ. Bei den 1. Leichtathletik-Weltmeisterschaften in Helsinki gewann er überraschend den Weltmeister-Titel und wies dabei u.a. den Olympiasieger des folgenden Jahres Joaquim Cruz und den Europameister Hans-Joachim Ferner in die Schranken. Sein bei diesem Rennen aufgestellter deutscher Rekord von 1:43,65 Min. hat heute noch Bestand.

1986 beendete Willi Wülbeck seine sportliche Karriere. Er war neunmal deutscher Meister und wurde 1984 mit dem Rudolf-Harbig-Gedächtnispreis ausgezeichnet. Außerdem wurde ihm die Sportplakette des Landes NRW verliehen. Er studierte Sport und Biologie und arbeitete in diesen Fächern als

Lehrer. Dann ging er in die PR-Abteilung eines Sportartikelherstellers und arbeitete als freier Journalist. Heute besitzt er in Oberhausen eine eigene Sportschule.

Ilke Wyludda

Ilke Wyludda wurde am 28. März 1969 in Leipzig geboren. Als Leichtathletin spezialisierte sie sich auf den Diskuswurf und das Kugelstoßen und gewann bei den Junioreneuropameisterschaften 1985 in Cottbus den Titel im Diskuswurf und die Silbermedaille im Kugelstoßen. Sie startete für den SC Chemie Halle, den SV Halle und den LAC Chemnitz. Bei den U 20-Weltmeisterschaften 1986 in Athen gewann sie ebenso wie zwei Jahre später in Greater Sudbury in Ontario/Kanada den Titel im Diskuswurf.

Am 6. September 1988 nahm sie an einem Qualifikationswettkampf der DDR-Diskuswerfer für die Olympischen Spiele im Friedrich-Ludwig-Jahn-Sportpark teil. Da Gabriele Reinsch und Diana Gansky schon für die Olympischen Spiele nominiert waren, musste ein Zweikampf zwischen Martina Hellmann und Ilke Wyludda über die dritte Starterin entscheiden. Ilke Wyludda warf bei diesem Wettkampf 75,36 m, unterlag aber Martina Hellmann, die 78,14 m warf. Beide Leistungen wurden nicht anerkannt, weil der Wettkampf nicht angemeldet worden war. Die drittbeste jemals geworfene Leistung reichte nicht aus, um sich für die Olympischen Spiele zu qualifizieren. Eine Woche später nutzte Ilke Wyludda ihre gute Form mit 74,40 m zu einem neuen Juniorenweltrekord. Diese Weite ist heute noch gültiger Juniorenweltrekord.

Bei den Europameisterschaften 1990 in Split gewann Ilke Wyludda mit 68,46 m den Titel vor der Russin Olga Burowa und Martina Hellmann. Ein Jahr später bei den Leichtathletik-Weltmeisterschaften in Tokio gewann sie mit 69,12 m die Silbermedaille hinter der Bulgarin Zwetanka Christowa. Dagegen enttäuschte sie mit einem neunten Platz bei den Olympischen Spielen 1992 in Barcelona. Danach wurde ihre Karriere von zahlreichen Verletzungen unterbrochen. 1994 feierte Ilke Wyludda mit dem Sieg bei den Europameisterschaften in Helsinki ein erfolgreiches Comeback. Bei den Weltmeisterschaften in Göteborg 1995 belegte sie hinter der Weißrussin Elina Swerewa mit 67,20 m den Silberrang.

Ilke Wyluddas größte Stunde kam bei den Olympischen Spielen 1996 in Atlanta. Sie gewann die Goldmedaille im Diskuswurf mit 69,66 m. Damit lag sie mehr als drei Meter vor ihren Kontrahentinnen. Nach mehreren Operationen beendete Ilke Wyludda 1997 auf den Rat ihrer Ärzte ihre Karriere.

Sie studierte Medizin und beendete ihr Studium mit dem Doktortitel. Sie arbeitet heute als Anästhesistin. Nach einer Blutvergiftung im rechten Bein musste ihr 2010 der rechte Unterschenkel amputiert werden. Sie startete fortan als Behindertensportlerin. Ilke Wyludda nahm 2012 an den Paralympics teil und verbesserte mehrfach in ihrer Behindertenklasse die deutschen Rekorde im Diskuswurf und Kugelstoßen. 2017 beendete sie auch diese Karriere.

Monika Zehrt

Monika Zehrt wurde am 29. September 1952 in Riesa geboren. Sie kam früh zur Leichtathletik und startete für den SC Dynamo Riesa und den SC Dynamo Berlin. 1970 wurde Monika Zehrt in Paris U 20-Europameisterin über 400 m und mit der 4 x 400-m-Staffel. Bei den Europameisterschaften 1971 in Helsinki war die 18-jährige Monika Zehrt Schlussläuferin der 4 x 400-m-Staffel der DDR, die in Weltrekordzeit den Titel gewann. Am 21. Mai 1972 lief sie in Erfurt mit 51,9 Sek. als erste Deutsche 400 m unter 52 Sekunden. Im Juni 1972 verbesserte Monika Zehrt dreimal den Europarekord über 400 m. Am 4. Juli 1972 stellte sie in Colombes in der Nähe von Paris mit 51,0 Sek. den

Weltrekord der Jamaikanerin Neufville ein und brachte sich damit in die Favoritenposition für die Olympischen Spiele in München.

In München gewann Monika Zehrt dank eines mutigen Tempolaufs in neuer olympischer Rekordzeit die Goldmedaille über 400 m vor der auf der Zielgeraden immer näher kommenden Rita Wilden. Die 4 x 400-m-Staffel der DDR führte sie als Schlussläuferin zur Goldmedaille und zu einem neuen Weltrekord. Mit 19 Jahren war Monika Zehrt schon zweifache Olympiasiegerin und Europameisterin. Das schien ihr zu genügen, denn sie beendete schon 1974 noch vor den Europameisterschaften in Rom im Alter von 21 Jahren ihre Karriere zugunsten einer soliden Ausbildung.

Monika Zehrt wurde mit dem Vaterländischen Verdienstorden in Silber und Bronze ausgezeichnet. Sie heiratete den Hürdenläufer Joachim Landgraf. Die Ehe wurde jedoch wieder geschieden. Monika Zehrt studierte Außenhandel und arbeitete in leitender Funktion bei einer Möbelfirma.

Medaillengewinnerinnen und -gewinner bei Olympischen Spielen

1896 (Athen)

kein Olympiasieger

Silbermedaille:

Fritz Hofmann	100 m

Bronzemedaille:

Fritz Hofmann	400 m

1900 (Paris)

kein Medaillengewinn

1904 (St. Louis)

kein Olympiasieger

kein Silbermedaillengewinner

Bronzemedaille:

Paul Weinstein	Hochsprung

1908 (London)

kein Olympiasieger

Silbermedaille:

Deutschland (Hoffmann, Eicke, Dr. Trieloff, Braun)	Olympische Staffel

Bronzemedaille:

Hanns Braun	800 m

1912 (Stockholm)

kein Olympiasieger

Silbermedaille:

Hanns Braun	400 m
Hans Liesche	Hochsprung

kein Bronzemedaillengewinner

1920 (Antwerpen)

Deutsche Athleten waren nicht zugelassen.

1924 (Paris)

Deutsche Athleten waren nicht zugelassen.

1928 (Amsterdam)

Olympiasiegerin:

Lina Radke-Batschauer	800 m

Silbermedaille:

Deutschland (Lammers, Corts, Houben, Körnig)	4 x 100 m M
Deutschland (Neumann, Storz, Krebs, Engelhard)	4 x 400 m M

Bronzemedaille:

Hans Lammers	100 m
Helmut Körnig	200 m
Joachim Bücher	400 m
Emil Hirschfeld	Kugelstoßen
Deutschland (Kellner, Schmidt, Holdmann, Junker)	4 x 100 m F

1932 (Los Angeles)

kein Olympiasieger

Silbermedaille:

Deutschland (Körnig, Hendrix, Borchmeyer, Jonath)	4 x 100 m M
Ellen Braumüller	Speerwurf

keine Bronzemedaille

1936 (Berlin)

Olympiasieger:

Hans Woellke	Kugelstoßen
Karl Hein	Hammerwurf
Gerhard Stöck	Speerwurf
Gisela Mauermayer	Diskuswurf
Tilly Fleischer	Speerwurf

Silbermedaille:

Luz Long	Weitsprung
Erwin Blask	Hammerwurf
Anni Steuer	80 m Hürden
Luise Krüger	Speerwurf

Bronzemedaille:

Alfred Dompert	3000 m Hindernis
Gerhard Stöck	Kugelstoßen
Deutschland (Leichum, Borchmeyer, Gillmeister, Hornberger)	4 x 100 m M
Deutschland (Hamann, v. Stülpnagel, Voigt, Harbig)	4 x 400 m M
Käthe Krauß	100 m
Elfriede Kaun	Hochsprung
Paula Mollenhauer	Diskuswurf

1940 und 1944 fielen die Olympischen Spiele wegen des Krieges aus.

1948 (London)

Deutsche Athleten waren nicht zugelassen.

1952 (Helsinki)

kein Olympiasieger

Silbermedaille:

Karl Storch	Hammerwurf
Marianne Werner	Kugelstoßen
Deutschland (Knab, Sander, Klein, Petersen)	4 x 100 m F

Bronzemedaille:

Heinz Ulzheimer	800 m
Werner Lueg	1500 m
Herbert Schade	5000 m
Deutschland (Geister, Steines, Ulzheimer, Haas)	4 x 400 m M
Maria Sander	80 m Hürden

1956 (Melbourne)

kein Olympiasieger

Silbermedaille:

Karl-Friedrich Haas	400 m
Klaus Richtzenhain	1500 m
Christa Stubnick	100 m
Christa Stubnick	200 m

Bronzemedaille:

Deutschland (Knörzer, Pohl, Fütterer, Germar)	4 x 100 m M
Marianne Werner	Kugelstoßen

1960 (Rom)

Olympiasieger:

Armin Hary	100m
Deutschland (Cullmann, Hary, Mahlendorf, Lauer)	4 x 100 m M

Silbermedaille:

Carl Kaufmann	400 m
Hans Grodotzki	5000 m
Hans Grodotzki	10000 m
Walter Krüger	Speerwurf
Deutschland (Reske, Kinder, Kaiser, Kaufmann)	4 x 400 m M

Jutta Heine	200 m
Johanna Lüttge	Kugelstoßen
Bronzemedaille:	
Ursula Donath	800 m
Gisela Birkemeyer	80 m Hürden
Hildrun Claus	Weitsprung

1964 (Tokio)

Olympiasieger:	
Willi Holdorf	Zehnkampf
Karin Balzer	80 m Hürden
Silbermedaille:	
Harald Norpoth	5000 m
Dieter Lindner	20 km Gehen
Wolfgang Reinhardt	Stabhochsprung
Renate Garisch-Culmberger	Kugelstoßen
Ingrid Lotz	Diskuswurf
Bronzemedaille:	
Klaus Lehnertz	Stabhochsprung
Uwe Beyer	Hammerwurf
Hans-Joachim Walde	Zehnkampf

1968 (Mexiko City)

Olympiasieger:	
Christoph Höhne	50 km Gehen
Margitta Gummel	Kugelstoßen
Ingrid Mickler-Becker	Fünfkampf
Silbermedaille:	
Gerhard Hennige	400 m Hürden
Claus Schiprowski	Stabhochsprung
Klaus Beer	Weitsprung
Lothar Milde	Diskuswurf
Hans-Joachim Walde	Zehnkampf
Marita Lange	Kugelstoßen
Liesel Westermann	Diskuswurf
Bronzemedaille:	
Bodo Tümmler	1500 m
Wolfgang Nordwig	Stabhochsprung
Kurt Bendlin	Zehnkampf
Bundesrepublik (Müller, Kinder, Hennige, Jellinghaus)	4 x 400 m M

1972 (München)

Olympiasieger:

Peter Frenkel	20 km Gehen
Bernd Kannenberg	50 km Gehen
Wolfgang Nordwig	Stabhochsprung
Klaus Wolfermann	Speerwurf
Renate Stecher	100 m
Renate Stecher	200 m
Monika Zehrt	400 m
Hildegard Falck	800 m
Annelie Ehrhardt	100 m Hürden
Ulrike Meyfarth	Hochsprung
Heide Rosendahl	Weitsprung
Ruth Fuchs	Speerwurf
Bundesrepublik (Krause, Mickler-Becker, Richter, Rosendahl)	4 x 100 m F
DDR (Käsling, Kühne, Seidler, Zehrt)	4 x 400 m F

Silbermedaille:

Stefan Junge	Hochsprung
Hans Baumgartner	Weitsprung
Jörg Drehmel	Dreisprung
Jochen Sachse	Hammerwurf
Rita Wilden	400 m
Gunhild Hoffmeister	1500 m
Margitta Gummel	Kugelstoßen
Jaqueline Todten	Speerwurf
Heide Rosendahl	Fünfkampf

Bronzemedaille:

Hans-Georg Reimann	20 km Gehen
Hartmut Briesenick	Kugelstoßen
Gunhild Hoffmeister	800 m
Burglinde Pollak	Fünfkampf
Bundesrepublik (Hirscht, Klotz, Wucherer, Ehl)	4 x 100 m M
Bundesrepublik (Rückes, Bödding, Falck, Wilden)	4 x 400 m F

1976 (Montreal)

Olympiasieger:

Waldemar Cierpinski	Marathonlauf
Udo Beyer	Kugelstoßen
Annegret Richter	100 m
Bärbel Eckert	200 m
Johanna Schaller	100 m Hürden
Rosemarie Ackermann	Hochsprung

Angela Voigt	Weitsprung
Evelin Schlaak	Diskuswurf
Ruth Fuchs	Speerwurf
Sigrun Siegl	Fünfkampf
DDR (Oelsner, Stecher, Bodendorf, Eckert)	4 x 100 m F
DDR (Maletzki, Rohde, Streidt, Brehmer)	4 x 400 m F
Silbermedaille:	
Hans-Georg Reimann	20 km Gehen
Wolfgang Schmidt	Diskuswurf
Guido Kratschmer	Zehnkampf
Renate Stecher	100 m
Annegret Richter	200 m
Christine Brehmer	400 m
Gunhild Hoffmeister	1500 m
Marion Becker	Speerwurf
Christine Laser	Fünfkampf
Bundesrepublik (Poßekel, Helten, Richter, Kroniger)	4 x 100 m F
Bronzemedaille:	
Paul Heinz Wellmann	1500 m
Klaus Peter Hildenbrand	5000 m
Frank Baumgartl	3000 m Hindernis
Peter Frenkel	20 km Gehen
Frank Wartenberg	Weitsprung
Bundesrepublik (Hofmeister, Krieg, Schmid, Herrmann)	4 x 400 m
Inge Helten	100 m
Renate Stecher	200 m
Ellen Streidt	400 m
Elfi Zinn	800 m
Ulrike Klapezynski	1500 m
Gabriele Hinzmann	Diskuswurf
Burglinde Pollak	Fünfkampf

1980 (Moskau)

Olympiasieger:	
Waldemar Cierpinski	Marathonlauf
Thomas Munkelt	110 m Hürden
Volker Beck	400 m Hürden
Hartwig Gauder	50 km Gehen
Gerd Wessig	Hochsprung
Lutz Dombrowski	Weitsprung
Bärbel Wöckel	200 m
Marita Koch	400 m

Ilona Slupianek	Kugelstoßen
Evelin Jahl	Diskuswurf
DDR (Müller, Wöckel, Auerswald, Göhr)	4 x 100 m
Silbermedaille:	
Jürgen Straub	1500 m
Frank Paschek	Weitsprung
DDR (Thiele, Knebel, Schaffer, Beck)	4 x 400 m
Marlies Göhr	100 m
Christiane Wartenberg	1500 m
Johanna Klier	100 m Hürden
Brigitte Wujak	Weitsprung
DDR (Löwe, Krug, Lathan, Koch)	4 x 400 m
Bronzemedaille:	
Frank Schaffer	400 m
Roland Wieser	20 km Gehen
Jörg Freimuth	Hochsprung
Udo Beyer	Kugelstoßen
Wolfgang Hanisch	Speerwurf
Ingrid Auerswald	100 m
Christine Lathan	400 m
Jutta Kirst	Hochsprung
Margitta Pufe	Kugelstoßen
Ute Hommola	Speerwurf

1984 (Los Angeles)

Olympiasieger:	
Dietmar Mögenburg	Hochsprung
Rolf Danneberg	Diskuswurf
Ulrike Meyfarth	Hochsprung
Claudia Losch	Kugelstoßen
Silbermedaille:	
Karl-Hans Riehm	Hammerwurf
Jürgen Hingsen	Zehnkampf
Bronzemedaille:	
Harald Schmid	400 m Hürden
Klaus Ploghaus	Hammerwurf
Siegfried Wentz	Zehnkampf
Sabine Everts	Siebenkampf
Bundesrepublik (Schulte-Mattler, Thimm, Gaugel, Bußmann)	4 x 400 m

1988 (Seoul)

Olympiasieger:

Ulf Timmermann	Kugelstoßen
Jürgen Schult	Diskuswurf
Christian Schenk	Zehnkampf
Sigrun Wodars	800 m
Martina Hellmann	Diskuswurf
Petra Felke	Speerwurf

Silbermedaille:

Dieter Baumann	5000 m
Ronald Weigel	20 km Gehen
Ronald Weigel	50 km Gehen
Torsten Voss	Zehnkampf
Petra Müller	400 m
Christine Wachtel	800 m
Heike Drechsler	Weitsprung
Kathrin Neimke	Kugelstoßen
Diana Gansky	Diskuswurf
Sabine John	Siebenkampf
Deutschland – DDR – (Möller, Behrendt, Lange, Göhr)	4 x 100 m

Bronzemedaille:

Jens-Peter Herold	1500 m
Hans-Jörg Kunze	5000 m
Hartwig Gauder	50 km Gehen
Rolf Danneberg	Diskuswurf
Bundesrepublik (Dobeleit, Itt, Vaihinger, Lübke)	4 x 400 m
Katrin Dörre	Marathonlauf
Claudia Zaczkiewicz	100 m Hürden
Ellen Fiedler	400 m Hürden
Heike Drechsler	100 m
Heike Drechsler	200 m
Beate Koch	Speerwurf
Anke Behmer	Siebenkampf
DDR (Neubauer, Emmelmann, Busch, Müller)	4 x 400 m

1992 (Barcelona)

Olympiasieger:

Dieter Baumann	5000 m
Heike Henkel	Hochsprung
Heike Drechsler	Weitsprung
Silke Renk	Speerwurf

Silbermedaille:

Jürgen Schult	Diskuswurf

Bronzemedaille:

Stephan Freigang	Marathonlauf
Ronald Weigel	50 km Gehen
Karen Forkel	Speerwurf
Sabine Braun	Siebenkampf

1996 (Atlanta)

Olympiasieger:

Lars Riedel	Diskuswurf
Astrid Kumbernuss	Kugelstoßen
Ilke Wyludda	Diskuswurf

Silbermedaille:

Frank Busemann	Zehnkampf

Bronzemedaille:

Florian Schwarthoff	110 m Hürden
Andrej Tiwontschik	Stabhochsprung
Deutschland (Rohländer, Kisabaka, Rücker, Breuer)	4 x 400 m

2000 (Sydney)

Olympiasieger:

Nils Schumann	800 m
Heike Drechsler	Weitsprung

Silbermedaille:

Lars Riedel	Diskuswurf

Bronzemedaille:

Astrid Kumbernuss	Kugelstoßen
Kirsten Münchow	Hammerwurf

2004 (Athen)

kein Olympiasieger

Silbermedaille:

Nadine Kleinert	Kugelstoßen
Steffi Nerius	Speerwurf

keine Bronzemedaille

2008 (Peking)

kein Olympiasieger

Silbermedaille:

Christina Obergföll	Speerwurf

keine Bronzemedaille

2012 (London)

Olympiasieger:

Robert Harting	Diskuswurf

Silbermedaille:

Björn Otto	Stabhochsprung
David Storl	Kugelstoßen
Betty Heidler	Hammerwurf
Christina Obergföll	Speerwurf
Lilli Schwarzkopf	Siebenkampf

Bronzemedaille:

Raphael Holzdeppe	Stabhochsprung
Linda Stahl	Speerwurf

2016 (Rio de Janeiro)

Olympiasieger:

Christoph Harting	Diskuswurf
Thomas Röhler	Speerwurf

keine Silbermedaille

Bronzemedaille:

Daniel Jasinski	Diskuswurf

2020/21 (Tokio)

Wegen der Corona-Pandemie wurde die Olympischen Spiele erst im Jahr 2021 ausgetragen.

Olympiasieger:

Malaika Mihambo	Weitsprung

Silbermedaille:

Jonathan Hilbert	50 km Gehen
Kristin Pudenz	Diskuswurf

keine Bronzemedaille

Deutsche Leichtathletik-Weltmeisterinnen und Weltmeister

1983 (Helsinki)

Willi Wülbeck	800 m
Patriz Ilg	3000 m Hindernis
Ronald Weigel	50 km Gehen
Detlef Michel	Speerwurf
Marlies Göhr	100 m
Marita Koch	400 m
Bettine Jahn	100 m Hürden
Heike Daute	Weitsprung
Martina Opitz	Diskuswurf
Ramona Neubert	Siebenkampf
DDR (Möller, Koch, Auerswald, Göhr)	4 x 100 m F
DDR (Walther, Busch, Koch, Rübsam)	4 x 400 m F

1987 (Rom)

Thomas Schönlebe	400 m
Hartwig Gauder	50 km Gehen
Jürgen Schult	Diskuswurf
Torsten Voss	Zehnkampf
Silke Gladisch	100 m
Silke Gladisch	200 m
Sigrun Wodars	800 m
Sabine Busch	400 m Hürden
Martina Hellmann	Diskuswurf
DDR (Neubauer, Emmelmann, Müller, Busch)	4 x 400 m F

1991 (Tokio)

Lars Riedel	Diskuswurf
Katrin Krabbe	100 m
Katrin Krabbe	200 m
Heike Henkel	Hochsprung
Sabine Braun	Siebenkampf

1993 (Stuttgart)

Lars Riedel	Diskuswurf
Heike Drechsler	Weitsprung

1995 (Göteborg)

Lars Riedel	Diskuswurf
Astrid Kumbernuss	Kugelstoßen

1997 (Athen)

Lars Riedel	Diskuswurf
Heinz Weis	Hammerwurf
Astrid Kumbernuss	Kugelstoßen
Sabine Braun	Siebenkampf
Deutschland (Feller, Rohländer, Rücker, Breuer)	4 x 400 m F

1999 (Sevilla)

Charles Friedek	Dreisprung
Karsten Kobs	Hammerwurf
Astrid Kumbernuss	Kugelstoßen
Franka Dietzsch	Diskuswurf

2001 (Edmonton)

Martin Buß	Hochsprung
Lars Riedel	Diskuswurf
Deutschland (Paschke, G. Rockmeier, B. Rockmeier, Wagner)	4 x 100 m F

2003 (Paris)

kein Titel

2005 (Helsinki)

Franka Dietzsch	Diskuswurf

2007 (Osaka)

Franka Dietzsch	Diskuswurf
Betty Heidler	Hammerwurf

2009 (Berlin)

Robert Harting	Diskuswurf
Steffi Nerius	Speerwurf

2011 (Daegu)

David Storl	Kugelstoßen
Robert Harting	Diskuswurf
Matthias de Zordo	Speerwurf

2013 (Moskau)

Raphael Holzdeppe	Stabhochsprung
David Storl	Kugelstoßen
Robert Harting	Diskuswurf
Christina Obergföll	Speerwurf

2015 (Peking)

Christina Schwanitz	Kugelstoßen
Katharina Molitor	Speerwurf

2017 London

Johannes Vetter	Speerwurf

2019 (Doha)

Niklas Kaul	Zehnkampf
Malaika Mihambo	Weitsprung

Deutsche Leichtathletik-Europameisterinnen und Europameister

1934 (Turin)

Adolf Metzner	400 m
Hans Scheele	400 m Hürden
Gustav Wegner	Stabhochsprung
Wilhelm Leichum	Weitsprung
Hans-Heinrich Sievert	Zehnkampf
Deutschland (Schein, Gillmeister, Hornberger, Borchmeyer)	4 x 100 m M
Deutschland (Hamann, Scheele, Voigt, Metzner)	4 x 400 m M

1938 (Paris)

Rudolf Harbig	800 m
Karl Sutter	Stabhochsprung
Wilhelm Leichum	Weitsprung
Willy Schröder	Diskuswurf
Karl Hein	Hammerwurf
Deutschland (Kersch, Hornberger, Neckermann, Scheuring)	4 x 100 m M
Deutschland (Blazejezak, Bues, Linnhof, Harbig)	4 x 400 m M

1938 (Wien -Frauenwettbewerbe)

Irmgard Paetz	Weitsprung
Hermine Schröder	Kugelstoßen
Gisela Mauermayer	Diskuswurf
Lisa Gelius	Speerwurf
Deutschland (Kohl, Krauß, Albus, Kühnel)	4 x 100 m

1942 fanden die Europameisterschaften wegen des Krieges nicht statt, 1946 in Oslo und 1950 in Brüssel durften deutsche Sportler nicht starten.

1954 (Bern)

Heinz Fütterer	100 m
Heinz Fütterer	200 m

1958 (Stockholm)

Armin Hary	100 m
Manfred Germar	200 m
Martin Lauer	110 m Hürden
Bundesrepublik (Mahlendorf, Hary, Fütterer, Germar)	4 x 100 m M
Liesel Jakobi	Weitsprung
Marianne Werner	Kugelstoßen

1962 (Belgrad)

Manfred Matuschewski	800 m
Bundesrepublik (Ulonska, Gamper, Bender, Germar)	4 x 100 m M
Bundesrepublik (Schmitt, Kindermann, Reske, Kinder)	4 x 400 m M
Jutta Heine	200 m

1966 (Budapest)

Manfred Matuschewski	800 m
Bodo Tümmler	1500 m
Jürgen Haase	10.000 m
Dieter Lindner	20 km Gehen
Wolfgang Nordwig	Stabhochsprung
Detlef Thorith	Diskuswurf
Werner v. Moltke	Zehnkampf
Karin Balzer	80 m Hürden
Christa Spielberg	Diskuswurf
Marion Lüttge-Graefe	Speerwurf

1969 (Athen)

Die bundesdeutschen Athleten starteten nur in den Staffeln. Sie boykottierten die Einzelwettbewerbe, weil die IAAF dem in den Westen geflüchteten 1500-m-Läufer Jürgen May das Startrecht für die Bundesrepublik Deutschland verwehrte.

Dieter Fromm	800 m
Jürgen Haase	10.000 m

Christoph Höhne	50 km Gehen
Wolfgang Nordwig	Stabhochsprung
Dieter Hoffmann	Kugelstoßen
Hartmut Losch	Diskuswurf
Joachim Kirst	Zehnkampf
Petra Vogt	100 m
Petra Vogt	200 m
Karin Balzer	100 m Hürden
DDR (Höfer, Meißner, Podeswa, Vogt)	4 x 100 m F

1971 (Helsinki)

Frank Siebeck	110 m Hürden
Wolfgang Nordwig	Stabhochsprung
Max Klauß	Weitsprung
Jörg Drehmel	Dreisprung
Hartmut Briesenick	Kugelstoßen
Uwe Beyer	Hammerwurf
Joachim Kirst	Zehnkampf
Bundesrepublik (Schlöske, Jordan, Jellinghaus, Köhler)	4 x 400 m M
Renate Stecher	100 m
Renate Stecher	200 m
Helga Seidler	400 m
Karin Burneleit	1500 m
Karin Balzer	100 m Hürden
Ingrid Mickler-Becker	Weitsprung
Heide Rosendahl	Fünfkampf
Bundesrepublik (Schittenhelm, Helten, Irrgang, Mickler-Becker)	4 x 100 m F
DDR (Kühne, Lohse, Seidler, Zehrt)	4 x 400 m

1974 (Rom)

Karl Honz	400 m
Klaus-Peter Justus	1500 m
Manfred Kuschmann	10.000 m
Christoph Höhne	50 km Gehen
Hartmut Briesenick	Kugelstoßen
Gunhild Hoffmeister	1500 m
Annelie Ehrhardt	100 m Hürden
Rosemarie Witschas	Hochsprung
Ruth Fuchs	Speerwurf
DDR (Maletzki, Stecher, Heinich, Eckert)	4 x 100 m F
DDR (Rohde, Dietsch, Handt, Streidt)	4 x 400 m F

1978 (Prag)

Franz-Peter Hofmeister	400 m
Olaf Beyer	800 m
Thomas Munkelt	110 m Hürden
Harald Schmid	400 m Hürden
Ronald Wieser	20 km Gehen
Udo Beyer	Kugelstoßen
Wolfgang Schmidt	Diskuswurf
Michael Wessing	Speerwurf
Bundesrepublik (Weppler, Hofmeister, Herrmann, Schmid)	4 x 400 m M
Marlies Göhr	100 m
Marita Koch	400 m
Johanna Klier	100 m Hürden
Ilona Slupianek	Kugelstoßen
Evelin Jahl	Diskuswurf
Ruth Fuchs	Speerwurf
DDR (Marquardt, Krug, Brehmer, Koch)	4 x 400 m F

1982 (Athen)

Frank Emmelmann	100 m
Olaf Prenzler	200 m
Hartmut Weber	400 m
Hans-Peter Ferner	800 m
Thomas Wessinghage	5.000 m
Thomas Munkelt	110 m Hürden
Harald Schmid	400 m Hürden
Patriz Ilg	3000 m Hindernis
Dietmar Mögenburg	Hochsprung
Lutz Dombrowski	Weitsprung
Udo Beyer	Kugelstoßen
Uwe Hohn	Speerwurf
Bundesrepublik (Skamrahl, Schmid, Giessing, Weber)	4 x 400 m M
Marlies Göhr	100 m
Bärbel Wöckel	200 m
Marita Koch	400 m
Ulrike Meyfarth	Hochsprung
Ilona Slupianek	Kugelstoßen
Ramona Neubert	Siebenkampf
DDR (Walther, Wöckel, Rieger, Göhr)	4 x 100 m F
DDR (Siemon, Busch, Rübsam, Koch)	4 x 400 m F

1986 (Stuttgart)

Harald Schmid	400 m Hürden
Hagen Melzer	3000 m Hindernis
Hartwig Gauder	50 km Gehen
Klaus Tafelmeier	Speerwurf
Marlies Göhr	100 m
Heike Drechsler	200 m
Marita Koch	400 m
Heike Drechsler	Weitsprung
Heidi Krieger	Kugelstoßen
Diana Sachse	Diskuswurf
Anke Behmer	Siebenkampf
DDR (Gladisch, Günther-Rieger, Auerswald, Göhr)	4 x 100 m F
DDR (Emmelmann, Busch, Müller, Koch)	4 x 400 m F

1990 (Split)

Jens-Peter Herold	1500 m
Dietmar Haaf	Weitsprung
Ulf Timmermann	Kugelstoßen
Jürgen Schult	Diskuswurf
Katrin Krabbe	100 m
Katrin Krabbe	200 m
Grit Breuer	400 m
Sigrun Wodars	800 m
Heike Henkel	Hochsprung
Heike Drechsler	Weitsprung
Astrid Kumbernuss	Kugelstoßen
Ilke Wyludda	Diskuswurf
Sabine Braun	Siebenkampf
DDR (Möller, Krabbe, Behrendt, Günther)	4 x 100 m F
DDR (Derr, Hesselbarth, Schersing, Breuer)	4 x 400 m F

1994 (Helsinki)

Dieter Baumann	5.000 m
Heike Drechsler	Weitsprung
Ilke Wyludda	Diskuswurf
Sabine Braun	Siebenkampf
Deutschland (Paschke, Zipp, Knoll, Lichtenhagen)	4 x 100 m F

1998 (Budapest)

Nils Schumann	800 m
Damian Kallabis	3.000 m Hindernis
Lars Riedel	Diskuswurf

Grit Breuer	400 m
Heike Drechsler	Weitsprung
Franka Dietzsch	Diskuswurf
Tanja Damaske	Speerwurf
Deutschland (Feller, Rohländer, Rieger, Breuer)	4 x 400 m F

2002 (München)

Ingo Schultz	400 m
Deutschland (Ekpo-Umoh, Rockmeier, Marx, Breuer)	4 x 400 m F

2006 (Göteborg)

Jan Fitschen	10.000 m
Ralf Bartels	Kugelstoßen
Ulrike Maisch	Marathonlauf
Steffi Nerius	Speerwurf

2010 (Barcelona)

Christian Reif	Weitsprung
Verena Sailer	100 m
Betty Heidler	Hammerwurf
Linda Stahl	Speerwurf
Deutschland (Kohlmann, Cremer, Lindenberg, Hoffmann)	4 x 400 m F

2012 (Helsinki)

Sebastian Bayer	Weitsprung
David Storl	Kugelstoßen
Robert Harting	Diskuswurf
Pascal Behrenbruch	Zehnkampf
Nadine Kleinert	Kugelstoßen
Deutschland (Günther, Cibis, Pinto, Sailer)	4 x 100 m F

2014 (Zürich)

David Storl	Kugelstoßen
Robert Harting	Diskuswurf
Antje Möldner-Schmidt	3.000 m Hindernis
Christina Schwanitz	Kugelstoßen

2016 (Amsterdam)

Max Heß	Dreisprung
David Storl	Kugelstoßen
Cindy Roleder	100 m Hürden
Gesa Felicitas Krause	3.000 m Hindernis
Christina Schwanitz	Kugelstoßen

2018 (Berlin)

Mateusz Przybylko	Hochsprung
Thomas Röhler	Speerwurf
Arthur Abele	Zehnkampf
Gesa Felicitas Krause	3.000 m Hindernis
Malaika Mihambo	Weitsprung
Christin Hussong	Speerwurf

2020 (Paris)

Die Europameisterschaften wurden wegen der Corona-Pandemie abgesagt.

Leichtathleten unter den DDR-Sportlern des Jahres

1965	Jürgen May
1972	Wolfgang Nordwig
1976	Waldemar Cierpinski
1977	Rolf Beilschmidt
1978	Udo Beyer
1980	Waldemar Cierpinski
1984	Uwe Hohn
1987	Torsten Voss

Leichtathletinnen unter den DDR-Sportlerinnen des Jahres

1959	Gisela Birkemeyer
1965	Hannelore Suppe
1968	Margitta Gummel
1969	Petra Vogt
1971	Karin Balzer
1977	Rosemarie Ackermann
1978	Marita Koch
1979	Marita Koch
1982	Marita Koch
1983	Marita Koch
1985	Marita Koch
1986	Heike Drechsler
1987	Silke Möller

Leichtathleten (DLV) unter den Sportlern des Jahres

1954 Heinz Fütterer
1957 Manfred Germar
1959 Martin Lauer
1964 Willi Holdorf
1967 Kurt Bendlin
1972 Klaus Wolfermann
1973 Klaus Wolfermann
1979 Harald Schmid
1980 Guido Kratschmer
1987 Harald Schmid
1992 Dieter Baumann
1996 Frank Busemann
2000 Nils Schumann
2012 Robert Harting
2013 Robert Harting
2014 Robert Harting
2019 Niklas Kaul

Leichtathletinnen (DLV) unter den Sportlerinnen des Jahres

1947 Marga Petersen
1949 Lena Stumpf
1953 Christa Seliger
1958 Marianne Werner
1962 Jutta Heine
1965 Helga Hoffmann
1966 Helga Hoffmann und Karin Frisch
1967 Liesel Westermann
1968 Ingrid Becker
1969 Liesel Westermann
1970 Heide Rosendahl
1971 Ingrid Mickler-Becker
1972 Heide Rosendahl
1975 Ellen Wellmann
1977 Eva Wilms
1981 Ulrike Meyfarth
1982 Ulrike Meyfarth
1983 Ulrike Meyfarth
1984 Ulrike Meyfarth

1990	Katrin Krabbe
1991	Katrin Krabbe
1992	Heike Henkel
1997	Astrid Kumbernuss
2009	Steffi Nerius
2013	Christina Obergföll
2015	Christina Schwanitz
2019	Malaika Mihambo
2020	Malaika Mihambo
2021	Malaika Mihambo

Leichtathleten des Jahres

1991	Dietmar Haaf
1992	Dieter Baumann
1993	Paul Meier
1994	Dieter Baumann
1995	Lars Riedel
1996	Frank Busemann
1997	Lars Riedel
1998	Nils Schumann
1999	Charles Friedek
2000	Nils Schumann
2001	Lars Riedel
2002	Ingo Schultz
2003	Andreas Erm
2004	Tobias Unger
2005	Tobias Unger
2006	Jan Fitschen
2007	Danny Ecker
2008	Raphael Holzdeppe
2009	Robert Harting
2010	Christian Reif
2011	David Storl
2012	Robert Harting
2013	Raphael Holzdeppe
2014	Robert Harting
2015	Arne Gabius
2016	Thomas Röhler
2017	Johannes Vetter
2018	Arthur Abele
2019	Niklas Kaul
2020	Preis nicht vergeben
2021	Johannes Vetter

Leichtathletinnen des Jahres

1991	Heike Henkel
1992	Heike Henkel
1993	Heike Drechsler
1994	Heike Drechsler
1995	Astrid Kumbernuss
1996	Astrid Kumbernuss
1997	Astrid Kumbernuss
1998	Heike Drechsler
1999	Astrid Kumbernuss
2000	Heike Drechsler
2001	Grit Breuer
2002	Grit Breuer
2003	Annika Becker
2004	Steffi Nerius
2005	Franka Dietzsch
2006	Ulrike Maisch
2007	Franka Dietzsch
2008	Irina Mikitenko
2009	Steffi Nerius
2010	Verena Sailer
2011	Betty Heidler
2012	Lilli Schwarzkopf
2013	Christina Obergföll
2014	Antje Möldner-Schmidt
2015	Gesa Felicitas Krause
2016	Gesa Felicitas Krause
2017	Gesa Felicitas Krause
2018	Gina Lückenkemper
2019	Malaika Mihambo
2020	Preis nicht vergeben
2021	Malaika Mihambo

Quellenverzeichnis

Amrhein, Klaus, Biographisches Handbuch zur Geschichte der Deutschen Leichtathletik, Darmstadt, 2005
Amrhein, Klaus/Schäfer, Axel, 60 Jahre Leichtathletik-Europameisterschaften, Klein-Zimmern, 1998
Baumann, Dieter, Ich laufe niemandem hinterher, Köln, 1995
Berendonk, Brigitte, Doping Dokumente, Berlin, 1991
Borowik, Hans, Olympiakämpfer in Wort und Bild, Berlin, 1936
Cavalier, Heinz, Sportler erzählen, Berlin, 1939
Dittrich, Michael/Merkel, Daniel, Bel Ami der Aschenbahn, Göttingen, 2010
Dittrich, Michael, Der weiße Blitz- Das Leben des Heinz Fütterer, Göttingen, 2006
Faßbender, Heribert, Olympia 92, Niedernhausen, 1992
Fischer, Heidi/Vollbrecht, Hans-Richard, Die letzte Runde, Berlin, 1965
Germar, Manfred, Die Spuren meiner Spikes, Frankfurt/M, 1961
Gerschler, Woldemar, Harbigs Aufstieg zum Weltrekord, Dresden
Günther, Herbert, Rekord Rekord, Leipzig, 1950
Harbig, Gerda, Unvergessener Rudolf Harbig, Berlin
IAAF World Records, Edition 2003
Johnson, William O./Verschoth, Anita, Freigeworfen. Wolfgang Schmidt. Glanz und Elend einer deutschen Sportkarriere, Berlin, 1992
Kamper, Erich/Soucek Herbert, Olympische Heroen, Erkrath,1991
Kluge, Volker, Die Olympischen Spiele von 1896–1980, Berlin,1981
Lavall, Kurt, Das Buch der Besten, Würzburg, 1975
Lerchenberg, Harald, Die Olympischen Spiele 1956, München, 1957
Lerchenberg, Harald, Die Olympischen Spiele 1960, München, 1960
Long, Kai-Heinrich, Luz Long – eine Sportlerkarriere im Dritten Reich, Hildesheim, 2015
Maegerlein, Heinz, Olympia 1964, Stuttgart, Hamburg, 1964
Megede, Ekkehard zur, Die Geschichte der olympischen Leichtathletik, München, Berlin, Frankfurt/M, 1969
Megede, Ekkehard zur, ... und dann trennten wir uns, Berlin/München, 1966
Menzel, Roderich, Spiel Kampf Sieg, Düsseldorf, 1963
Oertel, Heinz Florian/Otto, Kristin, Peking 2008, Berlin, 2008
Peltzer, Otto, Umkämpftes Leben, Berlin, 1955
Riedel, Lars, Meine Welt ist eine Scheibe, München, 2008
Schenk, Christian, Sellin, Fred, Riss, Mein Leben zwischen Hymne und Hölle, München, 2018
Seifert, Manfred/Schiefelbein, Horst, Leichtathletik-Krone Olympias, Berlin, 1974
Simon, Sven, Olympische Spiele Atlanta 1996, München, 1996

Simon, Sven, Olympische Spiele Athen 2004, München, 2004
Simon, Sven, Olympische Spiele London 2012, München, 2012
Steinmetz, Fritz/Huhn, Dieter, Erfolge der Deutschen Leichtathletik, Kassel, 1994
Stiftung Haus der Geschichte der Bundesrepublik, Ausstellungskatalog „Wir gegen uns Sport im geteilten Deutschland", Darmstadt, 2009
Teske, Knut, Läufer des Jahrhunderts, Göttingen, 2007
Teske, Knut, „Da steht die Welt still", Hildesheim, 2014
Valérien, Harry, Olympia München 1972, München, 1972
Valérien, Harry, Olympia 76, München, 1976
Valérien, Harry, Olympia '68, München, 1968
Valérien, Harry, Olympia '88 Seoul, München, 1988
Wünsche, Wolfgang, Athleten-Duelle-Rekorde, München, 1971

Zeitschrift „Leichtathletik"
Wikipedia-Artikel

Bildnachweis

akg-images/TT News Agency/SVT: S. 99
Horstmüller Pressebilderdienst: S. 15, 25, 29, 31, 35, 44, 61, 64, 73, 79, 88, 99, 101, 108, 110, 128, 132, 137, 141, 148, 154, 175, 178, 180
imago images/Everett Collection: S. 41

Mehr Sportbücher aus dem Arete Verlag

Marcus Pinsker
Die unsichtbare Mauer – eine Grenzerfahrung
Der Mauerweglauf: 100 Meilen in und um Berlin
208 S. | 18,00 €
978-3-96423-035-5

Beate Kommritz-Schüler & Bettina Richter (Hrsg.)
Running forever
Wie Frauen zu lebenslangen Läuferinnen werden
190 S. | 18,00 €
978-3-96423-051-5

Wolfgang W. Schüler & Klaus Richter (Hrsg.)
Running forever
Das Geheimnis lebenslangen Laufens
168 S. | 16,80 €
978-3-942468-82-4

Eberhard Pfleiderer
Morgenläufe
100 Läufe, 60 Länder, 5 Kontinente
222 S. | 18,00 €
978-3-96423-064-5

Wolfgang W. Schüler (Hrsg.)
Lauftherapeutin, Lauftherapeut – eine Qualifikation für dich?
FAQs – Best Practices – Ausbildung
176 S. | 18,00 €
978-3-96423-085-0

Victoria von Eynatten
Olympia träumt von Olympia – ein Mitmachbuch
Leichtathletik – Hockey – Judo
96 S. | 28,00 €
978-3-96423-092-8

Arete Verlag • Osterstr. 31-32 • 31134 Hildesheim
www.arete-verlag.de